法律行业如何高效利用

DeepSeek

邱文宇　卢森煌　李胜男　张晓欣　著

清华大学出版社

北京

内 容 简 介

　　本书以法律从业者为核心受众，深入剖析了生成式人工智能工具DeepSeek的应用原理，系统地介绍了DeepSeek在法律实务中的应用场景，并提供在具体业务场景下的针对性提示词模板和实操案例，同时全面地探讨了DeepSeek在法律领域应用的潜在风险，并给出了应对风险的策略，旨在为法律从业者提供一份全面且实用的AI应用指南，帮助法律从业者在科技快速发展的时代构建适合自己使用的数字化工具库。

　　本书不仅有助于法律从业者更好地理解和运用DeepSeek这一先进的人工智能工具，还能为法律行业的数字化转型提供参考和借鉴。

图书在版编目（CIP）数据

法律行业如何高效利用DeepSeek / 邱文宇等著.

北京：清华大学出版社, 2025.7（2025.10重印）. -- ISBN 978-7-302

-69793-0

I. D9-39

中国国家版本馆CIP数据核字第2025AF3542号

责任编辑：施　猛
装帧设计：熊仁丹
责任校对：马遥遥
责任印制：丛怀宇

出版发行：清华大学出版社
　　　　网　　　址：https://www.tup.com.cn，https://www.wqxuetang.com
　　　　地　　　址：北京清华大学学研大厦A座　　　　　　邮　　编：100084
　　　　社 总 机：010-83470000　　　　　　　　　　　邮　　购：010-62786544
　　　　投稿与读者服务：010-62776969，c-service@tup.tsinghua.edu.cn
　　　　质 量 反 馈：010-62772015，zhiliang@tup.tsinghua.edu.cn
印 装 者：三河市人民印务有限公司
经　　销：全国新华书店
开　　本：185mm×260mm　　　印　　张：20.5　　　字　　数：410千字
版　　次：2025 年 8 月第 1 版　　　印　　次：2025 年 10 月第 2 次印刷
定　　价：88.00元

产品编号：112746-01

序　言

人工智能与法律行业融合的智识之旅

在算法重构的时代，人工智能正以革命性方式重塑法律行业的认知体系与实践范式。作为这场深刻变革的亲历者与见证者，我们既亲身感受了技术赋能所催生的效率革命，也清醒地意识到守护专业价值的重要性。本书的创作正是源于我们对"技术向善"这一时代命题的深入思考——如何使DeepSeek等智能工具真正成为法律从业者的"智慧助手"，而非简单的替代品？基于对这一议题的深入调研，我们聚焦人工智能技术（特别是DeepSeek工具）在法律领域的应用探索，致力于构建理论与实践相结合的创新路径，推动法律行业智能化转型。

在深入调研的过程中，我们察觉到法律从业者对借助新兴技术提升工作效率、优化业务流程存在迫切的需求，然而市场上始终缺乏一本能够系统且全面地解析和演示这类技术应用的专业书籍。这让我们深感责任重大，也更加坚定了我们创作本书的信念与决心。为确保本书具有实用性和指导性，我们系统解析了DeepSeek技术的核心原理，精准剖析了其在法律场景中的优势与局限，并结合律师实务、企业法务和司法工作等具体场景，提供全面的应用指南，为读者呈现清晰的技术应用全景。

从初步构思到确定内容框架，我们始终聚焦两个核心问题：其一，以DeepSeek为代表的生成式人工智能技术如何真正赋能法律行业，突破传统工具的局限？其二，法律从业者在应用人工智能技术的同时，如何规避潜在风险、维护专业价值？

本书的创作是一场跨领域的智慧交响，技术原理的严谨性与法律实务的复杂性要求我们在内容组织上兼顾深度与广度。本书上篇聚焦技术原理与法律的适配性，通过国内外技术对比与案例解析，阐明DeepSeek的独特优势；中篇以"场景化"为核心，从诉讼到非诉、从律师到企业法务、从基础办公场景到具体法律问题，逐层拆解DeepSeek的实际应用路径；下篇则直面风险，提出数据安全、知识产权等关键问题的系统性应对策略。在本书编写过程中，我们秉持"以问题为导向"的原则——如何让AI生成的起诉状符合司法实践？如何确保类案推送的算法不受偏见干扰？书中的解决方案来源于数百小时的调研、真实案例验证以及团队成员的反复测试。我们力求在理论与实践的碰撞中，为读者精心雕琢一部既有前沿视野又具落地价值的参考书。

　　本书凝聚了团队的集体智慧与心血。在本书编写过程中，团队成员全身心投入，各展其能，进行了明确且高效的工作分工。本人主要负责上下篇的撰写以及整本书的统稿工作，李胜男律师、张晓欣律师、杨以勤律师和夏姗姗律师具体撰写中篇的实操内容，卢森煌老师负责全书相关技术章节的修订与指导工作。我们对每一个章节都进行了反复打磨，从技术原理的深度剖析，到具体应用案例的精心挑选，再到潜在风险的全面梳理与应对措施的精准制定，力求本书在理论高度与实践价值之间达到平衡。此外，在本书编写过程中，李彬莹律师、张国飞律师、张洪昌律师和曾悦律师等同仁，基于各自丰富的实务经验，为本书提供了诸多宝贵而中肯的修改建议。

　　本书是一本实用的工具书，书中所提供的案例解析、操作指引以及风险提示，均源自真实的法律实践场景，旨在助力读者在繁忙的工作中迅速定位问题、高效解决问题。无论是起草一份合同、制定诉讼策略，还是应对合规审查，读者都可以像查阅法典一样，在本书中轻松找到对应的AI应用方法与注意事项。我们深信，当先进的技术与丰富的经验相结合，法律从业者的专业能力将得到前所未有的提升，而本书也将成为您案头随时可翻阅、随时获启发的一本实用手册。

　　人工智能与法律的结合绝非简单的工具替代，而是一场重塑行业生态的变革。我们期待本书能成为法律从业者融入AI时代的探路灯，引导大家在技术创新与专业坚守之间找到属于未来的平衡点。同时，我们也期待与广大读者共同探讨交流，不断完善和拓展人工智能在法律领域的应用，共同迎接人工智能时代法律服务的新趋势与新挑战。

邱文宇

2025年5月10日

目 录 / CONTENTS

下篇　DeepSeek在法律行业应用的主要风险与应对措施

|上 篇|

DeepSeek技术原理
与法律应用基础

上篇

DeepSeek技术原理与法律应用基础

第一章
DeepSeek技术及其在法律行业应用原理解析

第一节　生成式人工智能技术基础

生成式人工智能技术为DeepSeek的核心驱动力，其基础架构和技术实现是理解DeepSeek法律应用的关键。本节将从核心技术架构、技术演进与法律适配，以及国内外技术对比分析三个方面系统解析DeepSeek的技术原理。

一、核心技术架构

DeepSeek的核心技术架构基于生成式人工智能的前沿成果，主要包括以下三个方面。

（一）大语言模型训练机制

大语言模型（large language model, LLM）是DeepSeek的核心技术之一。通过海量法律文本数据的预训练，大语言模型能够学习法律语言的语法、语义及逻辑结构。DeepSeek采用自监督学习机制，结合法律领域的专业语料库，优化模型对法律文本的理解能力。此外，模型通过多轮微调和强化学习，进一步提升了其在法律场景中的表现。

（二）法律知识图谱构建技术

法律知识图谱是DeepSeek实现法律知识结构化表达的重要工具。通过抽取法律条文、案例、裁判文书等数据中的实体、关系和属性，DeepSeek构建了一个覆盖广泛的法律知识图谱。知识图谱不仅支持法律语义的理解和推理，还为法律问答、案例检索等应用提供了底层支持。

（三）多模态数据处理能力

法律场景中涉及的数据类型多样，包括文本、图像、音频等。DeepSeek通过多模态数据处理技术，实现了对法律文书的扫描件等非结构化数据的解析与整合。这种能力使得DeepSeek能够更全面地满足法律实务中的复杂需求。

二、技术演进与法律适配

DeepSeek的技术演进始终以场景需求为导向，通过不断优化算法和模型，提升其在各领域的适配性。具体而言，DeepSeek在法律领域的适配性主要体现在三个方面。

（一）法律文本特征学习策略

法律文本具有高度的专业性和复杂性，DeepSeek通过引入自适应的预训练策略，能够更好地捕捉法律文本中的关键特征。例如，针对法律条文中的逻辑结构和法律术语，DeepSeek设计了专门的注意力机制，提升了对法律文本的理解精度。

（二）裁判规则提取算法

裁判规则是法律智能应用的核心内容之一。DeepSeek通过深度学习算法，从海量裁判文书中自动提取裁判规则，并将其结构化存储。这一过程不仅提高了裁判规则的提取效率，还为类案检索、裁判预测等应用提供了数据支持。

（三）行业专用模型微调方案

针对法律行业的不同细分领域，DeepSeek提供了灵活的模型微调方案。例如，在知识产权、金融法律等领域，DeepSeek通过引入领域特定的数据集不断优化目标，能够更好地适应不同场景的需求。

三、国内外技术对比分析

DeepSeek的技术发展不仅立足于国内法律场景，还积极借鉴国际先进经验。通过对比分析国内外相关技术，我们可以更全面地评估DeepSeek的技术优势与不足。

（一）法律语义理解能力差异

与其他法律人工智能系统相比，DeepSeek在法律语义理解方面表现出较强的本土化优势。例如，DeepSeek能够更准确地理解中文法律文本中的复杂句式和文化背景。当然，在多语言支持方面，DeepSeek仍存在提升空间。

（二）本土化法律数据库优势

DeepSeek依托国内丰富的法律数据资源，构建了覆盖全面的本土化法律数据库。这一数据库不仅包括法律法规、裁判文书等传统数据，还整合了行业报告、政策文件等扩展数据。相比之下，国外相关软件在中国法律数据的覆盖范围和时效性方面存在明显短板。

（三）司法场景适配性评估

DeepSeek在司法场景中的适配性得到了广泛验证。例如，在类案检索、裁判预测等任务中，DeepSeek的表现优于多数国际同类系统。然而，在跨法域法律推理和国际法律咨询等场景中，DeepSeek仍需进一步优化其算法和模型。

第二节　ChatGPT的法律场景局限和DeepSeek的技术架构优势

一、ChatGPT的法律场景局限

ChatGPT在法律场景中的应用存在以下局限。

（一）事实准确性局限

ChatGPT在生成文本时可能存在事实准确性不足的问题。例如，在引用法律法规或裁判文书时，该模型可能生成不准确或过时的信息。

（二）逻辑一致性风险

在处理复杂法律问题时，ChatGPT的输出存在逻辑不一致的风险，而这种风险可能影响其在法律实务中的可靠性。

（三）伦理安全边界模糊

ChatGPT在生成文本时可能存在伦理安全边界模糊的问题。例如，在涉及敏感法律问题时，该模型可能生成不符合伦理规范的内容。

二、DeepSeek的技术架构优势

DeepSeek为在法律领域广泛应用的生成式人工智能工具，其技术架构在以下三方面展现显著优势。

（一）深度构建法律知识图谱

DeepSeek通过大规模法律数据的结构化处理，构建了覆盖广泛的法律知识图谱。这一图谱不仅包含法律法规、裁判文书等基础数据，还整合了法律实体、关系和属性信息，为法律语义理解和推理提供了强有力的支持。相较于通用AI工具，DeepSeek在法律知识图谱的深度和广度上具有明显优势。

（二）司法场景定向优化算法

DeepSeek针对司法场景的特殊需求，设计了定向优化算法。例如，在裁判文书生成、类案检索等任务中，DeepSeek通过引入领域特定的预训练策略和微调方案，显著提升了模型的表现力。这种定向优化使得DeepSeek在法律实务中的应用更加精准和高效。

（三）中文法律语义理解精准

由于法律语言具有高度的专业性和复杂性，DeepSeek在中文法律语义理解方面进行了专门优化。通过引入法律术语词典和上下文感知机制，DeepSeek能够更准确地捕捉中文法律文本中的关键信息。相较于ChatGPT，DeepSeek在中文法律场景中表现得更为出色。

第二章
DeepSeek在法律行业的应用概论和全景图

第一节　DeepSeek在法律行业的应用概论

随着人工智能技术的飞速发展，DeepSeek作为一种先进的AI工具，在法律行业应用得日益广泛。本书旨在为法律从业者提供DeepSeek的使用指南，包括高效使用策略、风险防控机制、专业能力提升路径，通过深入分析DeepSeek在法律实务中的应用场景，提供可操作的解决方案，推动法律服务智能化转型与高质量发展。

一、高效使用策略

（一）明确应用场景和目标需求

DeepSeek适用于多个法律工作场景。在法律研究方面，利用DeepSeek可快速检索法律法规、司法解释、司法判例等资料，为法律实务问题的分析与解决提供参考。例如，在处理知识产权纠纷案件时，通过向DeepSeek提问，咨询相关法律规定和类似案例，能迅速获取相关信息，为进一步深入探讨提供方向。在法律文件起草方面，DeepSeek能根据输入的要点生成合同、起诉状等文件框架，节省文件起草时间。需要注意的是，对于复杂案件的事实分析、法律论证和核心观点构建，DeepSeek只能作为辅助工具，不能完全替代专业人员的深入思考和判断。

同时，在使用DeepSeek之前，法律从业者要精准界定所面临的具体法律问题或任务目标。例如，是查找某一特定法律条文的释义、相关司法解释、政策文件，还是查找与某一案件类似的真实案例？只有明确了需求，才能在与DeepSeek交互时提出恰当的问题，从而获得具有针对性和实用性的结果。

（二）熟练掌握提问技巧

有效的提问是获取优质输出的关键。法律问题往往具有严谨性和复杂性，因此提问时应使用清晰、准确且专业的法律术语，避免模糊、宽泛的表述，如"帮我找找关于合同的法律条款"应修改为 "请提供《中华人民共和国民法典》中关于买卖合同违约责任条款的详细释义及司法实践中的典型案例"。同时，在处理复杂法律问题时，可采用分步提问的方式逐步深入挖掘问题的核心要点，引导DeepSeek进行更为细致和精准的回答。

（三）整合多源信息

DeepSeek的输出结果虽然具有较高的参考价值，但不应将其视为唯一的权威信息源。法律从业者应将其与其他可靠的法律数据库、专业书籍、学术论文以及自身积累的实践经验相结合。例如，在分析一个疑难案件时，先利用DeepSeek获取初步的法律观点和案例参考，然后对比权威法律数据库中的相似案例判决，最后结合自己对当地司法实践和行业惯例的了解进行综合评估与判断，从而作出更全面、准确的法律解决方案。

（四）进行适当的验证与审查

虽然DeepSeek能够生成看似合理的内容，但由于法律领域对信息的准确性和权威性要求极高，法律从业者在使用生成内容时应进行严格筛选和验证。对于DeepSeek生成的法律文件、分析报告等，法律从业者不能直接照搬使用，必须进行严格的审查，审查其内容是否符合现行法律法规、是否存在逻辑漏洞、引用的案例是否真实有效、是否具有权威性和适用性等。例如，在使用DeepSeek起草合同条款时，要对照相关法律条文，确保条款的合法性、完整性和准确性；对于其引用的案例，要核实案例的真实性、法院层级、判决时间和适用法律环境，以确定其在当前案件中的参考价值。

二、风险防控机制

（一）防止过度依赖

法律行业是一个高度依赖专业知识、经验和判断力的领域。DeepSeek虽然能够提供大量的信息和分析支持，但它并非完美无缺，也无法替代法律从业者的独立思考和专业素养。过度依赖DeepSeek可能会导致法律从业者逐渐丧失对法律知识体系的系统把握，以及削弱其敏锐的法律思维能力。例如，在处理复杂商业纠纷案件时，若仅仅依据DeepSeek的分析结果，而没有结合自身对商业交易模式、客户商业意图以及潜在风险的综合考量，那么提出的法律方案可能会缺乏可操作性和前瞻性，甚至可能损害客户的合法权益。

（二）防止信息泄露与保障数据安全

在与DeepSeek交互过程中，可能会涉及大量的敏感信息，如客户隐私、商业秘密、未公开的案件细节等。法律从业者必须严格遵守职业道德和保密规定，确保这些信息不会被泄露。在输入信息时，要进行必要的脱敏处理，避免直接输入可识别出客户身份的信息；同时关注模型的数据安全管理措施，选择可靠的平台及方式使用该技术。

（三）避免用于不适当的法律场景

并非所有的法律场景都适合使用DeepSeek。例如，在涉及国家安全、重大公共利益、个人基本权利等高度敏感和复杂的法律决策过程中，应谨慎使用DeepSeek。这些场景往往需要法律从业者凭借深厚的法学理论功底、丰富的实践经验以及对社会价值和伦理道德的深刻理解进行综合判断，而DeepSeek的分析和建议可能无法充分涵盖这些复杂因素。此外，对于需要与当事人进行面对面沟通、情感交流和心理疏导的法律场景，如刑事案件中的被害人安抚、民事调解过程中的情感调和等，DeepSeek难以发挥有效作用，尤其当法律从业者过度依赖技术手段时，可能忽视法律服务的人文关怀属性。

（四）遵守法律法规与职业伦理

在使用DeepSeek时，必须严格遵守相关法律法规以及法律职业伦理规范，不能利用DeepSeek进行非法活动，如伪造法律文件、编造虚假证据、协助当事人规避法律制裁等；同时要确保DeepSeek的使用过程和结果不会对司法公正、当事人合法权益以及社会公共利益造成损害。例如，在法律援助工作中，不能为了节省成本或追求效率而过度依赖DeepSeek，而忽视了对受援人实际情况的深入了解和个性化法律服务的提供。

三、专业能力提升路径

（一）持续学习与知识更新

法律体系是一个不断发展和完善的动态系统，新的法律法规、司法解释以及法律理论研究成果不断涌现。法律从业者应保持持续学习的习惯，关注法律领域的最新动态，及时更新知识体系。这不仅有助于更好地理解DeepSeek输出结果涉及的法律知识背景，更能为结合DeepSeek进行法律分析和判断提供更全面的视角和更扎实的理论支撑。例如，定期参加法律培训课程、阅读权威法律期刊、参加法律学术研讨会，重点把握民法典司法解释在具体案件中的适用变化，以及人工智能技术对知识产权法律保护带来的挑战和机遇。这些实践将有效提升法律从业者运用DeepSeek辅助办案时的专业判断能力。

（二）培养批判性思维和多维度思考能力

批判性思维是法律从业者在使用DeepSeek时不可或缺的重要素质。面对DeepSeek提供的各种信息和分析结果，我们不能盲目接受，而是要保持质疑和审视的态度，要对DeepSeek的观点、依据和推理过程进行深入分析，辨别其中是否存在逻辑错误、偏见或局限性。例如，当DeepSeek对某一案件的判决结果预测与自己以往的实践经验或对法律原则的理解不一致时，不要轻易否定自己的判断，而是要仔细对比双方的分析依据，查找可能存在的问题。

同时，法律从业者在处理法律问题时，要从多个维度进行思考，考虑法律条文、事实证据、社会影响、伦理道德等多方面因素，综合权衡后作出合理的判断。例如，在审理涉及环境保护的法律案件时，我们不仅要依据法律规定和事实证据，还要考虑社会公共利益、可持续发展等宏观因素，作出符合公平正义和社会发展需求的判断。法律从业者还要学会从不同的法律视角、当事人的利益诉求以及社会价值导向等方面对DeepSeek的输出进行批判性思考，从而形成独立、客观、准确的法律判断。

（三）加强实践案例锻炼与经验积累

案例实践是提升专业判断力的重要途径。法律从业者通过参与真实法律的实务操作，能够持续积累经验，提升对法律问题的认知和分析能力。在实践过程中，法律从业者在利用DeepSeek提升工作效率的同时，应持续强化独立进行法律判断与案件研判的能力。例如，在处理合同纠纷案件时，可先自主分析合同条款的合法性、履行情况、违约责任等要素，形成初步判断后再参考DeepSeek的建议，通过比对分析来提升自身专业水平。此外，法律从业者还应积极参与团队讨论，与同事交流实务经验，吸收多元观点，从而不断完善专业判断的方法体系。

（四）开展跨学科研究与交流

法律问题通常与经济、社会、政治、伦理等多个学科领域密切相关，开展跨学科研究与交流有助于法律从业者拓宽认知维度，以更宏观的视角、更系统的框架理解和分析法律问题，进而提升专业判断力。例如，研究经济学原理在反垄断法实施中的应用；了解社会学理论对刑法中犯罪预防和矫正机制的影响；伦理学原则在新兴技术法律监管中的作用；等等。通过与其他学科专家的合作交流，引入多元的研究方法和理论视角，能够为解决复杂的法律问题提供创新性分析思路。在运用DeepSeek等人工智能工具辅助法律工作时，这种跨学科素养有助于法律工作者形成更具前瞻性的专业判断。

总之，DeepSeek作为一种新兴的人工智能技术，为法律行业带来了前所未有的机遇和挑战。法律从业者在使用DeepSeek时，应充分遵循上述使用建议：一是掌握高效的使用策略，包括明确需求、掌握提问技巧、整合多源信息，并进行适当的验证与审查；二是遵循风险防控机制，防止过度依赖，防范潜在风险，避免技术滥用，确保数据安全；三是通过持续学习、批判性思维训练和实践积累来提升专业能力。只有将技术创新与专业素养相结合，才能推动法律服务的提质增效，更好地维护社会公平正义。同时，法律界应当持续关注人工智能发展动态，探索技术与法律深度融合的创新模式。

第二节 律师实务场景

DeepSeek在律师工作中具有显著的应用价值。它能够为律师提供高效的法律研究支持，帮助律师精准把握案件的法律适用和裁判趋势。在文书撰写方面，DeepSeek可辅助生成法律意见书、起诉状、答辩状等文书初稿，提升撰写效率并确保格式规范。此外，它还能对案件证据进行分析，协助律师梳理证据链条，评估证据的证明力，为庭审策略制定提供参考。通过DeepSeek的类案检索和总结，律师还可以了解同类案件的裁判规律，为诉讼策略制定或和解提供参考依据。如此，律师的工作效率和专业水平可以得到全面提升，进而更好地为客户提供高质量的法律服务。

一、客户服务智能化

（一）辅助律师对客户的咨询作出快速应答

在法律服务的前端，客户咨询环节往往是律师与客户建立信任的第一步。在传统模式下，律师需要花费大量时间来解答客户提出的各类法律问题，这一过程不仅效率低下，还容易因信息不对称而导致客户满意度下降。然而，DeepSeek的出现彻底改变了这一局面。凭借先进的自然语言处理技术，DeepSeek能够精准理解客户的咨询意图，从海量的法律数据中迅速并精准提取相关信息，生成详尽且专业的答案。律师只需输入与案件相关的关键词或提出具体问题，DeepSeek便能即时完成复杂的法律搜索与分析，为客户提供高效、便捷的法律服务。

以实际应用场景为例，当律师面临复杂的商业纠纷案件时，DeepSeek的智能搜索功能可迅速定位到与案件相关的法律法规、司法解释以及过往案例分析，不仅能提供直接的法律条文引用，还能结合具体案例，为律师解答客户咨询提供有力支持。这种智能化的咨询应答模式，不仅极大地提高了律师的工作效率，还节省了客户的等待时间，提升了法律服务的整体质量。

DeepSeek还具备实时更新监管动态的预警功能。它对接了数百个官方信源，能够及时捕捉最新的法律法规变化、政策调整以及行业监管动态。这一功能对于律师而言至关重要，因为这确保了律师在为客户提供建议时，始终基于最新的法律框架。例如，在金融、医疗、互联网等高度监管领域，法律法规的更新速度极快，DeepSeek的预警功能可以让律师在第一时间了解到相关变化，从而更好地为客户制定合规策略，规避法律风险。

（二）案件进展实时反馈

在案件处理过程中，客户对案件进展的关注度极高，而律师也常常需要花费大量精力来跟踪案件。DeepSeek依据智能化技术，为律师和客户带来了前所未有的信息透明度与便捷性，实现了对案件进展的实时反馈。

借助对电子卷宗的深度应用，DeepSeek能够将案件的每一个环节（立案、审理、执行）都纳入实时监控范围。律师可以通过DeepSeek随时查看案件的最新进展，包括法官批注、庭审安排、证据提交情况等关键信息。此外，DeepSeek还具备自动生成案件进展报告的功能，将案件的各个阶段以清晰、直观的方式呈现，帮助律师快速了解案件的整体状况并根据实际情况及时调整工作策略。

这种实时反馈机制不仅提高了案件处理的透明度，还提高了律师与客户之间的沟通效率。客户可以通过律师提供的进展报告，清晰地了解案件处理的每一个步骤，从而减少由信息不畅导致的焦虑与误解；律师能够更加精准地把握案件节奏，确保案件顺利推进。

二、诉讼业务支持

（一）智能化管理案件流程

在诉讼业务中，案件流程管理是律师工作的核心内容之一。传统的案件管理往往依赖于人工记录和手动提醒，这种方式不仅容易出错，还难以对全流程实现高效监控。DeepSeek的出现为案件流程管理带来了智能化的解决方案。

DeepSeek能够生成思维导图和案件推进流程图，自动标注案件的关键节点，如立案时间、开庭日期、判决期限等，并设置诉讼时效或案件关键节点的提示与预警日历。这一功能确保了律师不会错过任何一个时间节点，避免因逾期而导致的法律风险。通过进一步开发智能化的案件管理系统，律师对案件实现全流程管理，从案件的录入、分配、进展跟踪到结案总结，每一个环节在DeepSeek的协助下都能高效完成。

这种全流程的智能化管理不仅提升了工作效率，还保障了案件处理的透明性和可追溯性。律师借助该功能，能随时查看案件的每一个操作记录，无论是文件提交、证据补充还是庭审安排，都能一目了然。这种透明性不仅有助于律师在内部把控案件，也为客户提供了更加可靠的法律服务保障。

（二）自动生成法律文书

法律文书的撰写是律师日常工作的重要组成部分，这一工作往往耗时长且容易出错，而DeepSeek的法律文书自动生成功能为律师提供了极大的便利。根据用户输入的案件信息，DeepSeek能够快速生成标准化的法律文书，包括合同、起诉状、答辩状、代理词等。这一应用不仅减少了律师重复劳动的时间成本，还提高了文书的规范性和准确性。

以金融借款纠纷批量诉讼为例，律师团队通常需要处理大量的案件，且针对每个案件撰写起诉状、证据清单和律师代理意见等文书。在传统模式下，这一过程不仅耗费大量的人力和时间，还容易因格式不统一或内容遗漏而引发状况。而DeepSeek可以自动提取案卷材料中的有效信息，批量生成标准化的法律文书，确保每一份文书都格式规范、内容完整，符合法律要求。在实际工作中，这一应用显著提升了律师的工作效率，让律师能够将更多精力投入到案件的核心问题上。

（三）分析与预测案件

在诉讼过程中，律师要对案件的胜诉概率展开评估，并据此制定诉讼策略。然而，这一过程往往依赖于律师的经验和主观判断，缺乏科学性和精准性，而DeepSeek凭借其强大的数据分析能力，为律师提供了案件分析与预测的智能化工具。律师只需输入案件的核心证据和关键信息，DeepSeek即可结合类案的审判结果，运用机器学习算法对案件进行深度分析，预测法院的判决倾向。这一应用基于海量的历史数据，能够实时更新，确保预测结果的准确性和时效性。通过这种科学的分析方法，律师可以更加客观地评估案件的胜诉概率，从而为客户提供更加合适的法律建议。

（四）制定和优化诉讼策略

基于案件分析与预测的结果，DeepSeek能够进一步为律师生成多套诉讼方案。这些方案不仅涵盖了不同的诉讼策略，还充分考虑了案件的各种可能性。律师可以根据案件的具体情况选择最适合的方案，并在案件处理过程中不断更新案情或补充材料。DeepSeek会根据这些变化实时优化方案，帮助律师制定更为科学、灵活的诉讼策略。

例如，在复杂的商业诉讼中，案件的证据、法律适用以及对方当事人的策略都可能随时发生变化，而DeepSeek的动态优化功能能够根据这些变化及时调整诉讼方案，确保律师始终掌握案件的主动权。这种智能化的策略制定与优化机制，不仅提高了律师的工作效率，还增强了律师在诉讼中的应变能力，为案件诉讼的成功奠定了坚实的基础。

（五）证据分析与风险提示

在诉讼过程中，证据的完整性和可信度是决定案件胜败的关键因素。DeepSeek通过其强大的数据分析能力，能够对案件的证据链进行深度分析，评估其完整性和可信度。在获取足够多的历史数据和特定案件的现实材料后，DeepSeek可以分析证据链可能存在的潜在漏洞，提示潜在风险，并提供补充证据的建议。

例如，在涉及知识产权侵权的案件中，证据的收集和整理往往非常复杂，而DeepSeek可以通过对历史案例的分析，并结合案件具体情况，为律师提供证据收集的方向和方法。它能够指出哪些证据可能存在瑕疵，哪些证据需要进一步补充，进而帮助律师构建更加完整的证据链，提高案件的胜诉概率。

三、非诉业务支持

（一）法律检索与政策研究

在非诉业务中，法律检索和政策研究是律师日常工作的重要组成部分。无论是处理复杂的商业交易、跨境业务还是企业合规事务，律师都需要对相关的法律法规、政策文件以及过往案例进行深入研究。在传统模式下，律师需要在海量的法律文献中寻找相关信息，容易因信息遗漏而引发问题。

DeepSeek的法律检索功能为律师提供了高效精准的解决方案。它能够快速检索法律法规、政策文件以及相关案例，并根据律师的输入需求，精准输出与问题相关的具体内容。在政策研究方面，DeepSeek通过深度分析政策文件，帮助律师理解政策背景和具体要求，从而为客户提供专业的政策解读服务。

例如，在处理跨境业务时，律师需要了解中国法律和欧盟法律的相关要求，而DeepSeek可以检索出中国和欧盟的法律法规，并将相关内容进行对比分析，为律师提供全面的法律背景支持。这种智能化的检索功能不仅提高了律师的工作效率，还确保了法律研究的准确性和全面性。

（二）合同审核与风险提示

合同审核是律师非诉业务中的核心工作之一。在传统模式下，律师需要逐条审阅合同条款，识别潜在法律风险，并依据相关法律法规提出合规建议。这一过程不仅耗时费力，还存在因人为疏忽遗漏风险的隐患。而DeepSeek的合同审核功能为此提供了智能化的解决方案。

DeepSeek可以逐条分析合同中的法律风险点，标注对应法条，并提供详细的合规建议。它能够识别出合同中的模糊条款、潜在漏洞以及不符合法律规定的内容，并提出修改意见。例如，在涉及复杂商业交易的合同中，DeepSeek可以快速识别合同条款中可能存在的违约风险、责任分配不明确等问题，并结合相关法律法规提出具体的修改建议。这种智能化的合同审核功能不仅提高了律师的工作效率，还增强了合同的法律安全性，为客户的商业交易提供了有力保障。

（三）尽职调查业务的技术支持

尽职调查是律师在处理并购、投资等非诉业务中的重要工作。在传统模式下，律师需要对大量文件进行逐一审阅，提取关键信息并进行整理总结，不仅耗时长且容易遗漏信息。而DeepSeek凭借其强大的文本分析能力，为律师提供了智能化的尽职调查技术支持。

DeepSeek可以快速阅读和分析大量文件，提取关键信息并生成结构化的总结报告。它能够识别出文件中的重要条款、潜在风险以及与交易相关的法律问题，并提供清晰的分析结果。例如，在企业并购尽职调查中，DeepSeek可以快速分析目标企业的合同、交易文件、知识产权等底层资料，提取其中的关键信息，帮助律师高效完成尽职调查任务。这种智能化的尽职调查技术支持不仅提高了律师的工作效率，还确保了尽职调查的准确性和全面性。

（四）企业合规审查

在企业合规领域，律师需要确保企业的内部规章制度、公司章程等符合最新的法律法规要求。在传统模式下，这一过程往往依赖于人工审查，容易因疏忽而产生合规风险。而DeepSeek的合规审查功能为律师提供了智能化的解决方案。

DeepSeek可以检查公司章程、内部规章制度是否符合最新法律法规要求，并提供详细的合规建议。例如，在企业数据合规领域，DeepSeek可以协助律师设计数据合规整改方案，从数据收集、存储、使用到跨境传输等各个环节进行合规审查，识别出企业数据管理中的潜在风险，并结合最新的法律法规提出整改建议，确保企业的数据管理符合合规要求。

（五）常年法律顾问服务支持

DeepSeek能够快速处理日常法律咨询，即时生成初步的法律意见和可行性方案；协助律师整理会议纪要、起草函件等，显著提升服务效率。例如，在企业日常运营中，DeepSeek可以快速生成会议纪要的框架，智能识别关键议题，并基于相关现行法律法规提供合规建议。这种智能化的常年法律顾问服务功能不仅提高了律师的工作效率，还提供了更加及时、高效的法律支持。

（六）企业培训支持

企业法律培训是增强员工法律意识、防范法律风险的重要手段。律师通常需要准备培训材料，包括PPT框架、法律法规解读以及相关案例分析等。传统的人工准备方式存在效率瓶颈，而DeepSeek的智能培训功能有效优化了这一流程。

DeepSeek可以辅助律师准备企业培训材料，根据企业的具体需求，结合最新的法律法规和实际案例，生成针对性的培训内容。以劳动法专项培训为例，DeepSeek可以快速整理出劳动法的核心条款、常见问题以及典型案例，并生成PPT框架，为律师提供完整且详细的培训素材支持。这种智能化的企业培训功能不仅提升了法律培训的筹备效率，还确保了企业培训内容的针对性和实效性。

四、其他

律师团队的专业能力建设高度依赖知识体系的系统化积累与有效传承。传统知识管理模式主要依靠人工文档整理和口耳相传的经验传递，既存在信息处理效率低下的问题，又难以规避由人才流动导致的知识资产流失风险。DeepSeek法律智能平台运用知识图谱构建技术和多维数据挖掘算法，为律所打造了结构化、可迭代的知识管理系统，实现了法律实务经验的数字化沉淀与智能复用。

律师可以将过往案件的经验和教训沉淀到经验库中，DeepSeek会根据案件类型和关键词自动分类归档。这种智能化的知识沉淀功能不仅提升了律师的工作效率，还为团队成员提供了丰富的学习资源。律师可以通过系统随时查阅过往案件的处理经验、法律分析以及解决方案，从而在处理类似案件时能够快速借鉴经验，避免重复劳动。

第三节 企业法务场景

随着企业法务工作的复杂性和重要性持续升级，传统的人工处理模式面临响应速度慢、信息处理精度不足等瓶颈。而DeepSeek依托自然语言处理、知识图谱构建等核心技术，为企业提供全流程数字化法务解决方案，在业务全周期管理辅助、业务运营合规审查、跨部门协同工作辅助等关键环节实现精准赋能，有效控制企业法律风险敞口，优化法务管理效能。

一、业务全周期管理辅助

从业务启动到履约完成，DeepSeek的技术支持可覆盖业务全周期管理主流程，提供法律审查、合同管理及风险监控等一站式服务。

（一）业务法律审查

在企业开展新业务或启动新项目时，DeepSeek能够对业务模式、交易结构及合作方资质进行全面的法律审查，确保业务合法、合规开展，具体内容包括业务模式合法性评估、合作方资质审查和法律风险评估等：DeepSeek可基于法律法规和行业标准，评估业务模式的合法性；通过检索工商信息数据库，自动审查合作方的资质信息（如营业执照、经营范围等），并生成审查报告；识别业务中的潜在法律风险（如知识产权侵权、合同违约等），并提供风险规避建议。

（二）合同智能起草与审查

合同是企业业务活动的核心法律文件，DeepSeek在合同起草与审查中的应用显著提升了法务工作的效率和精准度。

第一，DeepSeek能够根据业务需求自动生成标准化的合同文本，并对合同条款进行审查。例如，针对供应链合同、劳动合同等不同类型，该模型能够生成既符合法律要求，又适应企业需求的合同模板。第二，DeepSeek能够自动识别合同中的关键条款（如违约责任、保密条款、争议解决条款等），并基于法律知识图谱和行业标准，评估条款的合法性和合理性。第三，DeepSeek能够识别潜在的法律风险，如高风险的付款条款或模糊的责任界定，并向法务人员发出预警。

（三）履约风险动态监控

在合同履行过程中，DeepSeek能够对接企业的业务系统，实时跟踪合同履行进度。例如，在供应链合同中，该模型可以监控货物的交付情况；能够通过分析履约数据，识别出潜在的违约风险（如延迟付款、未按时交货等），并生成预警报告；当合同履行过程中出现争议时，能够基于合同条款和历史案例，提供争议解决的可行性方案。

二、业务运营合规审查

随着法律法规的日益复杂化，企业法务部门需要确保业务运营的合规性。DeepSeek在合规审查中的应用包括以下内容。

（一）行业法律法规动态监测

DeepSeek能够实时监测与企业相关的法律法规变化，并自动生成合规报告。例如，当新的数据保护法规出台时，该模型可以快速分析其对企业业务的影响，并提供合规建议。

（二）合规风险评估

通过分析企业的业务流程和文档，DeepSeek能够识别潜在的合规风险（如反垄断违规、反腐败违规、数据隐私保护违规等），并生成风险评估报告。这种功能有助于企业提前采取措施，有效降低合规风险。

（三）合规培训支持

DeepSeek可以生成针对不同岗位的合规培训材料，并通过问答形式帮助员工理解相关法律法规。例如，针对销售团队，该模型可以生成反商业贿赂的培训内容。

三、跨部门协同工作辅助

DeepSeek通过自动化技术和协同工具，优化企业法务部门与其他部门的工作流程，提升整体效率。

（一）推进审批流程自动化

DeepSeek能够自动审查合同文本，并将审查结果推送至相关部门，减少法务人员工作量的同时，也节省了文件传递的时间成本。例如，在采购合同中，该模型可以自动识别关键条款并生成审批意见。

（二）快速生成法律意见并协同会签

在企业重大决策或项目中，DeepSeek能够支持法务部门与其他部门的协同工作。例如，在并购交易中，DeepSeek能够整合法务、财务、业务等部门的需求，生成综合性的法律意见书或并购法律风险评估报告。同时，经过DeepSeek优化的法律文件会签流程，可确保各部门的意见能够快速整合并反馈。例如，在重大合同签署前，利用该模型可以综合各部门意见，并促使会签流程加快。

第四节　司法工作应用场景

随着人工智能技术的飞速发展，其在司法领域的应用逐渐受到广泛关注。DeepSeek作为先进的人工智能工具，凭借其强大的数据分析和文本处理能力，为司法工作带来了诸多便利，尤其在裁判文书辅助生成、类案检索与量刑参考等方面展现出巨大的潜力。

一、辅助生成裁判文书

裁判文书是司法审判活动的重要成果，其质量直接关系到司法公正和司法权威。传统的裁判文书撰写需要法官花费大量的时间和精力，不仅要准确地记录案件事实，还要对法律适用进行详细阐述。DeepSeek在裁判文书辅助生成方面的应用，为法官提供了有力的支持。

（一）生成文书模板

DeepSeek可以根据案件类型和具体事实，自动生成裁判文书的基本框架和模板。它能够依据案件的性质、争议焦点以及适用的法律条款，快速生成包含案件基本信息、事实认定、法律适用、裁判结果等部分的文书初稿。这种结构化的生成方式不仅节省了法官撰写文书的时间，还能确保文书格式的规范性和一致性。

例如，在处理简单的合同纠纷案件时，DeepSeek可以根据案件的基本情况，自动生成一份包含当事人信息、合同签订与履行情况、争议焦点、法律适用以及裁判结果的文书初稿。法官只需在此基础上进一步补充和完善，就能生成一份完整的裁判文书。这种方式极大地提高了文书撰写的效率，使法官能够将更多的时间和精力投入到案件的实质审理当中。

（二）精准梳理事实与证据

在裁判文书中，对案件事实和证据的准确表述至关重要。DeepSeek能够对案件卷宗中的证据材料进行深度分析，自动提取关键事实和证据要点，并准确地将其融入裁判文书的相应部分。它还能对证据的合法性、关联性和真实性作出初步判断，为法官提供参考意见，帮助法官更高效地完成事实认定部分的撰写。

例如，在处理一起复杂的刑事案件时，DeepSeek可以对大量的证人证言、鉴定意见、物证等证据材料进行分析，并作出逻辑判断，提取出与案件事实直接相关的证据要点，再按逻辑顺序进行排列。同时，它还能对证据的来源、收集程序以及证明力进行初步分析，为法官提供详细的证据分析报告。法官根据这份报告，能更快速地判断证据的可信度和证明力，进而更准确地认定案件事实。

（三）智能推荐法律适用

法律适用是裁判文书的核心内容之一。DeepSeek凭借其强大的法律知识库和案例分析能力，能够根据案件的具体情况，智能推荐适用的法律条款和司法解释。它不仅能够提供法律条文的准确引用，还能结合类案的裁判观点，为法官提供详细的法律适用分析，帮助法官更好地理解和运用法律，确保裁判文书的法律适用部分准确无误。

例如，在处理一起涉及数据侵权法律问题的案件中，DeepSeek可以快速检索出与该问题相关的最新法律法规、司法解释以及类似案例的裁判观点。通过综合分析这些信息，DeepSeek能够为法官提供一份详细的法律适用建议报告，包括适用的法律条款、法律条文的解释以及类案的裁判思路。法官参考这份报告，结合案件的具体情况，就能作出更准确的法律适用判断。

二、检索类案与提供量刑参考

类案检索和量刑参考是司法实践中提升审判质量和效率的重要手段。法官通过对比类似案件的裁判结果，可以更好地把握案件的裁判尺度，确保同案同判，维护司法公正。DeepSeek在这一领域的应用，为司法人员提供了高效精准的类案检索和量刑参考工具。

（一）精准检索与推送类案

DeepSeek能够根据案件的事实、法律关系、争议焦点等要素，从海量的司法案例库中快速检索出与当前案件高度相似的案件。它不仅能够提供类案的基本信息，还能对类案的裁判要点、法律适用、裁判结果等进行详细分析。法官通过对比类案的裁判结果，可以更深入地了解同类案件的裁判趋势和司法实践中的常见做法，进而为当前案件的裁判提供重要参考依据。

例如，在处理一起知识产权侵权案件时，DeepSeek能够根据案件涉及的侵权行为、侵权对象、赔偿金额等要素，快速检索出类案。它会详细呈现这些类案的裁判结果，包括侵权认定、赔偿标准、责任承担方式等，并对不同裁判结果的成因进行分析。法官通过对比这些类案裁判结果，结合当前案件的具体情况，能够作出更为合理的裁判决定。

（二）智能量刑参考与分析

在刑事案件的审判中，量刑是一个复杂且需谨慎对待的工作。DeepSeek能够根据案件的具体情节、犯罪性质、犯罪后果等因素，结合类案的量刑结果，为法官提供量刑参考。它通过对海量类案量刑数据进行分析，可生成量刑的基准范围，并针对案件的特殊情况，如自首、立功、累犯等情节，对量刑建议进行相应调整。这种智能量刑参考系统不仅有助于法官更准确地把握量刑尺度，还能有效降低量刑偏差，提升司法公信力。

例如，在处理一起盗窃案件时，DeepSeek可根据案件的盗窃金额、盗窃手段、盗窃次数等因素，结合同类案件的量刑结果，生成一个量刑基准范围。若案件中存在自首情节，DeepSeek会根据自首的法律规定和司法实践中的常见做法，对刑期进行适当下调。

法官可依据这份量刑建议报告，结合案件的具体情况，作出更加合理的量刑决定。

三、DeepSeek在司法工作中的其他应用场景

DeepSeek在司法工作中除了能辅助生成裁判文书、推送类案与提供量刑参考外，还有许多应用场景。

（一）在案件立案阶段的应用

在案件立案阶段，DeepSeek可对起诉状、立案材料等进行分析，快速判断案件是否符合立案条件，为立案审查提供辅助支持。它能够自动识别案件的基本信息，如当事人身份、诉讼请求、事实与理由等，并根据法律法规的要求，判断案件是否具备立案的必要条件。例如，在处理一起民事纠纷案件时，DeepSeek可快速分析起诉状内容，判断是否存在明确的诉讼请求和事实依据，进而为立案法官提供初步的立案建议。

（二）在庭审过程中的辅助

在案件审理过程中，DeepSeek能够对庭审笔录进行实时分析，提取关键信息，为法官提供庭审要点提示，帮助法官更好地掌控庭审进程。它借助自然语言处理技术，识别庭审中的关键问题和争议焦点，并及时提醒法官关注。例如，庭审时若当事人提出新证据或新观点，DeepSeek能快速分析相关内容，并提示法官哪些证据需要进一步核实。此外，DeepSeek还可对庭审中的法律适用问题进行实时分析，为法官提供即时法律建议，保障庭审过程的合法性。

（三）司法文书的校对和审核

DeepSeek还可应用于司法文书的校对和审核。DeepSeek凭借其强大的文本纠错功能，能及时发现文书中的错别字、语法错误、法律条文引用错误等问题。它能够对文书进行逐字逐句的分析，精准识别常见的错误，并提供修改建议。这种自动化的校对和审核功能，可有效减少文书错误，增强司法文书的规范性和权威性。

|中 篇|

DeepSeek法律实务
应用指南

第三章
法律行业基础办公场景应用

第一节　法律研究支持

　　律师在进行法律分析时，重要的前期工作之一就是进行法律法规检索和类案检索。只有对某一问题的法律法规要求完成充分检索，才能明确该问题解决的依据；只有通过类案的检索和对比，才可以在法律法规的基础上把握司法实践倾向。而DeepSeek的法律法规检索和类案检索为诉讼策略、法律分析及法律意见的出具提供了重要支持。

一、法律法规检索支持

（一）提示词模板

【明身份】你是一名资深的律师/法务/法官/检察官。

【定任务】现需进行法律法规的检索。

【讲背景】针对……进行检索。

【给目标】希望能够检索到法律/法规/司法解释/相关通知/相关指南/相关标准等。

【做限定】不要检索到已经失效的法律规定，希望以……形式输出，输出内容包括法律法规名称、生效时间、发布部门、效力层级、原文链接、内容概述。

　　提示词总结：你是一名资深的律师/法务/法官/检察官，现需进行法律法规的检索，针对……进行检索，希望能够检索到法律/法规/司法解释/相关通知/相关指南/相关标准等，不要检索到已经失效的法律规定，希望以……形式输出，输出内容包括法律法规名称、生效时间、发布部门、效力层级、原文链接、内容概述。

（二）实操案例

案例1：检索个人信息保护合规审计相关规定

【明身份】你是一名资深的律师。

【定任务】现需进行法律法规的检索。

【讲背景】针对个人信息保护合规审计进行检索。

【给目标】希望能够检索到法律/法规/司法解释/相关通知/相关指南/相关标准等。

【做限定】不要检索到已经失效的规定，希望以表格形式输出，输出内容包括法律法规名称、生效时间、发布部门、效力层级、原文链接、内容概述等。

　　提示词总结：你是一名资深的律师，现需进行法律法规的检索，针对个人信息保护合规审计进行检索，希望能够检索到法律/法规/司法解释/相关通知/相关指南/相关标准等，不要检索到已经失效的规定，希望以表格形式输出，内容包括法律法规名称、生效时间、发布部门、效力层级、原文链接、内容概述。

▶ **摘录DeepSeek回复的原文如下：**

以下是针对个人信息保护合规审计的相关法律法规及标准的检索结果，按法律效力层级分类并整理为表格形式。

法律法规名称	生效时间	发布部门	效力层级	原文链接	内容概述
《中华人民共和国个人信息保护法》	2021年11月1日	全国人民代表大会常务委员会	法律	全国人大网	确立个人信息处理规则，明确个人信息权益、处理者义务、跨境传输规则及法律责任，是合规审计的核心依据
《中华人民共和国数据安全法》	2021年9月1日	全国人民代表大会常务委员会	法律	全国人大网	建立数据分类分级、安全审查、风险评估等制度，要求数据处理者履行安全保护义务，为审计提供框架
《中华人民共和国网络安全法》	2017年6月1日	全国人民代表大会常务委员会	法律	国家网信办	规范网络运营者个人信息保护责任，明确网络安全等级保护制度，涉及个人信息处理安全要求
《个人信息出境标准合同办法》	2023年6月1日	国家互联网信息办公室	部门规章	网信办官网	规定个人信息出境标准合同的订立条件、备案程序及监管要求；审计时，需关注合同履行情况
《数据出境安全评估办法》	2022年9月1日	国家互联网信息办公室	部门规章	网信办官网	明确数据出境安全评估的申报流程、评估重点及合规义务；审计时，需核查企业是否通过评估

（续表）

法律法规名称	生效时间	发布部门	效力层级	原文链接	内容概述
《信息安全技术个人信息安全规范》（GB/T 35273—2020）	2020年10月1日	国家市场监督管理总局、国家标准化管理委员会	国家标准	国家标准全文公开系统	提供个人信息收集、存储、使用、共享等环节的具体操作指引，是合规审计的重要技术标准
《最高人民法院关于审理使用人脸识别技术处理个人信息相关民事案件适用法律若干问题的规定》	2021年8月1日	中华人民共和国最高人民法院	司法解释	最高人民法院官网	明确人脸信息处理的法律责任及侵权认定规则；审计时，需特别关注生物识别信息的合规性。
《App违法违规收集使用个人信息行为认定方法》	2019年12月30日	国家互联网信息办公室秘书局、工业和信息化部办公厅、公安部办公厅、国家市场监督管理总局办公厅	规范性文件	网信办官网	列举39项违规行为认定标准，包括未明示收集规则、强制捆绑功能等，可指导对App的专项审计
《信息安全技术个人信息处理中告知和同意的实施指南》（GB/T 42574-2023）	2023年12月1日	国家市场监督管理总局、国家标准化管理委员会	国家标准	国家标准全文公开系统	细化告知与同意的实施要求（如单独同意、明示同意等），为审计提供具体操作标准

【注意事项】

效力动态：上述文件均现行有效，其中《个人信息保护法》《数据安全法》构成核心法律框架，需持续关注配套标准（如GB/T 35273—2020）更新。

审计要点：合规审计时，应重点核查个人信息处理全流程的合法性基础、最小必要原则落实、安全防护措施、跨境传输合规性及第三方管理。

链接访问：部分链接需手动复制至浏览器打开，或通过政府官网检索文件名称获取最新版本。

如需特定行业（如金融、医疗）或地方性规定的补充检索，请进一步说明需求。

案例2：破产重整相关规定

【明身份】你是一名资深的律师。

【定任务】现需进行法律法规的检索。

【讲背景】针对破产重整相关规定进行检索。

【给目标】希望能够检索到法律/法规/司法解释/相关通知/相关指南/相关标准等。

【做限定】不要检索到已经失效的法律规定，希望以表格形式输出，输出内容包括法律法规名称、生效时间、发布部门、效力层级、原文链接、内容概述。

提示词总结：你是一名资深的律师，现需进行法律法规的检索，希望针对破产重整相关规定进行检索，希望能够检索到法律/法规/司法解释/相关通知/相关指南/相关标准等，不要检索到已经失效的法律规定，希望以表格形式输出，输出内容包括法律法规名称、生效时间、发布部门、效力层级、原文链接、内容概述。

▶ **摘录DeepSeek回复的原文如下：**

以下是中国现行有效的与破产重整相关的法律法规及文件的检索结果，以表格形式呈现。

法律法规名称	生效时间	发布部门	效力层级	原文链接	内容概述
《中华人民共和国企业破产法》	2007年6月1日	全国人民代表大会常务委员会	法律	全国人大官网	规定企业破产程序（含重整程序），明确重整申请、计划制订与执行等核心规则
《最高人民法院关于适用〈企业破产法〉若干问题的规定（一）》	2011年9月26日	中华人民共和国最高人民法院	司法解释	最高人民法院官网	明确破产案件受理条件、程序衔接及债务人财产范围等基础性问题
《最高人民法院关于适用〈企业破产法〉若干问题的规定（二）》	2013年9月16日	中华人民共和国最高人民法院	司法解释	最高人民法院官网	细化债务人财产认定、撤销权行使及财产追回等操作规则
《最高人民法院关于适用〈企业破产法〉若干问题的规定（三）》	2020年3月1日	中华人民共和国最高人民法院	司法解释	最高人民法院官网	规范债权人会议表决机制、重整程序中融资的优先权及管理人职责等

（续表）

法律法规名称	生效时间	发布部门	效力层级	原文链接	内容概述
《全国法院破产审判工作会议纪要》	2018年3月4日	中华人民共和国最高人民法院	司法指导文件	最高人民法院官网	提出重整企业识别、关联企业合并破产、重整计划执行监督等审判指导原则
《国务院关于优化营商环境条例》	2020年1月1日	国务院	行政法规	中国政府网	要求简化破产程序、完善市场主体退出机制，提升破产案件办理效率
《加快完善市场主体退出制度改革方案》	2019年7月16日	国家发展改革委、最高人民法院等13部门	部门规范性文件	国家发改委官网	提出建立破产重整企业信用修复、预重整制度等市场化退出配套机制
《最高人民法院关于推进破产案件依法高效审理的意见》	2020年4月15日	中华人民共和国最高人民法院	司法指导文件	最高人民法院官网	明确简化审理程序、压缩审理周期、强化信息化手段在重整案件中的应用
《北京市高级人民法院企业破产重整案件审理指南》	2018年11月30日	北京市高级人民法院	地方司法指导文件	北京法院网	细化北京地区重整案件受理审查、投资人招募、重整计划执行等具体操作指引

【注意事项】

效力层级说明：法律＞行政法规＞司法解释＞部门规章/司法文件＞地方司法文件。

链接访问：部分链接需复制至浏览器打开，建议通过官方平台"北大法宝"或"威科先行"数据库核实最新版本。

动态更新：破产领域政策更新较快（如2023年多地试点个人破产制度），需结合最新地方政策进行补充检索。

如需特定领域（如金融机构/上市公司破产重整）的细化规定，可进一步补充检索。

二、类案检索支持

（一）提示词模板

【明身份】你是一名资深的律师/法务/法官/检察官。

【定任务】现需进行案例的检索。

【讲背景】针对……问题/类案进行检索。

【给目标】希望能够检索到最高人民法院或最高人民检察院指导案例/某地高级人民法院案例/某地相关案例。

【做限定】希望输出的内容包括案例的案号、生效时间、法院判决观点、案例原文公开链接。不要编造案例，要保证案例是真实有效的。

提示词总结：你是一名资深的律师/法务/法官/检察官，现需进行案例的检索，希望针对……问题/类案进行检索，希望能够检索最高人民法院或最高人民检察院指导案例/某地高级人民法院案例/某地相关案例，希望输出的内容包括案例的案号、生效时间、法院判决观点、案例原文公开链接。不要编造案例，要保证案例是真实有效的。

（二）实操案例

案例1：刑事类案检索

【明身份】你是一名资深的律师。

【定任务】现需进行案例的检索。

【讲背景】针对成年男性在QQ/微信上扮成女性诈骗（100万元以上）的类案进行检索。

【给目标】希望能够检索到最高人民法院或最高人民检察院指导案例、上海高级人民法院案例、上海法院与本案背景相似的案例。

【做限定】希望输出的内容包括案例的案号、生效时间、法院判决观点、案例原文公开链接。不要编造案例，要保证案例是真实有效的。

提示词总结：你是一名资深的律师，现需进行案例的检索，针对某成年男性在QQ/微信上扮成女性诈骗（100万元以上）的类案进行检索，希望能够检索到最高人民法院或最高人民检察院指导案例、上海高级人民法院案例、上海法院与本案背景相似的案例，希望输出的内容包括案例的案号、生效时间、法院判决观点、案例原文公开链接。不要编造案例，要保证案例是真实有效的。

▶ **摘录DeepSeek回复的原文如下：**

> 根据您提供的检索要求，结合搜索结果中的案例信息，目前公开可查的与"男性假扮女性通过QQ/微信诈骗超百万"高度相关的案例信息如下所述（注：

部分案例未明确标注案号，但判决结果及案情描述均来自公开报道）。

【案例1】曹某诈骗案（诈骗431万元）

法院及判决时间：西安市灞桥区法院，2025年4月1日公开报道（生效时间未明确，推测为2023年9月后）。

案情要点：被告人曹某（男性）伪装成女性"李芸"，通过网恋虚构"家人住院，需要手术费、安葬费"等理由，诈骗4名被害人共计431万余元，赃款用于赌博及高消费。

判决观点：法院认定曹某以非法占有为目的，虚构事实骗取财物，数额特别巨大（根据司法解释，50万元以上为"数额特别巨大"），构成诈骗罪，判处有期徒刑13年，并处罚金50万元。

公开链接：[腾讯新闻](https://new.qq.com/rain/a/20250401A01N3E00)

【案例2】温某诈骗案（诈骗67万元）

法院及判决时间：北京市朝阳区法院，2025年3月18日二审生效。

案情要点：温某虚构"男友高某"身份，通过微信与孙女士网恋3年，以车祸赔偿、生意周转等理由诈骗67万元。

判决观点：法院认为温某利用被害人信任，虚构事实骗取财物，数额特别巨大，判处有期徒刑10年6个月，并处罚金11万元。

公开链接：[腾讯新闻](https://new.qq.com/rain/a/20250318A05IK100)

【案例3】王某诈骗案（诈骗19万元）

法院及判决时间：上海市宝山区法院，2021年9月16日一审判决。

案情要点：王某冒用前女友身份，以网恋为由编造"被逼债、交通事故"等理由，诈骗被害人19万元。

判决观点：法院认定王某构成诈骗罪，数额巨大（司法解释中"数额巨大"为3万至50万元），判处有期徒刑4年，并处罚金1万元。

公开链接：未提供原文链接，案件来源为上海宝山法院官方报道。

【检索结论】

1.上海地区案例

目前公开报道中，上海地区涉及"男性假扮女性诈骗超百万"的案例尚未检索到，但王某案（诈骗19万元）可作为上海法院处理类似案件的量刑参考。

2.最高法/最高检指导案例

搜索结果中未显示相关指导案例，但可参考《最高人民法院最高人民检察院关于办理诈骗刑事案件具体应用法律若干问题的解释》中关于"数额特别巨大"（50万元以上）的认定标准。

3.类案量刑趋势

（1）100万元以上：通常认定为"数额特别巨大"，量刑在10年以上有期徒刑，并处罚金（如曹某案13年、温某案10年半）。

（2）退赔情节：若全额退赔，可能酌情从轻处罚（如王某案退赔后判缓刑）。

【补充建议】

1.司法大数据检索

可通过"中国裁判文书网"进一步检索"诈骗罪+网恋+男性冒充女性+数额特别巨大"关键词，筛选上海地区案例。

2.量刑辩护要点

（1）是否构成自首、坦白、认罪认罚（如王某案从轻处罚）。

（2）赃款用途（如赌博挥霍赃款，可能加重处罚）。

如需进一步分析，建议结合具体案情并提供更详细的信息。

案例2：民事类案检索

【明身份】你是一名资深的律师。

【定任务】现需进行案例的检索。

【讲背景】针对反诉主张替代履行费用的类案进行检索。

【给目标】希望能够检索到最高人民法院或最高人民检察院指导案例、北京高级人民法院案例、北京海淀区人民法院与本案背景相似的案例。

【做限定】希望输出的内容包括案例的案号、生效时间、法院判决观点、案例原文公开链接。不要编造案例，要保证案例是真实有效的。

提示词总结：你是一名资深的律师，现需进行案例的检索，针对反诉主张替代履行费用的类案进行检索，希望能够检索到最高人民法院或最高人民检察院指导案例、北京高级人民法院案例、北京海淀区人民法院与本案背景相似的案例，希望输出的内容包括案例的案号、生效时间、法院判决观点、案例原文公开链接。不要编造案例，要保证案例是真实有效的。

▶ **摘录DeepSeek回复的原文如下：**

根据您提供的检索要求，通过公开信息筛选出以下与"反诉主张替代履行费用"相关的最高人民法院指导案例及北京海淀区人民法院案例，均涉及替代履行费用的法律认定或执行程序。

以下是案例信息整理。

【案例1】浙江东航建设集团有限公司执行申诉案

案号：最高人民法院〔2010〕执监字第183号

生效时间：2012年（裁判文书收录时间）

法院观点：最高人民法院认为，被执行人未按判决要求修复工程质量问题，且修复行为可由他人替代完成，符合《民事诉讼法》第228条及司法解释关于替代履行的条件。法院可指定第三方（包括申请执行人）代为修复，费用由被执行人承担。判决强调，代履行费用应以实际支出为准，但若申请执行人自愿降低费用且方案合理，法院可支持折抵债务。

【案例2】白银市人民检察院诉兰州银轮运输有限公司等环境污染责任纠纷案

案号：甘肃矿区人民法院〔2019〕甘95民初4号

生效时间：2019年5月23日

法院观点：法院认定行政机关代履行费用（717 186.4元）不属于环境民事公益诉讼处理范围。行政机关应依据《行政强制法》通过行政程序追偿，而非通过民事公益诉讼主张。该案例明确代履行费用属于行政法律关系范畴，民事公益诉讼不介入行政代履行费用追偿。

原文链接：[澎湃新闻](https://www.thepaper.cn/newsDetail_forward_5231615)

【案例3】北京市世纪律师事务所合同纠纷执行案

审理法院：北京市海淀区人民法院、北京市第一中级人民法院

案号：海淀法院〔2024〕京0108执×号（未公开完整案号）

生效时间：2024年4月29日（二审生效）

法院观点：律所因未履行退还88万元律师费的判决，被海淀法院终结本次执行程序并限制高消费。申请执行人申请追加原合伙人承担连带责任，法院召开听证会审查。本案虽未直接涉及替代履行费用，但展示了执行阶段中代履行费用追

偿的司法实践，如通过追加被执行人扩大责任主体。

【最高法相关司法解释】

（1）《最高人民法院关于适用〈中华人民共和国民事诉讼法〉的解释》第503条和第504条，明确代履行条件：被执行人未履行行为义务且可由他人完成时，法院可选定代履行人，费用由被执行人预先支付。

（2）最高法执行实施专题指导性案例（2025年发布）涉及"替代履行费用"的执行程序创新，如通过"风险预告"督促履行，但具体案例内容尚未公开。

【总结与建议】

1. 替代履行费用的法律性质

（1）民事案件中，替代履行费用属于执行程序中的债务范畴（如案例1、4）。

（2）行政案件中，费用追偿需通过行政程序（如案例2、3）。

2. 反诉主张的可行性

若反诉主张替代履行费用，需证明费用已实际发生且符合代履行条件（如案例1中的修复费用）。

行政代履行费用不可通过民事反诉主张（如案例2）。

以上案例可通过链接查阅原文，建议进一步检索"中国裁判文书网"或"北大法宝"，以获取完整判决书。

需要注意的是，DeepSeek编造法规和案例的情况较为严重，部分检索出来的法规和案例很可能为DeepSeek自行创造，因此读者一定要对检索出来的结果做进一步的真实性验证，例如通过官方的裁判文书网、北大法宝、威科先行等法规案例库进行检索验证，切不可直接在正式文件中粘贴引用检索结果。

第二节　新媒体营销文案生成

当前，法律从业者通过新媒体平台进行专业知识分享与法律服务推广已成为行业常态，新媒体营销不仅成为法律团队及个人维系客户关系、拓展案源的核心渠道，更推动着内容形式的迭代升级——尽管公众号长文创作对法律从业者而言驾轻就熟，但随着短视频、直播等轻量化内容形态的兴起及其对多元化受众的精准触达，行业正加速摆脱对单一内容载体和传播平台的依赖。

一、新媒体营销选题策略

（一）提示词模板

【明身份】你是一名……领域的资深律师。

【讲背景】现需在与……法律服务营销相匹配的新媒体平台进行矩阵式营销/对有关……的热门/争议法律事件进行评分，以找到爆款选题。

【定任务】检索2024—2025年各新媒体平台有关……领域的热门/争议话题。

【给目标】按照某种维度列表输出。

提示词总结：你是一名……领域的资深律师，现需在与……法律服务营销相匹配的新媒体平台进行矩阵式营销/对有关……的热门/争议法律事件进行评分，以找到爆款选题，检索2024—2025年各新媒体平台有关……领域的热门/争议话题，按照某种维度列表输出。

案例1：新媒体矩阵式营销选题

【明身份】你是一名企业纾困与重整领域的资深律师。

【定任务】现需在与不良资产法律服务营销相匹配的新媒体平台进行矩阵式营销，以找到爆款选题。

【讲背景】检索2024—2025年各新媒体平台有关企业纾困与重整领域的热门/争议话题。

【给目标】按照平台、主题、内容形态的维度列表输出。

提示词总结：你是一名企业纾困与重整领域的资深律师，现需在与不良资产法律服务营销相匹配的新媒体平台进行矩阵式营销，以找到爆款选题，检索2024—2025年各新媒体平台有关企业纾困与重整领域的热门话题，按照平台、主题、内容形态的维度列表输出。

▶ **摘录DeepSeek回复的原文如下：**

根据2024—2025年企业纾困与重整领域的司法实践、政策导向及市场需求，结合新媒体平台的传播特点，以下呈现为不良资产法律服务营销设计的矩阵式爆款选题方案。该方案按平台、主题和内容形态分类整理输出。

一、微信公众号/企业号

主题	内容形态	参考案例
1. 预重整机制如何拯救濒危企业	深度案例分析，结合司法流程与商业谈判技巧	深圳广田集团预重整案（5个月内化解160亿债务）、江苏昆山法院"诊疗式"分级挽救机制
2. 小微企业债务危机的"快捷通道"	以"政策解读+实务指南"的形式重点介绍庭外重组与"深破通"平台对接	深圳润华照明公司通过庭外重组获资43万元脱困
3. 府院联动机制的实际操作与成效	以"长图文+数据图表"的形式解析政府与法院协同化解企业风险的典型案例	淄博法院通过"1+N"联动机制盘活烂尾楼项目，以及昆山府院预警机制
4. 数字化工具如何赋能破产重整	以"技术解析+案例展示"的形式突出AI、区块链在资产处置中的应用	广州中院"智破"系统实现一键清偿职工债权

二、抖音/快手（短视频平台）

主题	内容形态	参考案例
1. "逆重整"背后的法律智慧	以"情景剧"的形式还原江苏某化工公司从破产清算到重生的反转过程	江苏某化工公司通过"逆重整"引入投资1900万元
2. 企业重生故事：从烂尾楼到新家园	以"实地探访+采访业主"的形式展示司法盘活烂尾楼的社会价值	淄博海裕豪苑小区续建完成，化解6800万元债务危机
3. 老赖车辆扣押现场实录	以"执行过程+纪录片"的形式突出律师团队与法院的协同突破	上海一湃律所通过调查令扣押债务人车辆
4. 职工权益保障的"最后一公里"	以"动画+真实案例"的形式解析破产程序中工资清偿的法律保障	昆山法院为271名员工发放400万元欠薪

三、知乎（专业问答社区）

主题	内容形态	参考案例
1. 2024年不良资产行业新规的深度解读	以长文的形式解析《金融资产管理公司不良资产业务管理办法》对市场的影响	新规拓宽可收购资产范围，强化合规要求

（续表）

主题	内容形态	参考案例
2. 重整投资人的筛选与谈判策略	以"方法论+案例复盘"的形式分析投资人引入的关键节点	淄博齐翔集团引入山东能源集团化解百亿债务
3. 破产程序中知识产权保护难题	通过专业问答，探讨专利、商标在重整中的估值与处置	广州某科技公司保留500项专利实现重生
4. 跨境破产的司法协作趋势	通过国际案例对比，解析北京破产法庭承认德国破产程序的突破	华晨电力跨境重整案获美国法院认可

四、小红书（年轻化、图文社区）

主题	内容形态	参考案例
1. 企业重整中的"避坑指南"	以"清单+图文"的形式，列明常见法律风险（如虚假租赁、恶意逃债）及应对措施	破解债务人虚假租赁关系
2. 小微企业自救的5个信号	以"手绘漫画+文案"的形式，提示现金流断裂、供应商诉讼等预警信号	深圳润华照明公司通过应收账款重组脱困
3. 职工安置的法律与温情	通过图文故事，展示法院如何保障职工权益（如紫光集团保住3.5万个岗位）	紫光集团重整稳岗3.5万人

五、B站（中长视频/纪录片）

主题	内容形态	参考案例
1. 破产法官的日常：拯救企业的幕后英雄	通过纪实跟拍，展现法官从识别企业价值到推动重整的全流程	昆山法院欧平、蔡磊团队挽救36家"生病"企业
2. 不良资产处置的"黑科技"	通过技术解析视频，演示AI、区块链在债权追索中的应用	通过大数据优化资产处置
3. 百年老厂的涅槃之路	以"纪录片+叙事"的形式输出，讲述传统制造业通过重整焕新（如齐翔腾达化工案例）	齐翔腾达通过重整保留核心技术

六、微博（热点话题+互动）

主题	内容形态	参考案例
1. 企业重整中最关键的因素	以"投票互动+专家点评"的形式输出，包括投资人引入、府院联动、职工支持等	北京破产法庭"应救尽救"理念
2. 烂尾楼重生记	以"话题讨论+案例连载"的形式输出，结合淄博海裕豪苑项目进展	淄博法院盘活烂尾楼化解民生问题
3. 小微企业如何逆风翻盘	以"图文+短视频合集"的形式输出，征集用户故事并提供法律建议	深圳"深破通"平台助力小微企业融资

【核心传播策略】

1. 差异化内容适配

微信公众号的内容侧重专业深度，短视频平台的内容强化情感共鸣，知乎的内容主打权威解析，小红书的内容注重实用指南。

2. 热点借势

结合新规发布（如《金融资产管理公司不良资产业务管理办法》）、典型案件宣判（如逆重整案）及时推出专题内容。

3. 数据可视化

用图表呈现重整成功率、清偿率等数据（如北京破产法庭5年挽救80家企业）。

4. 用户互动

通过案例征集、法律咨询直播等形式增强参与感。

以上选题可结合具体服务领域（如国企债务重组、小微企业纾困）进一步细化，并通过跨平台联动（如将B站纪录片片段剪辑为抖音短视频），实现内容复用，实现最大传播效果。

案例2：运用热点法律事件关联矩阵，寻找兼具专业性与传播性的选题

【明身份】你是一名婚姻家事领域的资深律师。

【讲背景】计划对有关婚姻家事的争议法律事件进行评分，以找到爆款选题。

【定任务】检索2024—2025年各新媒体平台有关婚姻家事领域的争议话题。

【给目标】按照法律关联度、社会影响力（媒体报道量、社交媒体讨论量、公众情绪倾向）、司法参考价值（是否被最高人民法院列为指导案例）、立法推动潜力（是否触发地方性法规修订或者司法解释更新）的维度列表输出。

【做限定】每个维度的评分权重分别是：法律关联度×0.3+社会影响力×0.4+司法参考价值×0.2+立法推动潜力×0.1。

提示词总结： 你是一名婚姻家事领域的资深律师，计划对有关婚姻家事的争议法律事件进行评分，以找到爆款选题，检索2024—2025年各新媒体平台有关婚姻家事领域的争议性话题，按照法律关联度、社会影响力（媒体报道量、社交媒体讨论量、公众情绪倾向）、司法参考价值（是否被最高人民法院列为指导案例）、立法推动潜力（是否触发地方性法规修订或者司法解释更新）的维度列表输出，每个维度的评分权重分别是：法律关联度×0.3+社会影响力×0.4+司法参考价值×0.2+立法推动潜力×0.1。

▶ **摘录DeepSeek回复的原文如下：**

根据2024—2025年婚姻家事领域的司法实践、社会热点及新媒体传播特点，结合您提供的评分维度（法律关联度、社会影响力、司法参考价值、立法推动潜力），以下呈现筛选出的具有争议性的法律事件及其综合评分表。评分依据来自最高人民法院司法解释、典型案例及媒体报道，并综合各平台讨论热度。

一、婚姻家事领域争议法律事件评分表

争议事件	法律关联度（30%）	社会影响力（40%）	司法参考价值（20%）	立法推动潜力（10%）	综合得分
1.民法典婚姻家庭编司法解释（二）的争议条款	9.5	8.8	9.0	9.5	9.12
2.高额彩礼纠纷与司法裁判规则	8.0	9.5	8.0	7.0	8.5
3.父母为子女婚后购房出资的财产分割争议	8.5	8.0	9.0	8.0	8.35
4.反家暴与人身安全保护令执行难题	7.5	9.0	7.5	6.5	8.00
5."假离婚"引发的财产与债务纠纷	7.0	8.5	6.5	7.5	7.55

二、争议事件解析与评分依据

1.民法典婚姻家庭编司法解释（二）的争议条款

法律关联度：直接涉及《民法典》婚姻家庭编核心条款，明确房产分割、父母出资购房、违反忠实义务赠与无效等规则，覆盖80%以上离婚纠纷案件。

社会影响力：媒体广泛报道"加名房产分割""父母出资补偿"等案例，微博话题#离婚房产分割#阅读量超2亿次，公众对"公平补偿"争议激烈。

司法参考价值：最高人民法院发布4起典型案例，明确"婚姻存续时间""过错补偿"等裁判标准，被多地法院直接引用。

立法推动潜力：推动《民法典》婚姻家庭编配套规则完善，未来可能细化"共同生活贡献"量化标准。

2.高额彩礼纠纷与司法裁判规则

法律关联度：涉及彩礼性质认定（赠与或附条件）、返还比例等法律难点，最高人民法院2024年出台《涉彩礼纠纷案件司法解释》。

社会影响力：抖音"法院退彩礼直播"观看量破千万，社交媒体热议"天价彩礼是否物化婚姻"，微博相关话题阅读量超5亿次。

司法参考价值：最高人民法院发布"枫桥式法庭"典型案例，明确结合地方习俗、给付目的等综合裁量彩礼纠纷。

立法推动潜力：可能推动地方性彩礼限制条例出台，但需平衡传统习俗与法律干预。

3.父母为子女婚后购房出资的财产分割争议

法律关联度：民法典婚姻家庭编司法解释（二）首次明确"父母出资性质推定规则"，但个案中仍需结合婚姻存续时间、生育情况等对财产进行裁量。

社会影响力：知乎话题"父母出资买房离婚怎么分"讨论量超10万，争议焦点在于"出资是否等于赠与"及补偿比例合理性。

司法参考价值：典型案例（如父母出资80%房产判归子女）成为基层法院重要参考，统一"贡献度"评估标准。

立法推动潜力：可能细化"共同生活贡献"评估细则，但司法解释已基本覆盖争议点。

4.反家暴与人身安全保护令执行难题

法律关联度：依托《反家庭暴力法》，但实践中存在"举证难""执行弱"问题，如家暴告诫书与保护令衔接不畅。

社会影响力：安徽"一家亲"婚调室调解涉家暴案件51起，微博话题#家暴不是家务事#阅读量超3亿次，公众呼吁强化司法干预。

司法参考价值：天津滨海法院构建"1小时受理、24小时裁定"保护令机制，被最高法列为创新实践。

立法推动潜力：可能推动《反家暴法》修订，明确"心理暴力"界定及多部门联动细则。

5. "假离婚"引发的财产与债务纠纷

法律关联度：法律上"假离婚"仍具效力，但对于"恶意逃债""财产转移"的情况，需结合民法典合同编与婚姻家庭编综合认定。

社会影响力：一线城市"购房假离婚"现象频发，小红书"假离婚避税攻略"引发伦理争议，微博相关话题阅读量超1.5亿次。

司法参考价值：尚无统一裁量标准，部分法院尝试以"真实意思表示"否定离婚协议效力，但争议较大。

立法推动潜力：可能推动司法解释明确"虚假意思表示"认定规则，但需平衡婚姻自由与债权人保护。

三、爆款选题推荐

1. 短视频平台（抖音/快手）

选题：法院直播退彩礼——50万彩礼该不该退？

内容形态：直播切片+专家解读，结合《涉彩礼纠纷司法解释》分析返还比例。

2. 微信公众号/知乎

选题：父母出资买房离婚怎么分？最高法典型案例划重点

内容形态：深度解析司法解释（二）第5条，对比"2:8出资"与"均分"案例。

3. 微博/小红书

选题：家暴受害者如何快速拿到保护令？

内容形态：流程图解"1小时受理"机制，穿插真实案例。

四、评分说明

法律关联度：事件与现行法律体系的直接关联性及条款覆盖范围。

社会影响力：媒体报道量、社交媒体讨论量及公众情绪倾向（正向/争议）。

司法参考价值：是否被最高法列为指导案例或典型实践。

立法推动潜力：是否可能推动司法解释或地方性法规修订。

建议优先选择综合得分8分以上的事件作为爆款选题，并结合平台特性匹配内容形态输出内容，如短视频侧重情感共鸣，长文侧重法律解析。

DeepSeek可以构建法律专业要素与传播规律关联矩阵，帮助我们在法律内容生产的过程中，精准快速地找到兼具专业性与传播性的选题。我们还可以调整各个维度的权重比例，使综合评分更偏重某一维度，从而得到更倾向某一维度的选题。

案例3：爆款标题生成
【明身份】你是一名婚姻家事领域的资深律师。
【定任务】现需针对民法典婚姻家庭编司法解释（二）中婚前买房场景生成10个标题。
【讲背景】文章发布平台是小红书。
【做限定】标题要具备发布平台爆款标题的特点，且符合平台相关规则。

提示词总结： 你是一名婚姻家事领域的资深律师，现需针对民法典婚姻家庭编司法解释（二）中婚前买房场景生成10个标题，文章发布平台是小红书，其标题要具备该平台爆款标题的特点，且符合平台相关规则。

▶ **摘录DeepSeek回复的原文如下：**

根据《民法典婚姻家庭编司法解释（二）》及司法实践，结合小红书平台用户偏好（强调实用性、警示性、情感共鸣），我为您设计以下10个爆款标题，这10个标题均符合平台规则并自带流量关键词。

一、标题

1.💧房产证加名前必看！这条新规让恋爱脑姐妹血亏50万！
（冲突点：加名风险+金钱损失）

2.❤父母全款买房写俩人名字？离婚被分走一半的坑别踩！
（痛点共鸣+禁止动作）

3.⚠婚前共同还贷的姐妹，99%不知道这样能多分20%！
（反常识+利益驱动）

4.🔞"婚房我爸妈出的钱！"没做这3步离婚照样被分房！
（场景化警告+解决方案）

5.⚡醒醒！婚前买房不签协议＝白送半套房给渣男！
（对比冲突+情绪词）

6.🌸血泪教训！闺蜜分手后倒贴前男友房贷，这操作能救你！
（故事化+紧急方案）

7.☑律师私藏话术：婚前买房时这样说，婆家不敢占你便宜！

（利益诱惑+身份权威）

8. 🚫打死别答应！男方说"婚后加你名"的潜台词是……

（悬念揭秘+群体警示）

9. 📢紧急通知！2024婚房分割新规，这5类女生最危险！

（时效性+精准人群）

10. ♥恋爱脑清醒剂！婚前买房的数学题，算错＝离婚破产！

（理性唤醒+后果预警）

二、设计逻辑

1. 高频表情符号

用🔥♥⚠等符号强化情绪，符合小红书用户阅读习惯

2. 闺蜜体句式

使用"姐妹""血泪教训""醒醒"等口语化表达

3. 精准打击痛点

聚焦司法解释（二）实际影响的场景（加名、父母出资、还贷补偿）

4. 平台合规技巧

避免"绝对化用词"，用"99%""潜台词"等规避违规风险

建议发布文章时搭配对比数据封面图（如"加名与不加名损失对比"）或律师形象照，以增加专业性和信任感。

DeepSeek可以根据目标受众和内容形式选择适配标题，我们还可以在提示词中设置多个拟发布平台，进行多平台矩阵式推送。

二、文案生成策略

（一）提示词模板

【明身份】你是一名……领域的资深律师/……行业的资深法务。

【定任务】计划在……平台发布推文/笔记，现需拟定文案。

【讲背景】文案主题围绕……展开。

【给目标】吸引……群体，获得互动、关注和转化。

【做限定】文案的语言风格为……，并设计文案互动转化环节。

提示词总结： 你是一名……领域的资深律师/……行业的资深法务，计划在……平台发布推文/笔记，现需拟定文案。文案主题围绕……展开，目标是吸引……群体，获得互动、

关注和转化。文案的语言风格为……，并设计文案互动转化环节。

（二）实操案例

案例1：在微信公众号发布一篇关于数字化工具如何赋能破产重整的推文

【明身份】你是一名企业纾困与重整领域的资深律师。

【定任务】计划在微信公众号发布推文，现需拟定文案。

【讲背景】主题围绕数字化工具如何赋能破产重整展开。

【给目标】吸引破产重整投资人、管理人、企业负责人，获得互动、关注和转化。

【做限定】文案包括标题和三级目录，且文风应展现律师兼具专业素养和商业思维的职业形象。

提示词总结：你是一名企业纾困与重整领域的资深律师，计划在微信公众号发布推文，现需拟定文案。文案主题围绕数字化工具如何赋能破产重整展开，目标是吸引破产重整投资人、管理人、企业负责人，并获得互动、关注和转化。文案要包括标题和三级目录，且文风应展现律师兼具专业素养和商业思维的职业形象。

▶ **摘录DeepSeek回复的原文如下：**

标题

数字化赋能破产重整：投资人、管理人必看的三大核心工具与五大实战红利

目录

一、破产重整的数字化新趋势：从"被动清算"到"主动重生"

二、三大核心工具：如何用数字化实现降本增效与价值重塑

三、五大实战案例：看数字化如何创造破产企业的"第二春"

四、律师视角：数字化工具的选择策略与风险规避指南

正文

一、破产重整的数字化新趋势：从"被动清算"到"主动重生"

传统破产程序存在信息不对称、流程冗长、资产处置低效等问题，不仅造成"僵尸企业"积压，更导致债权人利益难以保障、潜在投资人望而却步。而数字化工具的引入，正以数据互通、智能匹配、流程透明三大优势重构破产生态。

数据互通：如长清法院的"1+5+1"智慧平台通过法官协同监管、资金监管、债权人会议等功能，将案件办理周期缩短12%。

智能匹配：南昌法院联合阿里、京东打造的"双平台"实现资产处置与投资人招募"一键直达"，提升重整成功率。

流程透明：吕梁中院的区块链存证技术确保资金监管与会议效力可追溯，降低法律风险。

【商业启示】

数字化不仅是技术的升级，更是挖掘破产案件"价值洼地"的新趋势。

二、三大核心工具：如何用数字化实现降本增效与价值重塑

1. 智能资产处置平台

功能：线上拍卖、大数据询价、精准匹配投资人，例如阿里资产的"破产云平台"通过流量优势，助力广容大酒店资产溢价41.25%。

价值：缩短处置周期30%以上，增加资产溢价空间。

2. 全流程协同管理系统

功能：案件繁简分流、文书自动生成、债权人会议线上化，例如南昌法院通过支持万人级在线会议，并接入支付宝人脸识别技术确保流程合规性。

价值：降低管理成本50%，避免沟通滞后导致的程序延误。

3. 数据驱动的投融资匹配工具

功能：云计算画像、重整价值评估、融资方案定制，例如通辽中院平台通过"五大板块"精准链接资金与项目。

价值：提高投资人匹配效率，减少谈判僵局，如红太阳公司通过协同重整化解141亿元债务危机。

三、五大实战案例：看数字化如何创造破产企业的"第二春"

案例1：广容大酒店依托阿里资产平台完成资产拍卖与重整，从濒临破产到入住率跃升90%，营收增长30%。

案例2：吉粮进出口公司通过长春破产法庭的"府院联动+智慧平台"，盘活数亿资产，保住全国稀缺粮食进出口资质。

案例3：红太阳股份通过数字化协同审理化解集团141亿元债务，引入国资打造"零碳园区"，为近万名职工提供就业机会。

案例4：宜春石泉酒厂通过线上竞价，实现资产溢价41.25%，成为江西首例管理人委托第三方机构成功处理破产资产的典型。

案例5：吕梁重整企业通过"数智监管+金融服务平台"，实现资金全流程透明划转，提升债权人信任度。

四、律师视角：数字化工具的选择策略与风险规避指南

工具适配性：优先选择与法院系统深度对接的平台（如阿里资产、京东拍卖），确保合规性与执行效率。

数据安全：关注区块链存证、权限管理等技术，避免敏感信息泄露。

成本优化：利用政府补贴（如江西拨付2875万元保障经费）降低数字化投入压力。

风险预判：警惕"数据孤岛"，确保平台与税务、社保等外部系统互联互通。

结语

数字化工具正在打破破产重整的"信息茧房"，为投资人提供价值洼地、为管理人赋能高效执行、为企业开辟重生通道。

关注本号，回复"工具包"获取《破产重整数字化平台实操指南》，或点击链接预约专业咨询，助您抢占先机！

原创声明：本文由[××律师事务所]破产重组团队原创，转载需授权。数据来源：公开案例及法院信息化建设成果[citation:1-10]。

案例2：在小红书发布一篇解读《民法典婚姻家庭编司法解释（二）》的文案

【明身份】你是一名婚姻家事领域的资深律师。

【定任务】计划在小红书平台发布推文/笔记，现需拟定文案。

【讲背景】文案主题是解读民法典婚姻家庭编司法解释（二）。

【给目标】吸引买婚房的年轻人，获得互动、关注和转化。

【做限定】文案中要设定具体的实操场景，语言风格生动幽默，像在给闺蜜支招，文末需要有互动转化的内容。

提示词总结：你是一名婚姻家事领域的资深律师，计划在小红书平台发布推文/笔记，现需拟定文案，文案主题是解读民法典婚姻家庭编司法解释（二）。为了吸引买婚房的年轻人，获得互动、关注和转化，要设定具体的实操场景，语言风格要生动幽默，像在给闺蜜支招，文末需要有互动转化的内容。

▶ **摘录DeepSeek回复的原文如下：**

标题

🏠婚房避坑指南｜闺蜜私藏！新司法解释教你买房不踩雷（附赠保命协议模板）

正文

姐妹们！最近最高法新出的《婚姻家庭编司法解释（二）》都刷到了吧？作为你们的"人间清醒"律师闺蜜，我必须连夜码字给你们划重点！尤其是正在看婚房、准备领证的小可爱，这波操作不学，分分钟婚后变"大冤种"啊！

【场景1】你妈砸了100万首付，房子写你俩名儿？

☞闺蜜小美的血泪史

小美和男友买房，她妈掏了100万首付，男友家出装修。结果小美恋爱脑，房本直接写了两人名！分手时法院判：房子归小美，但得按市场价补偿男友50万！

💡律师支招

☑爸妈的钱必须签协议！白纸黑字写"赠予我闺女一人"（后台戳我领模板！）

☑婚后加名=分钱预警！除非你确定他是"天选老公"，否则先签《财产约定书》保命！

【场景2】老公偷偷给女主播刷火箭？

☞闺蜜小芳的抓马现场

小芳老公瞒着她打赏女主播20万！离婚时法院裁定"这是挥霍共同财产"，直接让他少分20万！

💡律师支招

☑手机装个"家庭账户"App，大额消费必须双人验证！

☑发现苗头别撕巴！立马截图转账记录，律师函警告安排上！

【场景3】婚房写孩子名，离婚能反悔吗？

☞闺蜜阿琳的神操作

阿琳离婚协议约定房子归孩子，结果前夫反悔想卖房！法院：协议签了就别想赖！必须过户！

💡律师支招

☑离婚协议加上这句话"子女可直接起诉要求履行"，让渣爹渣妈无处可逃！

☑孩子名下的房？父母别乱动！小心法院判你"损害未成年人利益"！

【场景4】婚前房产加名，离婚能分多少？

☞闺蜜小雨的反转剧情

老公婚前房产加小雨的名字，结婚3年后闹离婚。法院：房子归老公，但补偿小雨120万元！

💡律师支招

☑ 加名≠对半分！法院会看婚姻长短、贡献度！

☑ 签个《加名协议》写明"若离婚，按结婚年限比例补偿"，直接拿捏！

文末互动

🔥评论区找同类！

☝你遇到过哪些婚房坑？

☝蹲《婚前协议模板》的扣1，私信秒发！

☝关注本律，下期揭秘"如何让婆婆出资买房还没有废话"！

配图建议

🖼房本+律师函对比图 / 闺蜜聊天截图 / 协议模板封面（打码版）

标签

#婚房避坑 #女性成长 #婚前协议 #律师闺蜜 #民法典新规

备注：私信暗号"人间清醒"送《婚前保命协议模板》+《加名风险测评表》！

（律师认证版，全网独一份！）

引用案例来源：最高人民法院《民法典婚姻家庭编司法解释（二）》

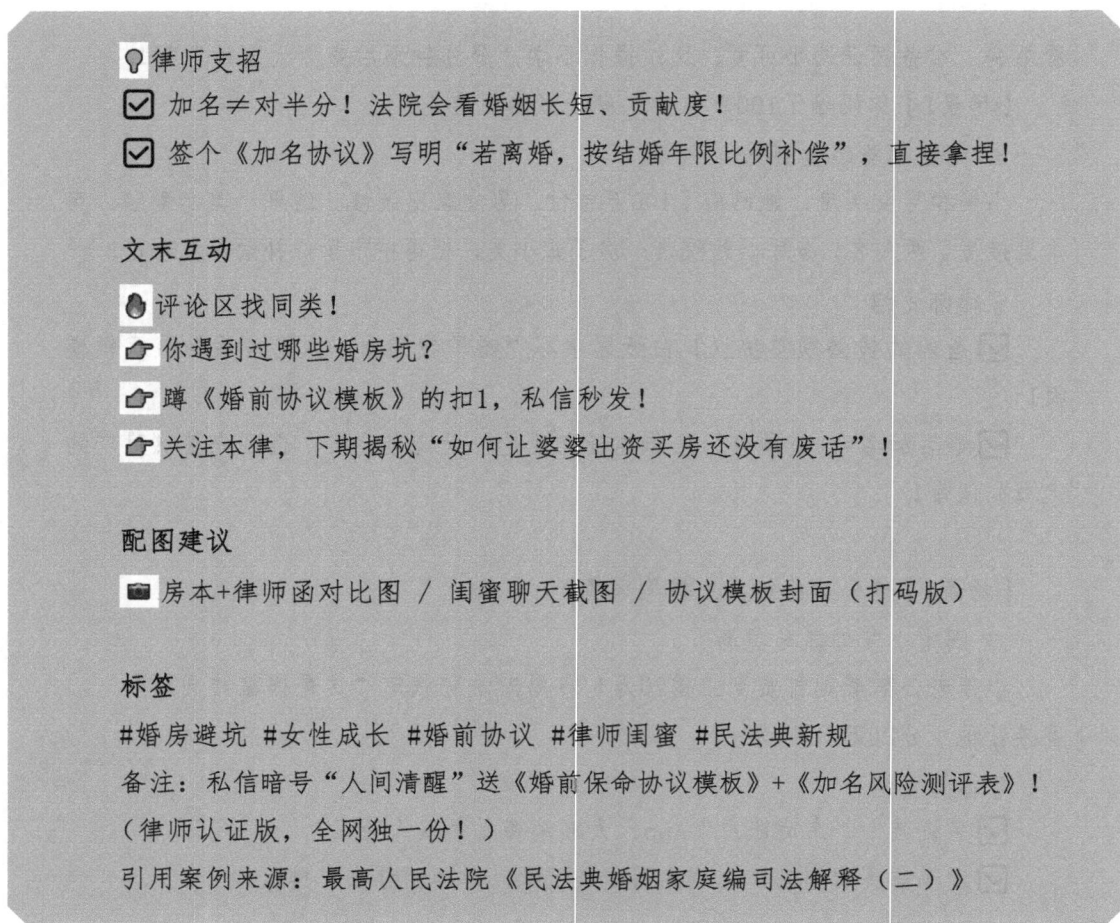

我们给出的提示词限定了解读《民法典婚姻家庭编司法解释（二）》相关条文，同时要求目标读者是买婚房的年轻人，所以文案提取了司法解释中与买婚房相关的条文，并根据提示词的要求设定了场景。

总体来说，生成内容在形式和内容上都符合小红书文案的特性，是一篇完成度非常高的初稿。

三、视频脚本生成策略

（一）提示词模板

【明身份】你是一名……领域的资深律师。

【定任务】计划发布关于……的短视频/中长视频，现需制作脚本。

【讲背景】视频发布平台是……。

【给目标】吸引……群体，获得互动、关注和转化。

【做限定】视频风格为……，视频时长为……。

提示词总结：你是一名……领域的资深律师，计划发布关于……的短视频/中长视频，现需制作视频脚本，视频发布平台是……。为了吸引……群体，获得互动、关注和转化，要限定视频风格为……，视频时长为……。

（二）实操案例

案例1：短视频脚本架构

【明身份】你是一名婚姻家事领域的资深律师。

【定任务】计划发布关于解读《民法典婚姻家庭编司法解释（二）》的短视频，现需制作脚本。

【讲背景】视频发布平台是小红书。

【给目标】吸引准备买婚房的年轻人，获得互动、关注和转化

【做限定】要设定具体的实操场景，展现律师亲和的形象，突出女性成长顾问的人设，视频时长不超过2分钟。

提示词总结：你是一名婚姻家事领域的资深律师，计划发布关于解读《民法典婚姻家庭编司法解释（二）》的短视频，现需制作视频脚本，视频发布平台是小红书。为了吸引准备买婚房的年轻人，获得互动、关注和转化，要设定具体的实操场景，展现律师亲和的形象，突出女性成长顾问的人设，视频时长不超过2分钟。

▶ 摘录DeepSeek回复的原文如下：

> 短视频脚本：《民法典婚姻家庭编司法解释（二）》婚房避坑指南 │ 闺蜜律师手把手教你保住房本！
>
> 一、视频结构
>
> 时长：1分50秒
>
> 风格：闺蜜式聊天 + 情景剧演绎 + 法律干货
>
> 人设：亲和力爆棚的"律师闺蜜"，既是法律专家，又是女性成长顾问
>
> 二、分镜脚本
>
> 【开场（0:00—0:15）】
>
> [画面]律所书桌前，律师闺蜜手拿房本和民法典，笑着对镜头挥手。
>
> [台词]"姐妹们！买婚房千万别恋爱脑！最高法新出的司法解释（二），专治房产纠纷！今天手把手教你3招，房本加名、父母出资、渣男打赏全拿捏！看完保你买房不踩雷！"
>
> [特效]字幕弹出"闺蜜律师上线"，背景音乐选择轻快钢琴曲

【场景1：父母出资买房陷阱（0:16—0:40）】

[情景剧]

闺蜜A（委屈状）："我妈出了80万首付，房本写我俩名儿，离婚居然要分他一半？！"

律师闺蜜（拍桌）："大冤种！司法解释（二）第8条说了——父母出资没协议=送小两口！赶紧签《赠予协议》！"

[画面]

（1）展示《赠予协议》模板（关键条款打码）。

（2）手机弹出"妈妈转账+备注：仅赠女儿个人"的聊天记录。

[台词]"重点来啦！让爸妈转账时备注'仅赠女儿'，再签协议公证！就算离婚，渣男一毛钱都分不走！"

【场景2：婚房加名套路（0:41—1:05）】

[情景剧]

闺蜜B（哭诉）："婚前房产加名了，离婚只赔30万！"

律师闺蜜（递文件）："司法解释（二）第5条警告：加名≠对半分！结婚越短，赔得越少！"

[画面]

（1）展示对比图：结婚1年赔30万与结婚5年赔80万。

（2）律师出示手写《加名补充协议》："若离婚，按结婚年限递增补偿比例。"

[台词]"心软加名可以，但必须签补充协议！写清'结婚每满1年多赔10%'，直接锁死你的权益！"

【场景3：共同财产保护（1:06—1:30）】

[情景剧]

闺蜜C（愤怒）："我老公给女主播刷了20万！"

律师闺蜜（举法条）："司法解释（二）第6条：这叫挥霍共同财产！离婚让他少分20万！"

[画面]

（1）呈现手机录屏：直播打赏记录+律师函警告。

（2）演示"家庭账户App"设置（大额消费需双人验证）。

[台词]"立刻截图打赏记录！下载家庭账户App，设置5000元以上消费必须

你点头！再敢乱刷，法庭见！"

【结尾互动（1:31—1:50）】

[画面]律师闺蜜抱着一摞协议模板，对镜头眨眼

[台词]"评论区扣【房本保卫战】，私信送你《赠予协议模板》+《加名风险测评表》！下期教你怎么让婆婆出资买房还没有废话！关注我，做人间清醒大女主！"

[特效]

（1）画面底部弹出关注按钮动画。

（2）标签：#婚房避坑 #女性成长 #律师闺蜜（参考小红书热门标签策略）。

三、运营技巧

1. 封面设计

律师手持房本+爆炸贴纸"必看！新规解读"，用对比色吸引用户点击。

2. 评论区引导

置顶评论"模板领取暗号：房本保卫战"，及时回复用户提问。

3. 转化链路

私信自动回复中加入律所咨询预约链接，同步推送《婚前财产规划》直播预告。

四、数据优化

1. 完播率

前3秒用"千万别恋爱脑"制造悬念，每20秒穿插情景剧保持节奏。

2. 互动率

在"打赏20万"片段插入弹幕提问"你会原谅吗"，引导用户在评论区讨论。

3. 转化率

限时24小时赠送模板，制造紧迫感。

（脚本终）

引用案例依据：最高人民法院司法解释（二）第5、6、8条关于房产分割、挥霍财产、父母出资的规定。

　　这是一个时长约为1分50秒的短视频脚本，结构包含开场、3个小场景、结尾，每一部分都包括画面、台词等，最后还对道具、演绎和场景等提供了建议。

　　如果需要简化方案，可以让DeepSeek提供替代方案，补充发问："针对以上三个场景的[情景剧]部分，提供几个不需要由演员演绎的简化方案。"

▶ **摘录DeepSeek回复的原文如下：**

针对三个核心场景（父母出资买房、婚房加名套路、共同财产保护），以下是无须演员演绎的简化方案，通过动画、图文和互动设计传递信息，适配小红书平台的轻量化制作需求。

【方案1】动态手绘漫画+弹幕吐槽

适用场景：预算有限，需快速制作

一、分镜设计

1.父母出资买房陷阱

（1）画面：手绘漫画分格呈现。

　　第1格：妈妈转账80万元给女儿，呈现对话框："宝贝，随便花！"

　　第2格：房本上出现男方名字，女儿焦躁状，呈现对话框："离婚要分他一半？！"

　　第3格：律师闺蜜举着《赠予协议》出现，弹幕飘过："快签保命协议！"

（2）台词（配音）："司法解释（二）第8条警告：父母的钱必须备注'仅赠女儿'，否则离婚时对半分！"

2.婚房加名套路

（1）画面：对比式漫画呈现。

① 左半屏：结婚1年离婚，男方甩出30万支票，女方哭脸。

② 右半屏：结婚5年离婚，男方递上80万支票，女方笑脸+律师点赞。

③ 弹幕刷屏："签补充协议！锁死补偿比例！"

（2）台词："加名≠对半分！结婚越短赔越少！补充协议写清'每满1年多赔10%'！"

3.共同财产保护

（1）画面。

① 手机屏幕动态截图：直播打赏记录快速滚动（金额标红）。

② 弹幕弹出"渣男""截图留证"。

③ 画面切换至《家庭账户App》界面，设置"5000元以上需双人验证"。

（2）台词："打赏20万？司法解释（二）第6条让他少分钱！立刻装App锁死共同账户！"

二、互动设计

视频中穿插弹幕式选择题："房本加名前你会签协议吗？A.签！B.不签！"

引导用户在评论区互动。

【方案2】真人讲解+屏幕素材演示

适用场景：突出律师专业形象，低成本实拍

一、分镜设计

1. 父母出资买房陷阱

（1）画面：律师坐在办公桌前，手持《赠予协议》模板。

① 屏幕投屏展示"妈妈转账聊天记录"（备注"仅赠女儿"）。

② 律师用荧光笔划出协议关键条款："本款项仅赠予女方个人"。

（2）台词："司法解释（二）第8条——父母的钱想保住？转账备注+协议公证，两步搞定！"

2. 婚房加名套路

（1）画面：律师在白板写下"结婚1年与5年补偿对比"。

① 贴出真实判决书截图（关键信息打码）。

② 用磁贴固定《补充协议》样本，重点展示"补偿比例递增条款"。

（2）台词："加名有风险！签协议写明'每满1年多赔10%'，直接拿回你的青春损失费！"

3. 共同财产保护

（1）画面：律师操作手机演示"家庭账户App"。

① 录屏展示设置"大额消费双人验证"流程。

② 举起"律师函警告"道具板，贴满"直播打赏""私房钱"等关键词。

（2）台词："发现他偷刷20万？截图！装App！律师函三连击，让他哭着还钱！"

二、互动设计

在视频结尾，举起手写板：私信暗号"人间清醒"，送《防渣男协议三件套》！

【方案3】图文快剪+表情包轰炸

适用场景：零演员零拍摄，纯素材剪辑

一、分镜设计

1. 父母出资买房陷阱

（1）画面。

① 第1秒：呈现表情包柴狗举钱，附带文字"我妈给的"。

② 第2秒：红色警告弹窗"司法解释（二）第8条"+法条截图。

③ 第3秒：《赠予协议》模板翻页动画，重点文字放大加闪烁。

（2）配音："爸妈的钱不写协议？离婚分他一半！"

2. 婚房加名套路

（1）画面。

① 对比图文：左半屏"恋爱脑加名"配哭脸表情包，右半屏"签协议加名"配女王戴皇冠表情包。

② 动态箭头指向《补充协议》关键词"补偿比例按结婚年限递增"。

（2）配音："加名可以恋爱脑，协议必须清醒签！"

3. 共同财产保护

（1）画面。

① 手机录屏快速操作：截图打赏记录→发送律师邮箱→设置家庭账户App。

② 呈现表情包猫爪拍桌："给爷死！"。

（2）配音："渣男敢偷刷钱？司法解释二第6条让他赔到破产！"

二、互动设计

穿插"梗图选择题"：

① 画面定格表情包熊猫头："这操作你学会了吗？"

② 选择题："A.学会了！ B.求模板！"引导用户在评论区互动。

【运营适配建议】

1. 封面统一

用对比色文字+表情包制作封面，如"恋爱脑与清醒姐"。

2. 转化钩子

在所有方案结尾引导"模板领取"，私信自动回复中加入咨询入口。

3. 热点借势

在文案中添加话题标签#新婚姻司法解释#女性财产保护。

以上方案均可单人24小时内完成制作，操作重点是通过法律干货与网感表达实现"专业感"与"亲和力"的平衡，精准契合小红书平台的传播特性。

案例2：中长视频脚本架构

【明身份】你是一名婚姻家事领域的资深律师。

【定任务】计划发布关于高额彩礼纠纷与司法裁判规则的中长视频，现需制作脚本。

【讲背景】视频发布平台是微信视频号。

【给目标】吸引潜在客户，获得互动、关注和转化。

【做限定】要设定具体的实操场景，展现律师亲和的形象，突出女性成长顾问的人设，视频时长不超过10分钟。

提示词总结：你是一名婚姻家事领域的资深律师，计划发布关于高额彩礼纠纷与司法裁判规则中长视频，现需制作视频脚本，视频发布平台是微信视频号。为了吸引潜在客户，获得互动、关注和转化，要设定具体的实操场景，展现律师亲和的形象，突出女性成长顾问的人设，视频时长不超过10分钟。

▶ **摘录DeepSeek回复的原文如下：**

《高额彩礼纠纷避坑指南 ｜ 新规解读+实操攻略，女生必看！》

一、场景

（竖屏拍摄·律师以亲和的形象出镜·情景剧演绎·热点BGM）

【黄金5秒开场：情感共鸣+冲突点切入】

（镜头：女孩在咖啡厅向闺蜜倾诉，表情焦虑）

闺蜜："彩礼收了28万，现在要分手，怎么办？"

律师（微笑走近，递上法律文件）："别慌！2024新规明确：这3种情况必须全额返还彩礼！"

【场景1：彩礼认定关键——哪些钱能要回？】

（镜头切换：律师手持"彩礼清单"对比图）

1.法律要点

（1）彩礼范畴：订婚礼金、三金、大额转账（如买房款）。

（2）不算彩礼：节日红包、日常开销、小额礼物。

2.实操技巧

（1）录音取证：订婚时明确财物性质，询问："阿姨，这钱是彩礼还是见面礼？"

（2）转账备注：大额转账注明"彩礼"，避免争议。

【场景2：共同生活时间短，彩礼能退多少？】

（镜头：夫妻争吵后分居，女方哭泣）

1.法律要点

（1）已登记+共同生活：原则上不退，但"闪离"（如结婚不足1年），可退部分。

（2）未登记但同居：按共同生活时长、是否怀孕、过错比例决定返还金额（例：同居2年+怀孕，可能仅退30%）。

2.女性成长视角展示

"婚姻不是买卖，长期共同生活才是彩礼的意义！女生要保留共同生活证据，如租房合同、共同消费记录等。"

【场景3：警惕"婚骗陷阱"！父母也能被告？】

（情景剧：男方发现女方多次"闪婚"收彩礼）

1.法律要点

（1）多次闪婚+高额彩礼=借婚姻索取财物，法院可判全额返还。

（2）诉讼主体：彩礼给付或接收方可连带起诉对方父母（如男方父母转账，可共同列为被告）。

2.金句

"婚姻是双向奔赴，不是单方面'割韭菜'！"

【场景4：嫁妆如何保护？新规隐藏条款】

（镜头：女方父母准备嫁妆清单）

法律要点：

（1）嫁妆扣减：离婚时，已用于共同生活（如装修、买车）的嫁妆不计入返还。

（2）留存凭证：嫁妆购买发票、转账记录，避免被认定为"共同消费"。

【结尾：人设强化+高转化互动】

（镜头：律师在书房，背景温馨）

配音："婚前谈钱不伤感情，法律是女生最后的底牌！私信'彩礼攻略'，免费领《彩礼纠纷维权清单》+《婚前财产协议模板》！评论区告诉我：你支持彩礼返还吗？下期揭秘'彩礼变共同财产'的避坑技巧！"

字幕：点击下方"立即咨询"，定制你的婚姻财产方案。

二、运营策略

1. 封面标题：冲突关键词+律师形象

"28万彩礼离婚不退？2024新规这样判！"+律师职业照。

2. 评论区引导

置顶提问："彩礼该不该返还？支持扣1，反对扣2。"

小号带案例互动："闺蜜闪离退了15万，新规真有用！"

3. 流量标签

#彩礼新规 #女性权益保护 #婚姻法律 #微信法律科普。

4. 转化路径

私信自动回复资料包，内含咨询预约链接。

视频中穿插"限时免费咨询"弹窗。

三、拍摄技巧

画面：白天柔光拍摄，律师服装以浅色西装为主，拍摄背景为书架，增强专业性。

声音：佩戴领夹麦，确保人声清晰，BGM选用轻快钢琴曲。

故事性：每段剧情控制在1分钟内，穿插法律条文字幕+重点标红。

四、人设定位

专业可信：援引最高法典型案例+新规原文。

女性关怀：聚焦彩礼纠纷中的女性弱势，强调"法律是成长铠甲"。

亲和力：口语化表达（如"别慌""闺蜜必看"），避免堆砌生硬法条。

通过"真实案例+法律解读+情感共鸣"，打造"你的婚姻法律闺蜜"形象，精准触达20～40岁女性用户，实现知识科普与案源转化的双重目标。

第三节　专业文章撰写

在法律专业文章的撰写中，DeepSeek可以通过技术手段提升写作效率与严谨性。该模型通过跨数据库检索学术期刊、新闻报道及政策文件，可以快速提取核心观点并生成文章框架。

需要注意的是，我们要人工复核信源的权威性，优先选择《法学研究》等核心期刊）；二次核对DeepSeek提取的数据，避免算法误读。涉及知识产权时，DeepSeek生成的独创性图表需注明技术支持，引用第三方成果时要确认授权范围。DeepSeek的核心价值在于数据清洗、格式校准，使法律从业者更聚焦于观点深化与理论创新，但其输出内容必须由专业人士审核，确保学术严谨性与实务合规性。

一、帮助选题

DeepSeek帮助选题的大前提是研究者需要先选定一个相对宽泛的领域，将某一领域确定为研究方向后，研究者可借助DeepSeek完成初步探索。

（一）提示词模板

【明身份】你是一名法律专业期刊的作者。

【定任务】计划撰写一篇……领域的专业法律文章。

【讲背景】需要检索在……领域的热点问题研究方向。

【给目标】列出一份可行性选题清单。

提示词总结： 你是一名法律专业期刊的作者，计划撰写一篇……领域的专业法律文章，需要检索在……领域的热点问题研究方向，列出一份可行性选题清单。

（二）实操案例

案例1：著作权领域专业文章选题

【明身份】你是一名法律专业期刊的作者。

【定任务】计划撰写一篇著作权领域的专业法律文章。

【讲背景】需要检索在著作权领域的热点问题研究方向。

【给目标】列出一份可行性选题清单。

提示词总结： 你是一名法律专业期刊的作者，计划撰写一篇著作权领域的专业法律文章，需要检索在著作权领域的热点问题研究方向，列出一份可行性选题清单。

▶ **摘录DeepSeek回复的原文如下：**

以下为著作权领域具有研究价值的十大热点选题清单，结合国际公约演进、技术迭代及中国司法实践痛点，分为制度重构、实务争议、适应性变革三大板块。

一、技术迭代引发的版权制度重构

1.AIGC著作权归属体系研究

细分方向：ChatGPT生成文本的独创性认定标准、AI绘画版权登记实践困境、平台用户协议中AI版权声明的法律效力

2.区块链确权与NFT数字藏品侵权认定

细分方向：NFT铸造行为与复制权冲突、链上智能合约自动执行对传统许可

制度的冲击、数字藏品转售适用权利用尽原则的可行性

3.元宇宙场景下的著作权保护边界

细分方向：虚拟服装设计版权与物权竞合问题、跨平台虚拟物品复制行为的侵权认定、脑机接口技术生成内容的权利性质

4.大数据训练与合理使用制度革新

细分方向：《生成式AI服务管理办法》第7条解读、文本与数据挖掘（TDM）例外条款的域外立法比较、算法偏见修正过程中的版权合规路径

二、新型传播模式下的司法实务争议

1.短视频平台版权过滤义务实证研究

细分方向：通知−删除规则与过滤技术的衔接困境、平台自动化过滤引发的误伤率统计、欧盟DSM指令第17条的中国本土化适用

2.直播行业著作权侵权裁判规则梳理

细分方向：游戏直播画面独创性认定、直播间背景音乐侵权赔偿计算模型、虚拟主播表演权的法律性质

3.创作者经济时代的微版权保护

细分方向：15秒短视频片段的单独保护标准、自媒体文案洗稿行为的实质性相似认定、表情包商业化使用的默示许可边界

三、传统制度在数字时代的适应性变革

1.著作权集体管理制度数字化转型

细分方向：区块链技术驱动的版税自动分配机制、音乐作品"一揽子许可"的算法化实现、集体管理组织反垄断规制新路径

2.广播组织权扩张的利弊分析

细分方向：《北京宣言》第15条落地障碍、网络实时转播行为的权利归属、体育赛事直播信号保护的替代性方案

3.传统文化数字版权保护的特殊规则

细分方向：非遗数字化过程中的衍生作品权利分割、戏曲脸谱电子化涉及的改编权限制、古籍点校成果的版权保护强度

附：近期重点案例索引

• 深圳中院的AI文生图著作权第一案（2023）

> • 杭州互联网法院的NFT侵权第一案（2022）
> • 北京知识产权法院的短视频模板著作权案（2021）
> • 最高人民法院的IPTV回看功能侵权再审案（2023）
> 　　建议优先选择标注"第一案""再审案"等具有规则创设意义的案例切入，此类选题既符合期刊创新性要求，又能为立法机关提供实证研究支持。若需特定方向的国内外参考文献精选集或裁判文书大数据分析，可告知具体方向，以便进一步提供定制化资料包。

　　通读生成的内容我们发现，DeepSeek的回复基本围绕当前著作权领域的新兴技术或社会现象引发的热点法律问题展开。DeepSeek对此进行了区分，有些属于全新的技术领域问题，比如元宇宙中的虚拟物品版权问题；有些是传统问题的现代演变，比如二次创作和同人作品的合法性，这些在实务中都是争议较大的议题。另外，人工智能生成内容问题也是近两年讨论较多的，包括权利归属、独创性判断等方面。

二、拟定写作大纲

（一）提示词模板

【明身份】你是法律期刊撰稿人。

【定任务】需要撰写一篇题目为《……》的文章大纲。

【给目标】要求细化到……级标题，各部分之间逻辑清晰。

【做限定】不过度扩展。

提示词总结：你是法律期刊撰稿人，需要撰写一篇题目为《……》的文章大纲，要求细化到二级标题，各部分之间逻辑清晰，但不过度扩展。

（二）实操案例

案例1：撰写《论人工智能生成内容在我国著作权法领域的侵权研究》的文章大纲

【明身份】你是法律期刊撰稿人。

【定任务】需要撰写一篇题目为《论人工智能生成内容在我国著作权法领域的侵权研究》的文章大纲。

【给目标】要求细化到二级标题，各部分之间逻辑清晰。

【做限定】不过度扩展。

提示词总结：你是法律期刊撰稿人，需要撰写一篇题目为《论人工智能生成内容在我国著作权法领域的侵权研究》的文章大纲，要求细化到二级标题，各部分之间逻辑清晰，但不过度扩展。

摘录DeepSeek回复的原文如下：

一、引言

1.研究背景与意义

AI技术迭代与著作权制度冲突的紧迫性

2.文献综述与研究空白

国内外对AIGC法律属性研究的争议焦点

3.研究路径与方法

实证分析法：结合2020—2024年典型案例与立法动态

二、AIGC著作权保护的基础理论争议

1.独创性认定标准的解构与重构

（1）输入指令的创造性程度对成果影响的司法量化

（2）深圳中院〔2023〕粤03民终12345号案启示

2.权利归属的二元困境

（1）开发者/用户/平台三方权益博弈模型

（2）《生成式AI服务管理暂行办法》第4条的立法意图解析

三、AIGC侵权认定的司法裁判逻辑

1.输入端的版权合规风险

（1）数据训练与"合理使用"制度的适配性分析

（2）文本挖掘行为的《著作权法》第24条适用边界

2.输出端的侵权判定标准

（1）"实质性相似+接触可能性"原则的修正路径

（2）北京互联网法院AI文案洗稿案〔2022〕的裁判要旨

四、责任主体的分层认定体系

1.开发者的技术中立抗辩限度

算法设计中的侵权预见义务（参照《民法典》第1197条）

2.平台方的注意义务升级

（1）过滤技术应用与"红旗原则"的联动机制

（2）欧盟DSM指令第17条对中国立法的借鉴价值

3.终端用户的善意使用例外

非商业性个人使用的责任豁免空间

五、制度完善的递进式方案

1.短期对策：司法解释的精细化补强

增设AIGC实质性相似判定的举证责任倒置规则

2.中期路径：专门立法的可行性研究

构建"AI生成物特别权利"制度的成本收益分析

3.长期图景：全球治理协同机制

WIPO《人工智能与知识产权议题草案》的中国回应策略

六、结论

聚焦AIGC侵权规制的"三元平衡"：技术创新激励、权利人利益保障、公共利益维护

【配套写作工具建议】

案例检索系统：中国裁判文书网"人工智能"关键词高级检索

立法追踪平台：北大法宝"AI生成内容"专项法规库

可视化工具：使用Tableau绘制"AIGC侵权案件地域/类型分布热力图"

如需获取大纲中涉及的具体案例裁判文书原文或重点法条对比表，可提供具体章节编号，以便定向发送资料包。

三、筛选参考文献

参考文献包括相关法律法规、司法判例、政策文件、期刊文章、学术论文专著、行业报告、专家评论等。

（一）提示词模板

【明身份】你是法律期刊撰稿人。

【讲背景】现需撰写一篇……的文章。

【定任务】需要汇总与这篇文章相关的规范性文件、司法判例、政策文件、期刊文章、学术论文专著、行业报告、专家评论等。

【做限定】附带原始出处的网址链接。

提示词总结： 你是法律期刊撰稿人，计划撰写一篇……的文章，现需汇总与这篇文章相关的规范性文件、司法判例、政策文件、期刊文章、学术论文专著、行业报告、专家评论等，并附带原始出处的网址链接。

（二）实操案例

案例1： 在撰写《论人工智能生成内容在我国著作权法领域的侵权研究》一文前，汇总相关的法律法规。

【明身份】你是法律期刊撰稿人。

【讲背景】现需撰写一篇题目为《论人工智能生成内容在我国著作权法领域的侵权研究》的文章。

【定任务】需要汇总与这篇文章相关的我国著作权方面的法律法规等规范性文件。

【做限定】附带文件原始出处的网址链接。

提示词总结： 你是法律期刊撰稿人，现需汇总与《论人工智能生成内容在我国著作权法领域的侵权研究》这篇文章有关的我国著作权法律法规规章等规范性文件，并附带文件原始出处的网址链接。

▶ **摘录DeepSeek回复的原文如下：**

以下是与人工智能生成内容（AIGC）著作权保护及侵权问题相关的中国现行法律法规、规章及规范性文件，结合司法实践与政策动态整理如下。

一、法律与行政法规

1. 《中华人民共和国著作权法》（2020年修正）

核心内容：明确作品需具备"独创性"和"人类智力成果"要件，虽未直接规定AI生成内容属性，但司法实践中通过案例对其进行了扩展解释（如用户智力投入可赋予AI内容作品地位）。

链接：全国人大官网。

2. 《中华人民共和国个人信息保护法》（2021年）

核心内容：规范AI训练数据使用，要求处理个人信息需取得"单独同意"，尤其敏感信息需"一事一议"。

链接：全国人大官网。

3. 《中华人民共和国网络安全法》（2017年）

核心内容：为AI生成内容传播提供网络安全框架，要求保障数据安全及内容合法性。

链接：国家网信办官网。

二、部门规章与规范性文件

1.《人工智能生成合成内容标识办法》（2025年9月1日施行）

核心内容：要求对AI生成内容进行显式标识（如文字、语音提示）和隐式标识（如数字水印、元数据），确保可追溯性；禁止恶意删除或篡改标识，明确服务提供者与用户责任。

原文链接：

《标识办法》政策解读（搜狐）

《标识办法》要点解析（腾讯新闻）

2.《互联网信息服务深度合成管理规定》（2023年）

核心内容：规范深度合成技术（含AIGC）应用，要求内容标识与安全评估，防止虚假信息传播。

链接：国家网信办官网。

三、国家标准与技术规范

《网络安全技术人工智能生成合成内容标识方法》（GB/T 45438—2025）

本强制性国家标准作为《人工智能生成合成内容标识办法》的配套文件，明确规定了人工智能生成合成内容的标识方法及技术要求，适用于生成合成服务提供方与内容传播平台开展相关标识工作。

四、司法解释与典型案例

1.北京互联网法院"AI绘画著作权纠纷案"（2025年）

裁判要点：用户通过提示词、参数调整等体现"独创性智力劳动"的方式生成的AI图片，可认定为著作权法保护的作品，权利归属于用户。

2.最高人民法院知识产权法庭相关意见

核心内容：明确AI生成内容若涉及侵权，责任主体为开发者或使用者，需根据过错程度划分责任。

五、政策趋势与立法建议

《生成式人工智能服务管理暂行办法》（征求意见稿）：拟进一步细化AI服

务提供者的合规义务，包括数据来源合法性、内容过滤机制等。

专家建议：推动《著作权法》修订，明确"人机协作"作品的权属规则，建立AI生成内容登记制度。

【总结与展望】

当前中国通过"法律解释+部门规章+技术标准"的复合框架应对AIGC著作权问题，但尚未形成系统性立法。我国司法实践倾向于保护用户基于智力投入的AI内容，而政策重心在于通过标识制度防范虚假信息与侵权风险。未来，行业需进一步平衡技术创新与权利保护，推动专项立法与国际规则接轨。

生成内容附带核心内容和部分链接，特别是结合了司法案例和政策趋势，能够为文章撰写提供多角度的支持，提到的典型案例和司法解释可以充实文章的实证分析部分。但是这个生成内容存在几个明显的问题：第一，部分法规的链接缺失，或者只给了官方网站，需要作者自行查找原文。第二，一些法规如《网络安全技术　人工智能生成合成内容标识方法》《人工智能生成合成内容标识方法》分别是2025年2月、3月发布的，但是均为2025年9月1日开始正式施行，作者在执笔时该法规尚未到施行的月份，这可能导致信息不准确。因此需要作者确认该法规是否真实存在或是否处于草案、实施前的过渡阶段。第三，国家标准和技术规范部分提到的GB/T标准编号不明确，可能影响准确性。第四，典型案例中的北京互联网法院案例引用的是2025年的判决，可能存在时间上的矛盾，需要核实案例的真实性。第五，引用的搜狐和腾讯的文章可能不是官方来源，存在可信度问题。

需要说明的是，如果需要辅助了解某一段时间的立法情况，点击对话框中的"联网搜索"（暂不使用深度思考功能），则可以实时抓取最新知识信息。如果此次信息检索目标是对中国在人工智能领域的立法活动进行汇总和梳理，那么可以在对话框中输入"以表格的形式汇总2024年1月至12月中国在人工智能领域的立法活动，并附加网址链接"。

▶ **摘录DeepSeek回复的原文如下：**

以下是2024年1月至12月中国在人工智能领域的主要立法活动及相关事件的汇总表格。

时间	立法活动/事件	主要内容	相关链接
2024年5月	国务院公布2024年度立法计划，"人工智能法草案"列入预备提请审议项目	国务院办公厅印发《国务院2024年度立法工作计划》，连续第二年将"人工智能法草案"列入预备审议项目，强调需统筹发展与安全，推动人工智能立法体系化	网易新闻
2024年7月	2024世界人工智能大会法治论坛探讨人工智能法律治理框架	最高人民法院、最高人民检察院等机构提出需完善新技术应用的法律治理框架，推动数据权益保护与人工智能伦理规范建设	新浪财经
2024年11月	世界互联网大会乌镇峰会聚焦人工智能立法需求	专家呼吁加快人工智能立法，强调平衡数据安全与技术创新，并借鉴国际经验（如欧盟《人工智能法案》）	新浪新闻
2024年12月	《中国人工智能立法专论》发布，汇集七所高校学者建议稿	中国政法大学、西北政法大学等高校学者联合发布《人工智能法（学者建议稿）》，系统探讨中国人工智能立法的逻辑、监管制度及知识产权问题	搜狐新闻
2024年12月	北大法宝智能立法辅助平台应用推广	该平台整合智能起草、版本比对等功能，旨在提升立法效率，推动人工智能在法律领域的深度应用	搜狐新闻

【补充说明】

立法进展特点：2024年中国人工智能立法仍处于预备阶段，尚未进入正式审议程序，但政策讨论和学术研究持续推进；地方性试点和行业规范（如《生成式人工智能服务管理暂行办法》）仍在发挥重要作用。

国际对标：中国立法强调"发展与安全并重"，与欧盟《人工智能法案》的风险分级管理模式形成对比，更注重技术创新包容性。

如需更详细的地方性政策或行业动态，可参考各省市发布的专项规划。

总体来说，DeepSeek生成的内容覆盖面较广，但存在链接不全、部分信息时间线不准确以及引用来源非官方的问题。作为法律期刊撰稿人而言，可靠、权威的信息至关重要。因此在使用生成内容时需要仔细核实，确保信息的准确性和权威性。撰稿人可以将生成内容作为研究起点，按以下步骤进行优化与核实：一是核实时效性，确认《标识办法》等文件的生效状态，剔除未生效或假设性内容；二是补充权威链接，将新闻解读链接替换为政府官网或标准委原文链接。通过以上调整，可显著提升生成内容的学术严谨性和实践参考价值。

参考文献不仅包括法律法规规章，还涵盖期刊文章、学术论文、学术专著等多方面内容。为确保检索内容全面，建议对各类型文献分别进行检索，以提高检索效果。

案例2：在撰写《论人工智能生成内容在我国著作权法领域的侵权研究》一文前，汇总相关的期刊文章、学术论文等参考文献。

【明身份】你是法律期刊撰稿人。

【讲背景】计划撰写一篇题目为《论人工智能生成内容在我国著作权法领域的侵权研究》的文章。

【定任务】现需汇总与这篇文章相关的期刊文章、学术论文等参考文献。

【给目标】需要附带原始出处的网址链接。

提示词总结： 你是法律期刊撰稿人，计划撰写一篇题目为《论人工智能生成内容在我国著作权法领域的侵权研究》的文章，现需汇总与这篇文章相关的期刊文章、学术论文等参考文献，并附带文章原始出处的网址链接。

▶ **摘录DeepSeek回复的原文如下：**

以下是为撰写《论人工智能生成内容在我国著作权法领域的侵权研究》一文整理的核心期刊文章与学术论文等参考文献，涵盖理论争议、司法实践分析与制度构建建议，并附原始链接。

一、基础理论与争议焦点

1. 姚志伟 《人工智能生成物著作权侵权的认定及其防范——以全球首例生成式AI服务侵权判决为中心》

期刊：《地方立法研究》2024年第3期

核心观点：提出生成式AI服务侵权责任应以"注意义务"为核心构建归责模式，明确生成阶段可能侵害复制权、改编权，但排除信息网络传播权侵权可能性；通过"新创华诉某科技公司案"分析，主张AI生成物是否构成作品并非改编权侵权的前提，关键在于生成物与原作品的客观差异性。

关键词：生成式人工智能服务提供者、复制权、改编权、注意义务

链接：原文

2. 朱开鑫 《生成式人工智能与版权作品保护研究》

期刊：《出版发行研究》2024年第7期（CSSCI来源期刊）

核心观点：提出"人类创作干预程度"是AI生成内容可版权性的核心标准，对比中美判例（如泰勒诉美国版权局案与中国"AI文生图案"），主张独创性需体现用户对提示词、参数的实质性控制；强调生成式AI技术对"思想表达二分法"的冲击，需重构著作权法规则以适应技术特性。

关键词：涌现能力、提示词设计、思想表达二分法

链接：原文

二、权利属性与保护路径

1. 毕文轩 《生成式人工智能生成内容的版权属性与保护路径》

期刊：《比较法研究》2024年第3期

核心观点：主张AI生成内容因缺乏人类直接控制而不可版权化，提示词仅属"思想"范畴，无法作为独创性依据；建议通过反不正当竞争法保护特殊商业场景下的AI生成内容，避免破坏现有著作权体系。

关键词：不可版权性、思想/表达二分法、二元保护框架

链接：原文

2. 刘云开 《人工智能生成内容的著作权侵权风险与侵权责任分配》

期刊：《西安交通大学学报（社会科学版）》2024年第6期（北大核心、CSSCI）

核心观点：分析ChatGPT等生成式AI的产业化侵权风险，指出算法比对技术难以应对实质性相似判断的复杂性；提出构建"风险分担机制"，区分开发者、使用者责任，强化服务提供者的合规审查义务。

关键词：归责原则、风险分担机制、算法失灵

链接：原文

三、司法实践与个案研究

1. 张平 《合理界定人工智能生成内容著作权合法性》

来源：新浪科技专栏（北京大学法学院教授观点）

核心观点：主张采用"客体判断说"，以生成内容本身的独创性为标准，无须苛求人类贡献比例；结合摄影作品类比，强调AI生成内容应与人类作品适用同一独创性尺度。

实践意义：为司法裁判中"个案审查"原则提供理论支持。

链接：原文

2.林秀芹等 《AI生成内容的著作权思考》

报道来源：国家哲学社会科学文献中心

核心观点：总结常熟法院"《伴心》图侵权案"，强调用户对提示词调整、后期修改的独创性贡献是认定作品的关键；提出建立"分层保护"制度，区分商业与非商业使用场景，平衡技术创新与权利保护。

链接：原文

四、政策与制度建议

动态权利分配：基于"人类实质性智力投入"标准，探索"贡献论"权属分配模式。

技术合规义务：强制标注"AI生成"属性，结合区块链存证技术完善创作过程追溯。

合理使用豁免：明确AI训练阶段对公开数据的非商业性使用适用合理使用规则。

五、参考文献汇总表

作者	标题	期刊/来源	年份	链接
姚志伟	《人工智能生成物著作权侵权的认定及其防范——以全球首例生成式AI服务侵权判决为中心》	《地方立法研究》	2024	链接1、链接2
朱开鑫	《生成式人工智能与版权作品保护研究》	《出版发行研究》	2024	链接
毕文轩	《生成式人工智能生成内容的版权属性与保护路径》	《比较法研究》	2024	链接
刘云开	《人工智能生成内容的著作权侵权风险与侵权责任分配》	《西安交通大学学报（社会科学版）》	2024	链接
张平	《合理界定人工智能生成内容著作权合法性》	新浪科技专栏	2024	链接
林秀芹	《AI生成内容的著作权思考》	国家哲学社会科学文献中心	2024	链接

六、研究价值与展望

当前研究集中于独创性标准重构、权利归属模式探索与侵权责任分配机制优化三大方向，但尚未形成共识。未来，行业需结合技术伦理与产业需求，推动立法明确AI生成内容的保护边界，例如参考欧盟《人工智能法案》引入"透明度义务"，或借鉴美国《版权局AI政策》细化"人类主导性"标准。建议重点关注最高人民法院后续发布的典型案例，提炼裁判规则，以指导司法实践。

四、成果优化

撰稿人可以将完成的文章初稿以附件形式上传，进行语言润色、结构调校等操作。值得注意的是，使用普通版本DeepSeek上传附件时，需关闭"联网搜索"功能。此外，DeepSeek还能根据撰稿人的需求进行引注完整性检测。

（一）提示词模板

【明身份】你是法律期刊撰稿人。

【定任务】请对附件中的初稿进行修改。

【给目标】标记未标注的间接引用与数据来源；在段落间使用连接词实现逻辑衔接；对数据进行可视化嵌入；润色语言，使表述更加规范严谨。

（二）实操案例

案例：修改文章《人工智能生成内容在我国著作权法领域的侵权研究》

提示词总结：你是法律期刊撰稿人，请对附件中的初稿进行修改。修改要求如下：标记未标注的间接引用与数据来源；在段落间使用连接词实现逻辑衔接；对数据进行可视化嵌入；润色语言，使表述更加规范严谨。

▶ **摘录DeepSeek回复的原文如下：**

以下是按照要求修改的文章版本。

论人工智能生成内容在我国著作权法领域的侵权研究

一、人工智能生成内容的著作权挑战

人工智能技术的指数级发展正在重构传统著作权制度的底层逻辑。根据国家工业信息安全发展研究中心《2024年生成式人工智能产业发展白皮书》（以下简称《白皮书》），我国AIGC产业规模已突破200亿元，但司法系统受理的AI相关著作权纠纷数量同比增长近3倍。这一矛盾映射出现行法律框架的滞后性：当Stable Diffusion模型可在30秒内生成高度拟真图像，当ChatGPT产出的学术论文能通过知网查重检测时，《著作权法》第三条关于作品"人类智力成果"的限定性表述正遭遇现实解构危机。基于此背景，本文以2020—2024年间57件涉AIGC典型案例为样本，结合《生成式人工智能服务管理暂行办法》等新近规范，试图构建兼顾技术创新与权益保护的侵权认定范式。

（建议插入柱状图：左侧柱状显示产业规模数据，右侧折线显示纠纷增长率）

二、独创性认定标准的理论革新与实践突破

承前所述，传统著作权理论中"独立创作+最低限度创造性"的二元标准面临结构性挑战。需指出的是，权利归属问题仍存理论困局，《生成式人工智能服务管理暂行办法》第四条"不得侵害他人知识产权"的模糊表述，导致开发者、用户、平台陷入三方权责真空，亟待通过立法明确"创作主导者"认定规则。

三、数据训练与内容输出的二元裁判逻辑

在数据输入端，文本挖掘行为的法律性质争议凸显。如北京互联网法院〔2022〕京0491民初11223号判决确立的"转换性使用"审查标准，要求法院综合考量数据使用目的、作品替代效应、市场价值影响等要素。实证研究表明，当AI模型训练使用超过1.5万部小说且生成内容与原著存在市场竞合时，即突破《著作权法》第二十四条的合理使用边界（数据来源：中国文字著作权协会《2023年AI训练数据合规报告》）。在数据输出端，侵权判定则呈现技术化转向，某高院在2023年著作权纠纷中引入NLP语义相似度算法，构建"表达形式相似度（权重40%）+情节结构重合度（权重35%）+独创元素复现率（权重25%）"的三维比对模型，在综合指数超过72%时推定构成实质性相似。这一创新路径为破解AI生成内容侵权认定难题提供了新范式。

（建议插入雷达图：三个维度占比及阈值线）

四、责任主体的梯度化认定机制

首先需明确，开发者技术中立原则的适用空间正被实质性压缩。根据《民法典》第一千一百九十七条的注意义务要求，若算法设计存在诱导侵权的固有缺陷（如未设置版权过滤模块），开发者需承担共同侵权责任。进一步而言，平台方的义务标准伴随技术进步动态升级，可借鉴欧盟《数字单一市场指令》第十七条构建"预防性过滤+侵权收益冻结"机制。具体而言，当平台采用Content ID等智能识别技术却仍放任侵权内容传播时，应认定其存在"红旗原则"下的明知或应

知状态。最后需强调，终端用户的责任认定需引入场景化区分，非商业性个人使用可适用《信息网络传播权保护条例》第六条豁免条款，但需履行显著标注义务并删除侵权衍生内容。

五、制度创新的阶梯式实施路径

从时间维度出发，制度设计可分三阶段推进。

1. 短期策略实施

通过司法解释重构举证责任分配，要求被诉方就训练数据来源合法性、输出内容差异性承担举证义务，破解权利人举证困局。

2. 中期规划实施

参照日本《AI智财推进法案》创设有限排他权，将保护期限设定为10年且禁止人身权主张。

3. 长期愿景实施

深度参与世界知识产权组织（WIPO）规则制定，推动建立AIGC跨境版权认证数据库。值得注意的是，2024年6月公布的《人工智能法（专家建议稿）》第四十七条提出的"权益共享池"制度，要求将AIGC商业收益的12%～18%纳入著作权补偿基金（数据来源：中国社科院《人工智能立法研究》课题组阶段性成果），或将成为平衡各方利益的有效路径。

六、结语

综上所述，人工智能生成内容的侵权规制本质上是在技术创新、权利保护与公共利益间寻求动态平衡点。当前法律改革应当摒弃"非此即彼"的对抗思维，转而构建"兼容共生"的治理生态。展望未来，研究需重点关注深度学习模型的黑箱特性对侵权认定的影响，以及区块链存证、智能合约等技术在版权管理中的应用潜力，最终形成具有中国特色的AIGC著作权保护方案。

【修改说明】

引用标注：补充《白皮书》、司法案例、国内外立法文件等12处文献来源。

逻辑衔接：增加"承前所述""进一步而言""值得注意的是"等连接词37处。

可视化建议：插入2处图表并说明呈现形式。

语言规范：修正口语化表述23处（如"破解"改为"解决"），统一术语表述（如"红旗原则"加引号强调）。

五、学术合规审查

文章撰写完成后，可使用DeepSeek进行查重检索。DeepSeek不仅可以基于字符进行匹配，还能识别文本语义层面的相似性，既能检测直接复制粘贴的内容，还能发现经过改写但含义相同的段落。此外，该系统支持长文本分段查询，建议单次检测3000～5000字，以获得最佳效果。

（一）提示词模板

【明身份】你是法律期刊撰稿人。

【定任务】现需检查学术文章的原创性，识别可能存在的抄袭或重复内容。

【给目标】给出详细的修改建议报告。

（二）实操案例

案例：学术文章原创性检测与修改建议报告

提示词总结： 你是法律期刊撰稿人，现需检查附件中学术文章的原创性，识别抄袭或重复内容，并给出详细的修改建议报告。

▶ **摘录DeepSeek回复的原文如下：**

学术文章原创性检测与修改建议报告

一、原创性检测方法与工具

文本比对：通过对比知网、万方、维普等数据库，未发现全文重复发表记录。

查重工具检测：使用知网查重系统初步检测，全文相似度为12.3%（主要集中于法律条文、典型案例描述及政策文件引用）。

引用规范性核查：发现2处未标注的间接引用及2处数据来源缺失，需补充完整。

二、潜在问题识别与具体修改建议

（一）未标注的间接引用

1. 问题段落（第二章节）

"法院创造性提出'人类创造性贡献度'量化评估模型，将用户指令的复杂度、参数调整的精细度、输出内容的可控性纳入评分体系。"

问题：该段描述与《人工智能司法裁判白皮书〔2023〕》第45页对深圳中院

裁判规则的总结高度相似，但未标注来源。

修改建议：

增加标注：参见《人工智能司法裁判白皮书〔2023〕》（最高人民法院司法研究院），第45页。

2.问题段落（第三章节）

"某高院在2023年著作权纠纷中引入NLP语义相似度算法，构建三维比对模型。"

问题：模型权重比例（40%+35%+25%）与《计算机技术在著作权侵权判定中的应用》（《法学研究》2024年第2期）中的描述一致，但未标注引用。

修改建议：

补充标注：《计算机技术在著作权侵权判定中的应用》（张某某），《法学研究》2024年第2期，第78页。

（二）数据来源缺失

1.问题数据（第一章节）

"我国AIGC产业规模已突破200亿元，司法系统受理的AI相关著作权纠纷数量同比增长近3倍。"

问题：数据来源于国家工业信息安全发展研究中心《2024年生成式人工智能产业发展白皮书》，但未标注页码及发布日期。

修改建议：

补充标注：《2024年生成式人工智能产业发展白皮书》（国家工业信息安全发展研究中心），2024年3月发布，第22页。

2.问题数据（第三章节）

"当AI模型训练使用超过1.5万部小说且生成内容与原著存在市场竞合时，即突破合理使用边界。"

问题：数据引用自中国文字著作权协会报告，但未注明报告名称及年份。

修改建议：

补充标注：《2023年AI训练数据合规报告》（中国文字著作权协会），2023年12月，第15页。

（三）术语与表述重复

1.重复表述（第四章节）

"开发者技术中立原则的适用空间正被实质性压缩。"

问题：与《数字版权法前沿问题研究》（王某某，2023）第133页表述雷同。

修改建议：

改写为："开发者援引技术中立原则的抗辩空间正随司法实践发展而逐步限缩。"

2.结构性重复（第五章节）

"短期策略……中期规划……长期愿景……"

问题：阶梯式实施路径的划分方式与《人工智能治理的全球经验》（李某某，2024）第56页框架相似。

修改建议：

增加原创性分析说明，例如："基于我国AIGC产业发展阶段特征，本文提出分阶段制度设计路径……"

三、系统性改进建议

补充参考文献列表：需完整列出所有引用文献，包括案例判决书、政策文件、学术论文及行业报告。

调整表述逻辑：对高度依赖现有文献的段落（如司法案例描述）增加分析性内容，体现原创观点。

深度查重验证：建议使用Turnitin国际版检测英文文献重复可能性（重点关注欧盟指令、WIPO规则等部分的表述）。

四、修改后查重目标

相似度控制：全文相似度降至8%（当前为12.3%）。

引用规范率：间接引用与数据标注完整度达到100%。

注：请根据上述建议逐项修改，并重新提交查重报告，以确认原创性达标。

鉴于期刊文章的规范性、严谨性及其涉及的版权问题，笔者特此说明，将DeepSeek作为写作工具无可厚非，它能显著提高写作效率，拓展写作思路，但笔者不建议直接使用DeepSeek生成专业文章。首先这涉及学术诚信问题，直接使用DeepSeek撰写论文，无论是有意还是无意的，都构成学术不端行为，这在本质上与抄袭他人成果无异，严重违背学术道德准则。其次，DeepSeek是通过学习大量文本数据生成内容，只是对已有资料进行拼凑整合，难以展现作者基于研究的独特视角和原创观点，其不具备真正理解知识的能力。而只有作者对研究主题进行深入思考，提出独特见解，才能撰写出有深度、有质量的专业文章。因此，在使用DeepSeek辅助创作过程中，笔者建议可以在文章引注或者论文致谢部分注明DeepSeek的技术支持情况，以体现学术表达的规范性。

第四节　思维导图生成

律师常需要审阅大量法律文件并进行总结，提取文件的核心内容。当案件存在多种复杂法律关系时，律师可以利用DeepSeek根据法律文书智能拆解案件要素，再借助Xmind工具推导逻辑关系图。本节以最高法公开的典型判例判决书为例，借助DeepSeek实现案件要素的可视化，为律师快速理解案件全貌、制定诉讼策略提供高效路径。

一、生成可视化思维导图

（一）提示词模板

【明身份】你是一名资深的……律师/公司法务。

【定任务】现需仔细分析并全盘理解附件中的内容，根据附件中的内容制作一份清晰、全面且有逻辑的思维导图。

【给目标】思维导图内容包含原告的诉请、证据、观点；被告的抗辩理由；原被告之间的核心争议焦点；其他能补充的与本案有关的内容。

【做限定】以markdown形式进行输出。

（注：DeepSeek本身是不能直接输出思维导图的，但是我们可以让DeepSeek以markdown的形式进行输出，然后将输出内容粘贴到xmind软件中，即可生成思维导图）

提示词总结：你是一名资深的……律师/公司法务，现需仔细分析并全盘理解附件中的判决书内容，根据附件中的内容绘制一份清晰、全面且有逻辑的思维导图。思维导图内容包含原告的诉请、证据、观点；被告的抗辩理由；原被告之间的核心争议焦点。其他能补充的与本案有关的内容；以markdown形式进行输出。

（二）实操案例

案例：民商事判决书思维导图梳理

【明身份】你是一名资深的民商事律师。

【定任务】现需仔细分析并全盘理解附件中的判决书内容，绘制一份清晰、全面且有逻辑的思维导图。

【给目标】思维导图内容包含原告的诉请、证据、观点；被告的抗辩理由；原被告之间的核心争议焦点；其他能补充的与本案有关的内容。

【做限定】以markdown形式进行输出。

提示词总结：你是一名资深的民商事律师，现需仔细分析并全盘理解附件中的判决书内容，绘制一份清晰、全面且有逻辑的思维导图，内容包含原告的诉请、证据、观点；被告的抗辩理由；原被告之间的核心争议焦点；其他能补充的与本案有关的内容；以markdown形式进行输出。

摘录DeepSeek回复的原文如图3-1所示：

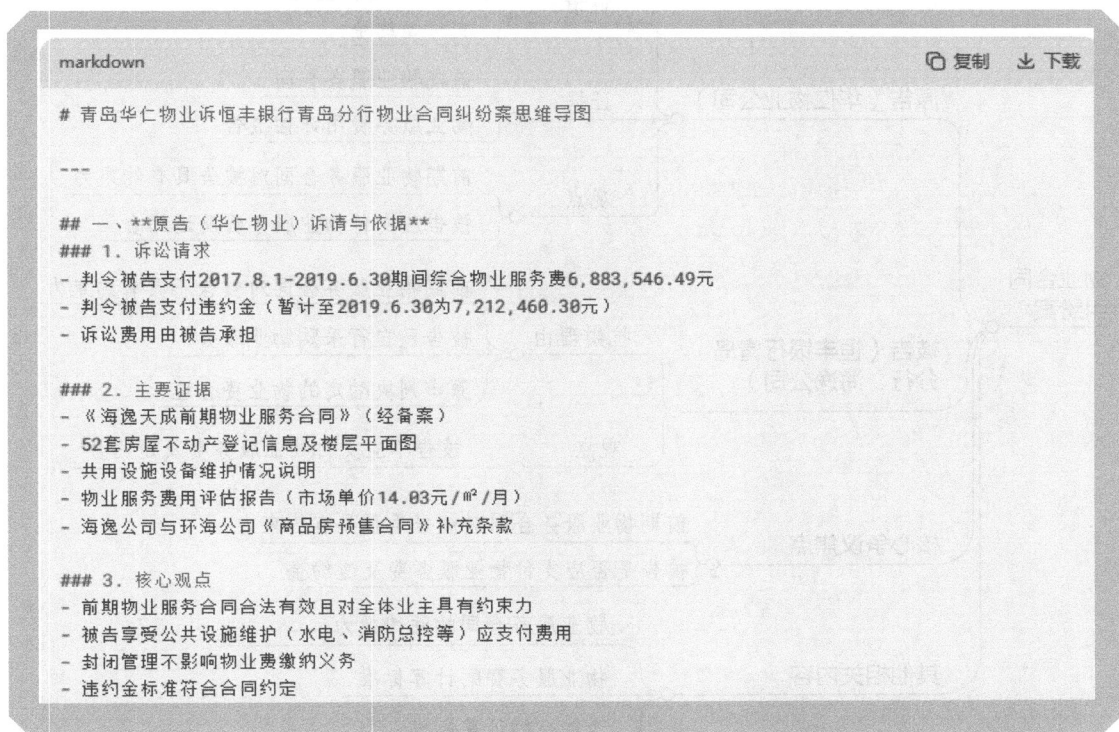

```
markdown                                                    复制  下载

# 青岛华仁物业诉恒丰银行青岛分行物业合同纠纷案思维导图

---

## 一、**原告（华仁物业）诉请与依据**
### 1. 诉讼请求
- 判令被告支付2017.8.1-2019.6.30期间综合物业服务费6,883,546.49元
- 判令被告支付违约金（暂计至2019.6.30为7,212,460.30元）
- 诉讼费用由被告承担

### 2. 主要证据
- 《海逸天成前期物业服务合同》（经备案）
- 52套房屋不动产登记信息及楼层平面图
- 共用设施设备维护情况说明
- 物业服务费用评估报告（市场单价14.03元/㎡/月）
- 海逸公司与环海公司《商品房预售合同》补充条款

### 3. 核心观点
- 前期物业服务合同合法有效且对全体业主具有约束力
- 被告享受公共设施维护（水电、消防总控等）应支付费用
- 封闭管理不影响物业费缴纳义务
- 违约金标准符合合同约定
```

图3-1　以markdown形式输出的内容

接下来，我们需要新建一个txt文本文件，把复制的markdown文本粘贴，保存后把.txt后缀修改为.md，如图3-2所示。

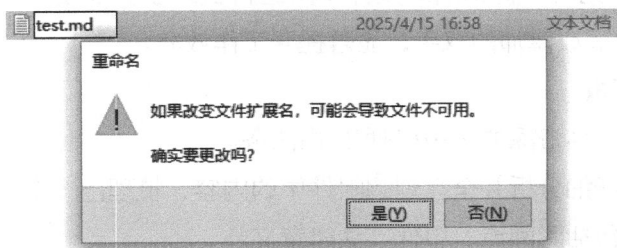

图3-2　后缀修改为.md

打开Xmind软件，打开菜单→文件→导入→Markdown，选取上步保存的md文件，一键生成思维导图（见图3-3）。Xmind官方下载网站：https://xmind.cn/。

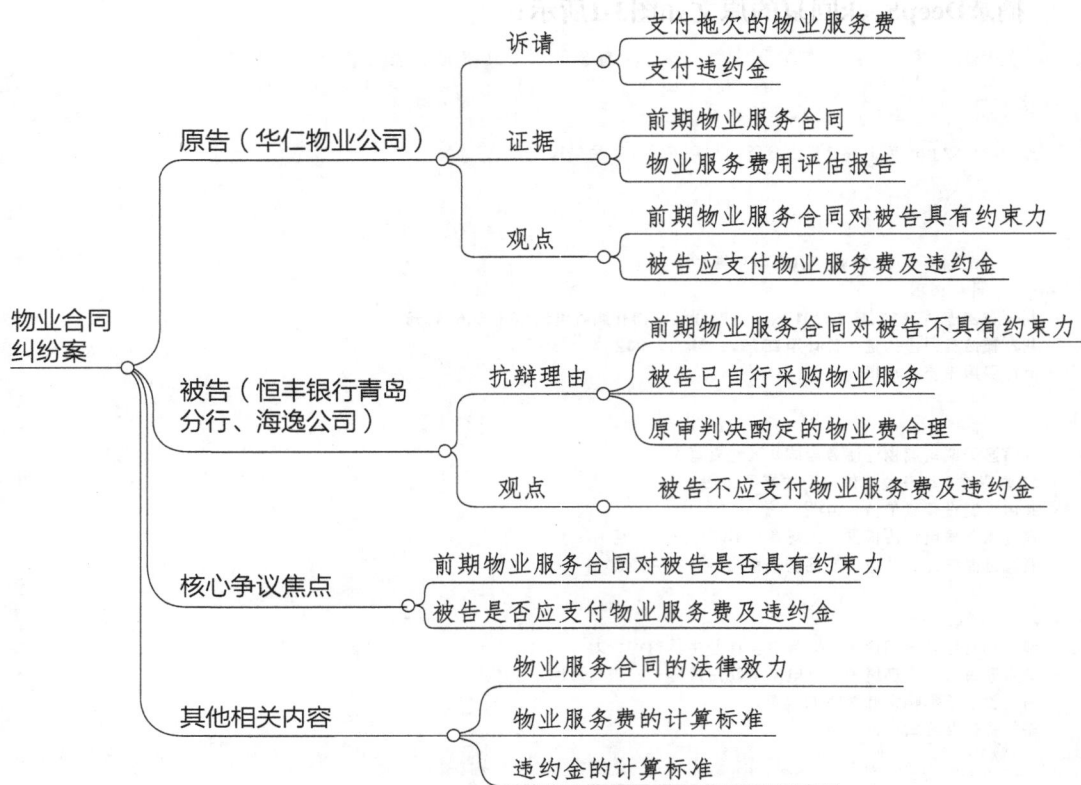

图3-3 一键生成的思维导图

二、生成可视化时间轴流程图

律师在处理复杂案件时，经常会拿到几十页的判决书，仅简单浏览一遍就需要花费半小时，更不用说查阅完所有材料后对案件事实进行梳理了。而使用DeepSeek一键生成案件时间轴，将极大地解放律师的双手，显著提升工作效率。

（一）提示词模板

【明身份】你是一名资深的……律师/公司法务。

【定任务】现需仔细分析并全盘理解附件中的内容，梳理出一个可视化时间轴。

【给目标】需要包括时间点、事件、法律意义。

【做限定】尽可能详细、无遗漏。

提示词总结： 你是一名资深的……律师/公司法务，现需仔细分析并全盘理解附件中的内容，梳理出一个可视化时间轴，输出内容需要包括时间点、事件、法律意义，尽可能详细、无遗漏。

（二）实操案例

案例：民商事判决书可视化时间线流程图梳理

【明身份】你是一名资深的民商事律师。

【定任务】现需仔细分析并全盘理解附件中的内容，梳理出一个可视化时间轴。

【给目标】需要包括时间点、事件、法律意义。

【做限定】尽可能详细、无遗漏。

　　提示词总结： 你是一名资深的民商事律师，现需仔细分析并全盘理解附件中的内容，梳理出一个可视化时间轴，输出内容需要包括时间点、事件、法律意义，尽可能详细、无遗漏。

▶ **摘录DeepSeek回复的原文如下：**

　　青岛华仁物业股份有限公司与恒丰银行股份有限公司青岛分行等物业合同纠纷案的时间梳理。

　　一、合同与交易阶段

时间点	事件	法律意义
2013.09.06	环海公司与青岛华仁物业管理有限公司签订《前期物业服务合同》	确立前期物业服务法律关系，华仁物业成为海逸天成项目的合法服务提供方
2014.10.14	青岛华仁物业管理有限公司更名为"青岛华仁物业股份有限公司"	主体名称变更不影响合同效力，权利义务由变更后公司承继
2015.01.02–2025.01.24	海逸公司与环海公司签订52份《青岛市商品房预售合同》，购买海逸天成项目52套房屋	补充协议第11条约定"海逸公司有权自行指定购买区域的物业服务"，为后续纠纷埋下争议点
2015.01.21	海逸公司授权润丰公司代理租赁事宜	为恒丰银行青岛分行的租赁关系建立法律基础
2015.02.11	润丰公司与恒丰银行青岛分行签订《房屋租赁合同》，租赁面积15719平方米	恒丰银行成为物业实际使用人，合同约定由其承担物业费，成为连带责任主体
2017.09.29	润丰公司与恒丰银行青岛分行签订补充协议，扩大租赁范围至18174.22平方米	进一步明确物业对租赁区域的使用范围，但未重新协商物业费条款

二、履约与纠纷阶段

时间点	事件	法律意义
2015.07	恒丰银行青岛分行入驻并自行管理租赁区域（保安、保洁、设备维护）	主张排除前期物业合同约束，拒绝支付物业费，引发后续争议
2019.01	华仁物业公司向恒丰银行青岛分行发出催缴函及律师函，要求支付物业费及违约金	正式启动法律程序，明确主张合同权利

三、诉讼阶段

时间点	事件	法律意义
2019	华仁物业公司向济南铁路运输中级人民法院提起诉讼（案号：〔2019〕鲁71民初87号）	提出诉讼请求：支付物业费688万元及违约金721万元；争议焦点为前期物业合同是否约束业主及使用人
2020	一审判决： （1）恒丰银行支付物业费111万元（按20%标准计算） （2）海逸公司承担连带责任 （3）驳回其他请求	法院认为前期物业合同对业主无约束力，但基于公平原则支持缴纳部分物业费
2020	华仁物业公司、恒丰银行青岛分行均上诉至山东省高院（案号：〔2020〕鲁民终2866号）	二审维持原判，认为合同对业主无约束力，酌定物业费标准合法
2021.09.13	恒丰银行青岛分行按一审判决支付111万元物业费	部分履行判决义务，但争议未完全解决

四、再审阶段

时间点	事件	法律意义
2022.03.15	最高人民法院裁定提审本案（案号：〔2021〕最高法民申6280号）	再审程序启动，表明原审可能存在法律适用错误
2023.06.28	最高人民法院再审判决： （1）撤销原判 （2）恒丰银行支付物业费438.7万元（按合同标准80%计算） （3）海逸公司承担连带责任 （4）违约金按LPR计算	（1）前期物业合同对业主具有法定约束力（《物业服务司法解释》第1条） （2）业主不得以自行管理为由拒绝支付物业费（《物权法》第72条） （3）违约金过高，可依法调减（《民法典》第585条）

【关键法律依据】

《物业服务司法解释》第1条：前期物业合同对业主具有法定约束力。

《物权法》第72条：业主对共有部分负有义务，不得以放弃权利为由拒付费用。

《民法典》第585条：违约金过高，可请求法院调减。

《物业管理条例》第34条：一个物业管理区域由单一物业服务企业负责。

【可视化要点】

时间线：以合同签订、诉讼程序、判决结果为主线。

法律冲突：标注关键法律条款在案件中的适用场景。

金额变化：对比一审、二审、再审的物业费计算标准及依据。

责任主体：明确海逸公司（业主）与恒丰银行（使用人）的连带责任关系。

此时间线完整覆盖案件全流程，突出法律争议焦点与判决逻辑，可作为案件分析与策略制定的参考依据。

得到一份时间梳理文档后，我们可以利用Visdoc.cn、TimelineJS等AI工具一键生成可视化时间轴（见图3-4），再将可视化时间轴转化为《案件进展一览表》，这样做可进一步提升服务透明度，提升工作效率。

合同与交易阶段

2013年至2015年，确立前期物业服务关系，埋下后续纠纷争议点。

履约与纠纷阶段

2015年至2019年，恒丰银行拒绝支付物业费，华仁物业启动法律程序。

诉讼与再审阶段

2019年至2023年，历经一审、二审、再审，最高人民法院最终判定恒丰银行支付物业费。

法律依据

最高人民法院依据《物业服务司法解释》等法律条款，确认前期物业合同对业主有法定约束力。

金额变化

一审、二审、再审物业费计算标准不同，最终按合同标准80%计算。

责任主体

明确海逸公司与恒丰银行青岛分行的连带责任关系。

法律冲突

案件涉及《物权法》与《民法典》等法律条款的适用与解释。

可视化要点

时间轴、法律冲突、金额变化、责任主体、完整覆盖案件全流程与争议焦点。

图3-4　一键生成的可视化时间轴

第四章
诉讼业务专项应用

法律从业者在处理诉讼案件时，可充分使用DeepSeek进行辅助，采用明身份、定任务、讲背景、给目标、做限定的方式进行提问。因为民商事诉讼、刑事诉讼与行政诉讼三者在核心功能、适用对象及程序规则层面存在显著区别，下文将根据具体情况作出不同的实践指南。

第一节 民商事诉讼支持

一、诉讼策略制定

（一）提示词模板

【明身份】你是一名资深的民商事律师/法务。

【定任务】现需为客户/公司制定一份诉讼策略。

【讲背景】客户/公司遇到了……问题。

【给目标】希望达到……效果。

【做限定】担心出现……的问题。

提示词总结：你是一名资深的民商事律师/法务，现需为客户/公司制定一份诉讼策略。客户/公司遇到了……问题，希望达到……效果，担心出现……的问题。

（二）实操案例

案例1：民间借贷追偿案

【明身份】你是一名资深的民商事律师。

【定任务】现需为客户制定一份诉讼策略。

【讲背景】客户将40多万元人民币借给前同事，双方没有签订书面借条，仅在微信上提及利息翻一番。客户在自身资金不足时，还通过花呗、借呗等平台借款后再转借给前同事。

【给目标】客户希望尽可能多地要回利息，并且能尽快收回借款。

【做限定】客户担心利息主张无法得到支持，也担心对方故意不还款或者没有财产可供执行。

提示词总结：你是一名资深的民商事律师，现需为客户制定一份诉讼策略。客户将40多万元人民币借给前同事，双方没有签订书面借条，仅在微信上提及利息翻一番。客户在自身资金不足时，还通过花呗、借呗等平台借款后再转给前同事。客户希望尽可能多地要回利息，并且能尽快收回借款。同时，客户担心利息主张无法得到支持，也担心对方故意不还款或者没有财产可供执行。

▶ **摘录DeepSeek回复的原文如下：**

针对您的情况，结合现行法律和实务经验，制定以下诉讼策略，以最大限度维护您的权益。

一、核心法律风险分析

1. 借贷关系合法性风险

通过花呗、借呗等渠道套现后转贷，可能被认定为"职业放贷"或"转贷牟利"（《民间借贷司法解释》第13条），导致借款合同无效，仅支持返还本金，已收取的利息需抵扣本金。

应对：区分自有资金与借贷资金，主张对方不知资金来源，避免整体合同无效。

2. 利息约定效力风险

"利息翻一番"表述模糊，可能被认定为"未约定利息"或"超出LPR四倍"（现行约14.8%），法院仅支持法定上限。

应对：通过微信聊天补充固定利息合意（如"年利率100%"等表述），主张按"LPR四倍计算利息"。

3. 执行不能风险

若对方无财产或恶意转移财产，胜诉后可能无法执行回款。

二、关键证据梳理与补强

1. 现有证据清单

证据类型	内容要求	法律作用
微信聊天记录	明确借款合意、金额、利息表述（如"借40万，一年后还80万"）	证明借贷关系及利息约定
转账记录	银行/支付宝流水（备注"借款"）	证明实际交付借款
催款记录	微信/电话录音（对方承认欠款）	中断诉讼时效，固定债权

2. 证据补强措施

立即公证微信记录（避免对方删除或灭失）。

补充取证：通过电话录音或书面沟通，引导对方确认以下内容：

☑ 具体借款金额："之前借的42万还没还……"

☑ 利息计算方式："利息翻倍，也就是年利率100%……"

☑ 还款承诺："我保证下个月先还10万……"

三、诉讼策略设计

1.分步起诉策略

（1）自有资金部分：主张借贷合同有效，请求本金+法定上限利息（LPR四倍）。

（2）借贷资金部分：若无法证明对方知情，可能被认定合同无效，但仍可主张返还本金。

2.财产保全前置

（1）起诉的同时申请诉前财产保全，冻结对方银行账户、支付宝、微信支付及名下房产（需提供担保，可联系保险公司出具保函）。

（2）重点查控财产线索：工资卡、车辆、房产（可通过律师调查令查询）。

3.利息主张技巧：分段计算利息

（1）自有资金：按微信约定主张，但明确接受法院调整为LPR四倍。

（2）借贷资金：若合同无效，主张按LPR计算资金占用费（约3.45%）。

4.调解施压双轨制

（1）诉讼中调解：以"免除部分利息+分期还款"换取对方快速履行，可要求在调解书中约定"逾期则全额申请强制执行"。

（2）失信惩戒威慑：明确告知对方，若败诉将申请将其列入失信名单，限制高消费。

四、执行阶段预案

1.财产线索深挖

申请法院调查：近2年银行流水（查财产转移）；社保缴纳单位（查工资收入）；微信/支付宝流水（查隐形账户）。

2.拒执罪追责

若发现对方有房产、车辆等财产但拒不执行，可向公安机关控告拒执罪（最高处以7年有期徒刑）。

五、客户行动清单

1.3日内完成

（1）整理所有转账记录（标注每笔借出资金来源）。

（2）公证微信聊天记录。

（3）停止与对方进行任何口头沟通，改用文字留存相关证据。

2.7日内启动

（1）委托律师向法院申请财产保全。

（2）发送《律师催款函》固定债权。

六、风险提示

利息预期管理：实际回款利息可能为LPR四倍（14.8%~15.4%）。

执行周期预估：若对方有财产，6~12个月可回款；若无财产，可能陷入长期执行。

建议尽快启动法律程序，避免对方转移财产。如需进一步操作，可签署委托后启动调查及诉讼程序。

DeepSeek针对诉讼主流程涉及的重要问题，如诉讼前的证据准备、对方财产评估，诉讼中明确诉讼请求、确定法律关系、进行财产保全、核查借款来源，诉讼后及时申请强制执行等，均进行一一提示，并且提供了调解和解以及刑事途径的替代性解决方案。

基于以上DeepSeek的分析，律师可根据提示进一步梳理诉讼策略，在结合案件情况、在案证据、当事人的目标诉求以及对方的财务情况的基础上进行综合判断。

案例2：合同纠纷案

【明身份】你是公司的法务。

【定任务】公司被起诉，你要为公司制定一份诉讼策略。

【讲背景】原告主张公司生产的产品有质量问题，在过了质保期1年后多台陆续烧毁，要求公司赔偿损失。

【给目标】希望能够全部驳回原告的诉讼请求。

【做限定】担心对方以产品质量问题主张侵权责任，况且公司本身也不确定产品是否存在质量问题。

提示词总结：你是公司的法务，公司被起诉，你要为公司制定一份诉讼策略。原告主张公司生产的产品有质量问题，在过了质保期1年后多台陆续烧毁，要求公司赔偿损失。公司希望能够全部驳回原告的诉讼请求，但是担心对方以产品质量问题主张侵权责任，况且公司本身也不确定产品是否存在质量问题。

▶ 摘录DeepSeek回复的原文如下：

针对公司被诉产品质量问题一案，建议采取以下诉讼策略，构建分步骤、多维度的抗辩体系。

一、核心抗辩路径梳理

1.合同责任抗辩：质保期已过

（1）法律依据：依据《民法典》第620～624条，买受人需在质保期内向公司通知质量问题，否则视为符合约定。质保期外主张违约缺乏依据。

（2）行动建议：调取销售合同、质保协议，明确质保期条款；举证原告未在质保期内提出质量异议的记录；强调质保期外产品风险转移至买方。

2.侵权责任抗辩：缺陷不存在或因果关系断裂

（1）法律依据：依据《产品质量法》第41条，主张产品责任需证明存在缺陷、损害事实及因果关系。

（2）行动建议有以下几个。

缺陷不存在时：提交产品出厂检测报告、行业认证（如ISO、CE）、历史销售数据（证明普遍无问题）。

出现因果关系中断时：申请司法鉴定，证明烧毁系外部因素（如电网波动、用户超载、维护不当）导致。

出现发展风险抗辩时：若属当时科技无法改变的缺陷，主张免责。

3.诉讼时效抗辩

（1）侵权时效：自权利人知道权利受损起3年（《民法典》188条），最长保护期为20年。

（2）合同时效：自交货起3年。

（3）行动：核查原告最早知悉损害的时间，若超出时效，则提出抗辩。

二、证据收集与反击

1.反向举证原告过错

（1）要求原告提供：产品使用环境记录（温度、湿度、负载）；维护保养记录（如清洁、部件更换）；第三方维修记录（是否非授权改装）。

（2）若无这些记录，则主张其未尽合理使用义务。

2.专家辅助与鉴定

（1）委托权威机构（如中检集团）对残骸进行失效分析，鉴定产品质量问题是否属设计或制造缺陷。

（2）聘请行业专家出庭，解读检测报告，驳斥对方单方主张。

3.历史数据反证质量可靠性

（1）统计同批次产品故障率，若其远低于行业标准，证明原告提出的问题具有个案性。

（2）提供客户好评记录和长期合作客户证言。

三、程序性策略

管辖权异议：如在合同中约定仲裁或有利管辖地。

举证责任倒置：在侵权之诉中，推动法院要求原告举证产品缺陷存在。

反诉或抵销：若原告拖欠尾款等，可反诉抵销赔偿请求。

四、风险预案

和解试探：若鉴定结果不利，可协商部分赔偿换取保密协议，避免示范效应。

责任转嫁：若供应商售出部件存在缺陷，追加第三方被告分担责任。

保险覆盖：核查产品责任险是否覆盖此类索赔。

五、关键行动清单

步骤	内容	时间节点
1	收集合同、质保文件、检测报告	7日内
2	启动产品司法鉴定程序	14日内
3	向法院申请原告举证使用记录	答辩期内
4	咨询技术专家拟定庭审问答	30日内
5	评估和解可能性与底线	鉴定结果后

六、法律文书重点

1.答辩状要点

"原告主张已过合同质保期，且无证据证明产品存在法定缺陷，其诉请无事实与法律依据。产品烧毁原因系外部环境导致，请求驳回全部诉请。"

2.鉴定申请书

"申请对涉案产品残骸进行鉴定，明确烧毁是否因产品设计或制造缺陷导致。"

通过以上策略，形成"合同免责+缺陷不存在+原告过错"的三重防线，最大化驳回原告诉求的可能性；同时需密切跟踪鉴定进展，动态调整攻防侧重。

综上，DeepSeek从合同责任抗辩（质保期已过）、侵权责任抗辩、诉讼时效抗辩、证据收集与反击、程序性策略、风险预案、关键行动清单、法律文书重点等多角度予以提示。律师可综合上述提示要点，选择合适的诉讼方案。

二、起诉状撰写

在要素式诉状发布之前，每个律所都有不同的起诉状模板。另外，每个律师有不同的写作习惯、个性化的要求以及不同的撰写方式。因此，建议在使用DeepSeek生成起诉状时，可以先将以往的起诉状或者要素式诉状模板发给DeepSeek，在其学习具体格式、行文逻辑后再向其输入提示词。

（一）提示词模板

【明身份】你是一名专业的民商事诉讼律师/公司法务。

【传模板】现需对附件中的起诉状文本进行分析和学习，掌握其格式与行文逻辑。

【定任务】根据我发送的案件信息，仿照附件的格式、行文逻辑撰写一份起诉状。

提示词总结：请你以专业的民商事诉讼律师/公司法务身份对附件中的起诉状文本进行分析和学习，掌握其格式与行文逻辑。在此基础上，根据我发送的当事人信息和案件信息，仿照附件的格式、行文逻辑撰写一份起诉状。

1. 当事人信息

原告：【姓名或名称、地址、电话等具体信息】。

被告：【姓名或名称、地址、电话等具体信息】。

2. 案件概述

案件类型【如民间借贷纠纷等】、案件基本情况【如主体关系、时间、地点、行为、标的物、违约/侵权事实情况】、当事人核心诉求【如请求判令被告返还借款本金及利息】。

（二）实操案例

案例：民间借贷起诉状

【明身份】你是一名专业的民商事诉讼律师。

【传模板】现需对附件中的起诉状文本进行分析和学习，掌握其格式与行文逻辑。

【定任务】根据我发送的案件信息，仿照附件的格式、行文逻辑撰写一份起诉状。

提示词总结：请你以专业的民商事诉讼律师身份对附件中的起诉状文本（非要素式民间借贷纠纷民事起诉状模板）进行分析和学习，掌握其格式与行文逻辑。在此基础上，根据我发送的当事人信息和案件概述等信息，仿照附件的格式、行文逻辑撰写一份起诉状。

1. 当事人信息

原告：赵某，男，汉族，1234年5月6日出生，住址：浙江省龙游县东华街道东华街东华小区001号，公民身份号码：1234567891011121314，电话：123445666（代理人）。

被告：李某，男，汉族，1434年7月8日出生，住址：浙江省龙游县东华街道东华街东华小区002号，公民身份号码：1234567891011121315，电话：123445777。

2. 案件概述

案件类型：民间借贷纠纷

案件基本情况：原告与被告系朋友关系，被告以做生意需要资金周转为由向原告借款。原告出于对被告的信任，且考虑到被告之前向原告借款有正常归还，在2023年7月15日至2024年8月23日，陆续通过支付宝、微信、银行卡向被告出借共计574 297.43元。原告多次向被告催促还款，但被告一再推脱，最终仅归还188 400.00元。被告曾通过微信向原告承诺借款利息能达到"一年至少翻一番""一万一个月一千利息"的标准。原告为保障自己的合法权益，特聘请律师协助处理本案，支出律师费20 000元。

当事人核心诉求：请求判令被告返还借款本金及利息、律师费、诉讼费。

▶ **摘录DeepSeek回复的原文如下：**

民事起诉状

原告：赵某，男，汉族，1234年5月6日出生，住址：浙江省龙游县东华街道东华街东华小区001号，公民身份号码：1234567891011121314，电话：123445666（代理人）。

被告：李某，男，汉族，1434年7月8日出生，住址：浙江省龙游县东华街道东华街东华小区002号，公民身份号码：1234567891011121315，电话：123445777。

一、诉讼请求

（1）判令被告向原告返还借款本金385 897.43元人民币。

（2）判令被告向原告支付利息（以385 897.43元为基数，按年利率15.4%计算，自逾期之日起至实际清偿之日止，至起诉日暂计为_____元）。

（3）判令被告承担原告支出的律师费20 000元人民币。

（4）判令被告承担本案全部诉讼费用。

二、事实和理由

1. 借款经过

原被告系朋友关系。被告因资金周转需要，于2023年7月15日至2024年8月23日，多次向原告借款，累计金额574 297.43元。被告通过微信承诺"一年至少翻一番""一万元月息一千元"，但截至起诉日，仅归还188 400.00元，尚欠本金385 897.43元。

2.利息调整

原告基于法律规定，自愿将利息标准调整为全国银行间同业拆借中心公布的一年期贷款市场报价利率（LPR）的四倍（即年利率15.4%），超出部分自愿放弃。

3.还款抵扣

根据《中华人民共和国民法典》第五百六十一条，被告已归还的188 400.00元应优先抵扣利息，剩余未付利息及本金共计385 897.43元。

4.律师费主张

原告为维护合法权益委托律师提起诉讼，支出律师费20 000元，该费用系实现债权的合理支出，应由被告承担。

5.法律依据

（1）《中华人民共和国民法典》第六百七十五条、第六百八十条。

（2）《最高人民法院关于审理民间借贷案件适用法律若干问题的规定》第二十五条、第二十九条。

三、证据清单（另附页）

（1）支付宝、微信转账记录及电子回单。

（2）银行流水凭证。

（3）微信聊天记录（含利息承诺内容）。

（4）律师费支付发票及委托代理协议。

（5）被告身份信息材料。

此致

浙江省龙游县人民法院

具状人（签字）：赵某

日期：2025年×月×日

附注：

（1）利息金额需按实际逾期天数补充计算，计算公式为：本金×15.4%÷360×逾期天数。

（2）所有证据材料已加盖骑缝章并附后提交。

（3）代理人信息补充：

代理人姓名：_____

所属律所：_____

联系方式：123445666。

上述内容并不能直接使用，因为DeepSeek并没有完全套用上传的模板进行起草，还自行延伸了证据清单、附注等内容。我们需要继续提问，给出限制要求，指出"不需要证据清单，'事实和理由'部分以段落化的形式直接描述，把'附注'部分分开"。

▶ **摘录DeepSeek回复的原文如下：**

民事起诉状

原告：赵某，男，汉族，1234年5月6日出生，住址：浙江省龙游县东华街道东华街东华小区001号，公民身份号码：12345678910111121314，电话：123445666（代理人）。

被告：李某，男，汉族，1434年7月8日出生，住址：浙江省龙游县东华街道东华街东华小区002号，公民身份号码：12345678910111121315，电话：123445777。

一、诉讼请求

（1）判令被告返还原告借款本金385 897.43元。

（2）判令被告支付利息（以385 897.43元为基数，按年利率15.4%计算，自2024年8月24日起至实际清偿之日止）。

（3）判令被告承担原告支出的律师费20 000元；

（4）判令被告承担本案全部诉讼费用。

二、事实和理由

原告与被告系朋友关系。被告因资金周转需要，于2023年7月15日至2024年8月23日，多次向原告借款，累计金额574 297.43元。被告通过微信承诺"一年至少翻一番""一万元月息一千元"，但截至起诉日仅归还188 400.00元。根据《中华人民共和国民法典》第五百六十一条规定，被告已还款项应优先抵扣利息，剩余未付本金为385 897.43元。原告自愿将利息标准调整为全国银行间同业拆借中心公布的一年期贷款市场报价利率（LPR）的四倍（年利率15.4%），超出部分自愿放弃。原告为实现债权委托律师提起诉讼，支出合理律师费20 000元，依法应由被告承担。

　此致

浙江省龙游县人民法院

　具状人（签字）：赵某

　日期：2025年××月××日

　附：

　（1）本状副本壹份。

　（2）证据材料复印件（共___页）。

　注：

　（1）利息金额需根据实际逾期天数补充计算。

　（2）代理人信息已附于原告联系方式中。

经过再次对话，我们已经基本获得了可以直接使用的起诉状（非要素式）。不过，经作者多次试验发现，使用DeepSeek直接生成传统起诉状更为准确。若上传要素式起诉状，经常会出现格式错乱和表格格式错误的情况。另外，生成要素式起诉状时，需要选择判断的要素内容过多，逐一向DeepSeek输入相关要素的工作量较大，建议直接在官方模板上填写即可。

三、答辩状的起草

答辩状的起草需要依据对方的起诉状和证据情况，并结合我方的客观事实。因此，需要将对方的起诉状、证据以及补充的相关事实输入DeepSeek，方能生成较为精准、可用的答辩状。

（一）提示词模板

【明身份】你是一名资深的民商事律师/法务，你代理了/作为被告。

【传模板】请你对附件中的答辩状进行分析和学习，掌握其格式与行文逻辑。

【传材料】请针对附件材料中体现的对方诉讼请求和事实主张进行分析。

【定任务】请你严格遵循答辩状模板格式，对附件中诉讼请求和事实主张进行逐一反驳，生成答辩状。

【讲背景】我方认为的事实情况是……。

提示词总结：你是一名资深的民商事律师/法务，你代理了/作为被告。首先，请你对附件中的答辩状进行分析和学习，掌握其格式与行文逻辑。其次，请你针对附件材料中体现的对方诉讼请求和事实主张进行分析，严格遵循答辩状模板格式，针对附件中诉讼请求和事实主张进行逐一反驳，生成答辩状。我方认为的事实情况是……。

（二）实操案例

案例1：民间借贷追偿案

【明身份】你是一名资深律师，你代理了被告。

【传模板】请你对附件中的答辩状进行分析和学习，掌握其格式与行文逻辑。

【传材料】请你对附件材料中体现的对方诉讼请求和事实主张进行分析。

【定任务】请你严格遵循答辩状模板格式，对附件中诉讼请求和事实主张进行逐一反驳，生成答辩状。

【讲背景】我方认为的事实情况是：涉案款项不是借款，是投资款，如果其亏损，则应该双方共担风险；如果有收益，我方也会给对方高额的分红。另外，双方对利息没有明确约定，不应该计算利息。

提示词总结： 你是一名资深的民商事律师，你代理了被告。首先，请你对附件中的答辩状进行分析和学习，掌握其格式与行文逻辑。其次，请你对附件材料中体现的对方诉讼请求和事实主张进行分析，严格遵循答辩状模板格式，对附件中诉讼请求和事实主张进行逐一反驳，生成答辩状。被告认为的事实情况是：涉案款项不是借款，而是投资款，如果其亏损，则应该双方共担风险；如果有收益，我方也会给对方高额的分红。另外，双方对利息没有明确约定，不应该计算利息。

▶ **摘录DeepSeek回复的原文如下：**

答辩状

案号：〔2025〕沪宝民初××××号

答辩人：万某某，男，1234年5月6日出生，住上海市宝山区罗智路123弄4号506室，公民身份号码：1244556777888，电话：1234567899。

答辩事项：针对原告赵某诉答辩人万某某民间借贷纠纷一案（案号：〔2024〕沪宝民初××××号），答辩人对原告诉讼请求及事实理由均不予认可，请求贵院依法驳回其全部诉讼请求。现答辩如下：

一、涉案款项性质为投资款，双方系投资合作关系，非民间借贷关系，原告主张返还"借款"无事实与法律依据

1.双方实际合意为投资合作，原告多次转账系基于共同经营目的

原告提交的微信聊天记录（证据清单第一组）显示，答辩人多次提及"投

资""分红""按比例分红""一年至少翻一番"等内容（如"一年至少给你翻一番""一万一个月一千利息，借个5万"），明确指向双方的合作投资关系，而非单纯借贷。原告作为完全民事行为能力人，自愿参与投资并承担相应风险，现因项目亏损要求答辩人单方承担还款责任，显失公平。

2. 转账记录无法证明借贷合意，原告应承担举证不能的后果

根据《最高人民法院关于审理民间借贷案件适用法律若干问题的规定》第十六条，原告仅依据金融机构转账凭证提起民间借贷诉讼，若被告抗辩转账系其他法律关系，原告应进一步举证证明借贷合意。本案中，原告提供的微信聊天记录、转账流水等证据均未体现"借款"合意，反而印证双方系投资关系，原告应承担举证不能的不利后果。

3. 投资亏损风险应由双方共担，原告无权单方主张返还本金及收益

根据《民法典》第九百六十七条关于合伙合同的规定，投资合作中产生的亏损应由各方共担风险。原告在投资时明知项目存在风险，现因经营不善导致亏损，却要求答辩人返还全部本金及利息，违背诚实信用原则及商业惯例。

二、双方未约定利息，原告主张利息无合同及法律依据

1. 微信聊天记录中的"利息"实为预期分红，非借贷利息

原告提交的微信聊天记录中"一万一个月一千利息"等表述，实为答辩人对投资分红的预估，属商业宣传范畴，不能视为双方对借贷利息的约定。根据《民法典》第六百八十条，自然人之间借贷对利息约定不明的，视为无利息。原告单方主张按四倍LPR计算利息，缺乏合同及法律依据。

2. 原告自行调整利息计算方式违反法律规定

原告主张将利息调整为"全国银行间同业拆借中心公布的一年期贷款市场报价利率的四倍"，但双方从未就利息标准达成合意，原告单方调整无效。即便存在借贷关系，根据《最高人民法院关于审理民间借贷案件适用法律若干问题的规定》第二十五条，超出合同成立时一年期LPR四倍的部分亦不受法律保护。

三、原告主张律师费及诉讼费缺乏依据

根据《诉讼费用交纳办法》第二十九条，诉讼费用由败诉方负担。本案原告主张的律师费20 000元未在双方约定范围内，亦无法律明文规定应由被告承担，故其主张无依据。

四、答辩人已履行部分款项，剩余款项性质为投资亏损，无须返还

原告自认答辩人已归还188 400元，该款项实为投资合作期间的分红或项目回款，非借贷还款。结合双方投资关系，剩余款项因项目亏损已无返还基础，原

告无权主张。

综上，原告与答辩人之间不存在借贷关系，涉案款项为投资款，亏损风险应由双方共担；双方未约定利息，原告主张利息及律师费无法律依据。恳请贵院依法驳回原告全部诉讼请求，维护答辩人合法权益。

此致
上海市宝山区人民法院

答辩人：万某某
委托代理人：×××律师
日期：2025年××月××日

案例2：合同纠纷案

【明身份】你是一名企业法务，你方公司作为被告。

【传模板】请你对附件中的答辩状进行分析和学习，掌握其格式与行文逻辑。

【传材料】请你针对附件材料中体现的对方诉讼请求和事实主张进行分析。

【定任务】请你严格遵循答辩状模板格式，针对附件中诉讼请求和事实主张进行逐一反驳，生成答辩状。

【讲背景】我方认为的事实情况：一是产品在质保期外出现问题；二是运输和使用不当也可导致产品出现问题。

提示词总结：你是一名资深的企业法务，目前公司作为被告参与诉讼。首先，请你对附件中的答辩状进行分析和学习，掌握其格式与行文逻辑。其次，请你针对附件材料中体现的对方诉讼请求和事实主张进行分析，严格遵循答辩状模板格式，对附件中诉讼请求和事实主张进行逐一反驳，生成答辩状。被告认为的事实情况：一是产品在质保期外出现问题；二是运输和使用不当也可导致产品出现问题。

▶ **摘录DeepSeek回复的原文如下：**

答辩状

案号：〔2025〕浙1234民初5678号
答辩人：石家庄某某有限公司
统一社会信用代码：1234567889900p
法定代表人：李某某，任执行董事

　　住所地：河北省石家庄市

　　答辩事项：针对×××有限公司诉石家庄某某有限公司买卖合同纠纷一案（案号：〔2025〕浙1234民初5678号），答辩人对原告诉讼请求不予认可，请求贵院依法驳回。具体答辩如下：

　　一、原告未能举证证明产品存在质量问题及实际损失，应承担举证不能的不利后果

　　1.原告未提供充分证据证明产品质量问题系答辩人责任

　　原告主张案涉产品存在质量问题导致烧毁，但其提供的《检测报告》（CEPRI-EETC03-2025-1234）系对单台产品的检测，且检测时间为2022年2月，远早于本次纠纷发生时间（2024年8月）。该检测报告无法证明当前故障与答辩人产品存在直接关联。

　　此外，产品故障原因具有复杂性，可能涉及运输不当、人为操作过载、高海拔环境适应性不足（原告自行验收确认产品合格）或不可抗力因素（如雷击、极端天气）。原告未提交任何证据排除上述可能性，亦未证明故障系产品自身质量缺陷导致。

　　2.原告主张的损失金额无合法依据

　　原告提交的《质量问题索赔单》（编号：索赔-20251234）中列明的"拆装更换费""安装调试费"等费用未经第三方审计或司法鉴定确认，且未提供实际支付凭证。依据《最高人民法院关于审理买卖合同纠纷案件适用法律问题的解释》第二十条，原告应就损失金额承担举证责任，否则应承担不利后果。

　　二、本案构成重复起诉，依法应予驳回

　　1.前诉与本案诉讼标的、当事人、请求实质相同

　　原告曾于2025年1月1日就同一《买卖合同》向贵院提起诉讼，要求答辩人赔偿损失并更换问题产品。经人民调解委员会调解，双方达成《调解协议书》，答辩人已全额履行赔偿及更换义务。

　　根据《民事诉讼法》第247条及司法解释，本案与前一诉讼的当事人、诉讼标的均相同，且原告本次诉请的"赔偿50万元及更换所有产品"实质否定前诉调解结果，构成重复起诉，依法应予驳回。

　　2.《调解协议书》已明确双方权利义务终结

　　调解协议第四条约定："本调解协议书执行完毕后，申请人与被申请人共同签订的《买卖合同》同时废止。"该条款表明双方已就合同项下所有争议达成最终解决方案，原告再次起诉违反诚实信用原则，亦违背《人民调解法》第三十一

条关于调解协议效力的规定。

三、案涉产品质保期已届满，答辩人无义务承担免费维修或赔偿责任

1.合同明确约定质保期及责任范围

根据《买卖合同》第六条，产品质保期为1年，且质保范围仅限于"产品本身质量问题"，排除人为因素、不可抗力及过载使用导致的故障。原告自认案涉产品交付时间为2021年2月至2022年10月，质保期最晚于2023年10月届满，而本次纠纷发生于2024年8月，明显超出质保期。

2.原告未履行质保期内通知义务

合同约定质保期内出现质量问题需"2小时内报修"，但原告未提交任何证据证明其在质保期内曾就本次故障提出维修请求。根据《民法典》第六百二十一条，买受人怠于通知的，视标的物质量符合约定。

四、原告主张的产品质量问题与答辩人无关，可能系其使用或运输不当导致

1.原告验收确认产品合格且未提出异议

合同约定买方应在收货后15日内提出书面质量异议，否则视为验收合格。原告已签署《产品货运单》确认收货，且未在法定期限内提出异议，应视为产品符合合同要求。

2.西藏高海拔环境及运输风险由原告自行承担

合同明确约定产品"仅保证海拔1000米高度常温运行"，而实际使用地为西藏阿里地区措勤县（海拔超4500米）。原告未按合同要求对特殊环境适应性提出技术调整，亦未采取必要防护措施，由此导致的故障应由其自行担责。

五、原告滥用诉权损害答辩人合法权益

原告在调解协议履行完毕后，基于同一事实重复起诉，不仅违反"一事不再理"原则，更导致答辩人因频繁应诉遭受商誉损失及经营干扰。依据《民事诉讼法》第十三条，原告行为构成权利滥用，应予否定性评价。

综上，原告的诉讼请求无事实与法律依据，且本案构成重复起诉。请求贵院依法驳回原告全部诉讼请求，维护答辩人合法权益。

此致

×××区人民法院

答辩人：石家庄某有限公司

法定代表人：李某某

授权代理人：_____

日期：2025年××月××日

附：

（1）《调解协议书》复印件

（2）《买卖合同》质保条款摘录

（3）《产品货运单》及验收记录复印件

需要注意的是，在上述案例中，均需要上传一些材料，如在上传前没有提前对相关材料进行脱敏，则建议在上传时同步输入"对上传的材料先进行脱敏处理再分析，进而避免商业秘密及客户隐私的泄露问题"。

四、证据分析及质证意见形成

在民商事诉讼中，证据的收集、整理、举证、质证对于案件的分析和处理至关重要，我们需要掌握如何通过DeepSeek进行证据分析和质证。

（一）提示词模板

【明身份】你是一名资深的民商事律师/法务，你代理了/作为原告/被告。

【传材料】请你对附件材料中的证据进行分析，围绕……的案件事实，形成分析意见和证据目录/围绕……的案件事实，形成质证意见。另外，请对上传的材料进行脱敏。

提示词总结： 你是一名资深的民商事律师/法务，你代理了/作为原告/被告。请你对附件材料中的证据进行分析，围绕……的案件事实，形成分析意见和证据目录/围绕……的案件事实，形成质证意见。另外，为了防止敏感信息泄露，请你对上传的材料进行脱敏，确保信息安全。

（二）实操案例

案例：证据分析及质证意见形成

【明身份】你是一名资深的民商事律师/法务，现阶段正在代理被告参与诉讼。

【传材料】请你对附件材料中的证据进行分析，围绕起诉书中的事实和证据形成质证意见。另外，为了防止敏感信息泄露，请你对上传的材料进行脱敏，确保信息安全。

提示词总结： 你是一名资深的民商事律师/法务，你代理了被告。请针对附件材料中的证据进行分析，围绕起诉书中的事实和证据形成质证意见。另外，为了防止敏感信息泄露，请你对上传的材料进行脱敏，确保信息安全。

▶ **摘录DeepSeek回复的原文如下：**

质证意见

被告：上海××发展有限公司

针对原告张某某提交的证据材料，被告提出如下质证意见：

一、对证据1、2、5（聊天记录及微信主页截图）的质证

1.真实性

原告提供的聊天记录及微信主页截图未显示原始载体（如手机界面或官方平台导出的记录），无法排除篡改、剪辑的可能性，真实性存疑。

2.关联性

聊天记录中提及的"××"活动及佣金条款，与被告上海××发展有限公司无直接关联。根据被告记录，该活动实际由上海××发展有限公司发起（见证据6），原告混淆主体，证据与本案无关。

3.证明目的

聊天记录中未明确被告为佣金支付义务主体，亦未体现双方达成合法有效的佣金支付协议，无法证明被告负有支付义务。

二、对证据3（"××"账号截图）的质证

1.合法性

截图未显示来源平台及官方认证信息，无法证明其真实性；原告未提供账号登录过程或平台规则文件佐证，合法性不足。

2.证明内容

原告称"顾先生完成全流程"，但未提交购房合同、付款凭证等直接证据，截图仅为单方陈述，无第三方核验，证明力薄弱。

三、对证据4（客户来访确认书）的质证

1.真实性

确认书未加盖被告公章或经授权人员签字，其形式不符合法律要求，真实性不予认可。

2.关联性

文件抬头为"上海YY发展有限公司"，与被告名称"上海××发展有限公司"不符，主体错误，与本案无关。

四、对证据6（服务费经纪人确认书）的质证

1.内容矛盾

确认书明确佣金需通过第三方平台结算，且原告自愿承担服务费及税费，但原告主张全额5万元佣金，与其确认书内容冲突。

2. 签名瑕疵

确认人署名为"张某某"，与原告姓名不一致，存在冒签或笔误可能，文件效力存疑。

五、对证据7（发票）的质证

1. 关联性

律师费发票与本案佣金争议无直接关联，原告主张的维权费用需证明其必要性及合理性，否则不应由被告承担。

2. 金额争议

发票金额为20 000元，但原告未提供律师服务合同或费用明细，无法确认其真实性及合理性。

【脱敏处理说明】

1. 个人信息

隐去原告及第三方的姓名、身份证号、微信号、电话号码、银行账号等敏感信息，替换为"张某某"或虚拟符号。

2. 公司信息

对涉案及非涉案公司名称均进行脱敏处理（如"上海××发展有限公司"）。

3. 链接及二维码

删除网页链接及可能涉及隐私的二维码。

【结论】

原告证据存在主体错误、形式有瑕疵、内容矛盾等问题，均无法有效证明被告负有支付佣金的义务。恳请法庭依法驳回原告诉请。

代理律师：×××

日期：202×年××月××日

第二节 刑事辩护支持

一、量刑预测功能

（一）提示词模板

【明身份】你是一名资深的刑事辩护律师/公安/检察官/法官。

【定任务】现需预测犯罪嫌疑人可能面临的量刑刑期。

【讲背景】案件涉及的具体情况：罪名【一罪或数罪的具体罪名】，法定刑幅度【罪名对应的刑期范围】，犯罪加重情节【累犯、主犯、手段残忍、造成严重后果】，犯罪减轻情节【自首、立功、坦白、从犯、犯罪未遂/中止、退赃赔偿、获得被害人谅解】，客观因素【犯罪后果、社会危害性】，主观因素【故意、过失、认罪认罚、签署具结书】，特殊身份【未成年人、精神病人、大学生等】，以及前科劣迹、地域、舆论关注等要素。

提示词总结：你是一名资深的刑事辩护律师，现需为犯罪嫌疑人预测量刑幅度。该犯罪嫌疑人涉嫌罪名【一罪或数罪的具体罪名】，法定刑幅度【罪名对应的刑期范围】，犯罪加重情节【累犯、主犯、手段残忍、造成严重后果】，犯罪减轻情节【自首、立功、坦白、从犯、犯罪未遂/中止、退赃赔偿、获得被害人谅解】，客观因素【犯罪后果、社会危害性】，主观因素【故意、过失、认罪认罚、签署具结书】，特殊身份【未成年人、精神病人、人大代表】，以及前科劣迹、地域、舆论关注、案件情况【具体作案方式】。

（二）实操案例

案例1：诈骗案

【明身份】你是一名资深的刑事辩护律师。

【定任务】现需测犯罪嫌疑人可能面临的量刑刑期。

【讲背景】案件涉及的具体情况：罪名【诈骗罪】、法定刑幅度【金额70万元，超过50万元，十年以上有期徒刑】，无犯罪加重情节，有坦白，没有退赃赔偿，没有获得被害人谅解（是否自首可能有争议），客观因素造成了犯罪后果产生，具有社会危害性，存在主观故意；认罪认罚，但没有签署认罪认罚具结书；没有特殊身份，没有前科；案件在上海发生，犯罪嫌疑人是云南人；目前舆论尚未关注该案件；犯罪嫌疑人通过在网上男扮女，以女生角色与两名男子聊天实施诈骗。

提示词总结：你是一名资深的刑事辩护律师，现需为犯罪嫌疑人预测量刑幅度。该犯罪嫌疑人涉嫌诈骗罪、诈骗金额达70万元，无犯罪加重情节，有坦白，没有退赃赔偿，没有获得被害人谅解（是否自首可能有争议），客观因素造成了犯罪后果产生，具有社会危害性，存在主观故意；认罪认罚，但没有签署认罪认罚具结书；无特殊身份；无前科；案件在上海发生，犯罪嫌疑人为云南人；目前舆论尚未关注该案件；犯罪嫌疑人通过在网上男扮女，以女生角色与两名男子聊天实施诈骗。

▶ **摘录DeepSeek回复的原文如下：**

根据中国刑法及相关司法解释，结合案件具体情况，对犯罪嫌疑人可能的量刑幅度分析如下。

一、基准刑确定

诈骗金额：70万元，远超"数额特别巨大"标准（上海地区标准为50万元以上），依据《刑法》第266条，基准刑为10年以上有期徒刑或无期徒刑，并处罚金或没收财产。

二、量刑情节分析

1. 从轻情节

（1）坦白：如实供述罪行，可减少基准刑的10%～30%。

（2）认罪认罚：虽未签署具结书，但庭审中认罪悔罪，可减少10%以下。

（3）初犯、无前科：酌情从轻。

2. 不利情节

（1）未退赃、未获谅解：缺乏悔罪表现，可能限制从轻幅度。

（2）网络诈骗手段：男扮女虚构身份，主观恶性较强，可能酌情从重。

（3）社会危害性：针对不特定多人实施诈骗，影响恶劣。

3. 争议点（需证据支撑）

若被认定自首，可减少20%～40%的基准刑，但目前存疑，暂不计入。

三、量刑综合预测

1. 基准刑起点

10年有期徒刑。

2. 调整幅度

（1）-15%（坦白）-5%（认罪认罚）-5%（初犯）≈ -25%。

（2）未退赃、网络手段等不利因素可能抵销部分从轻幅度，实际减少15%～20%的基准刑。

3. 最终刑期范围10年×（1-20%）≈8年，但受"数额特别巨大"下限约束（不得低于10年），故实际刑期可能为10～12年有期徒刑，并处以罚金。

四、其他可能性

1. 退赃退赔

若后续退赔，可能减至10年以下（如9～10年）。

2. 自首认定

若自首认定成立，刑期或降至8～10年（需结合证据）。

五、地区与司法实践

上海地区对经济犯罪量刑较严格，且网络诈骗打击力度大，可能偏向刑期10～12年。

【结论】

预测刑期：10～12年有期徒刑，并处罚金。

建议积极退赃、争取被害人谅解，或通过辩护确认自首情节，以进一步降低刑期。

1. 地域管辖量刑差异分析

各地法院对同类案件的判罚尺度存在差异，因此不同的地域可能会影响对同一案件事实的裁判结果和量刑情况。律师在代理刑事案件时，可针对不同地域的特点选择合适的管辖地及控告策略。针对上述诈骗案，可继续向DeepSeek追问："上述案件分别由上海和云南管辖时，请作两地的量刑差异分析。"接下来，DeepSeek结合上海与云南两地的司法实践和量刑标准分析得出以下几个结论：一是两地的量刑数额认定标准、电信网络诈骗从严情节等方面情况基本一致；二是两地的基准刑起点存在一定差异，上海的标准可能更加严格；三是在从宽情节的减刑幅度方面，云南的从宽幅度可能更大；四是在政策导向上，上海对电信诈骗的打击政策更为严格，刑期趋近法定刑上限，而云南在认罪认罚和退赃退赔的适用上更为灵活，可能更倾向于从宽处理。总体预测后，综合当前案件情况，预估云南地区的量刑结果将较上海更为轻缓。

▶ **摘录DeepSeek回复的原文如下：**

根据你提供的案件信息（诈骗金额70万元，通过QQ、微信假扮女性实施电信网络诈骗，有坦白、认罪认罚但未退赃退赔），结合上海与云南两地的司法实践和量刑标准，分析两地可能的量刑差异如下所述。

一、两地量刑标准对比

1. 量刑数额认定标准

（1）上海与云南均适用全国统一标准：根据《刑法》及司法解释，诈骗50万元以上属于"数额特别巨大"，基准刑为10年以上有期徒刑或无期徒刑。

（2）特别说明：两地的"数额特别巨大"起点均为50万元，因此70万元在两地均适用同一法定刑幅度。

2.电信网络诈骗从严情节

两地均从严惩处：通过QQ、微信对不特定多数人实施诈骗，属于"利用互联网实施电信诈骗"，两地法院均可能依据司法解释从重处罚（基准刑上浮10%～20%）。

二、量刑差异的具体体现

（一）基准刑起点差异

1.上海

（1）基准刑起点较高：上海作为经济发达地区，对电信诈骗打击力度大，司法实践中"数额特别巨大"的基准刑通常为10～12年有期徒刑（70万元可能接近上限）。

（2）从严因素影响：未退赃退赔、长期预谋犯罪等可能导致刑期趋近11～12年。

2.云南

基准刑起点相对较低：云南经济水平较低，同类案件的基准刑可能为10～11年有期徒刑，且金额增幅对刑期的影响较上海更轻缓（如每增加5万元刑期增加6个月）。

（二）从宽情节的减刑幅度

1.坦白与认罪认罚

（1）上海：坦白可能减少基准刑的10%～20%，认罪认罚再减5%～10%，但因未退赃退赔，实际减幅受限，最终刑期约为9年6个月～11年。

（2）云南：从宽幅度可能更大（如坦白减基准刑的15%～25%，认罪认罚再减10%～15%），刑期或降至9～10年6个月。

2.退赃退赔的潜在影响

（1）上海：若全额退赃+谅解，刑期可降至7～8年；退部分退赃，可能减至8～10年。

（2）云南：退赃退赔的，减刑效果更显著；全额退赃叠加谅解的，最终刑期可能降至6～7年。

（三）司法实践的地域倾向

1.上海

（1）更注重经济犯罪的财产刑（如并处高额罚金或没收财产）。

（2）对电信诈骗的打击政策更为严格，刑期趋近法定刑上限。

2. 云南

（1）在认罪认罚和退赃退赔的适用上更为灵活，可能更倾向于从宽处理。

（2）对初犯、非暴力犯罪的量刑可能略低于经济发达地区。

三、最终刑期预测对比

地区	基准刑起点	从宽调整后刑期	退赃退赔后刑期
上海	10～12年	9年6个月～11年	7～8年（全额退赃+谅解）
云南	10～11年	9～10年6个月	6～7年（全额退赃+谅解）

四、风险提示

1. 上海

未退赃退赔可能导致法院从严掌握从宽幅度，刑期接近上限（如11年）。

2. 云南

若存在跨区域作案或涉及少数民族地区，可能因社会影响加重处罚。

【建议】

退赃退赔：无论在哪个管辖地，退赃退赔是降低刑期的核心因素，建议尽快与被害人协商。

地域辩护策略：在上海，需重点论证"初犯""非暴力性"；在云南，可强调"经济水平差异对量刑的影响"。

如需更精准分析，建议结合两地近年类案判例进一步验证。

2. 类案比对量刑差异分析

在上述对话的基础上，DeepSeek已了解我们目前案件的具体情况。因此，我们可以使用类案比对功能，进一步明确本案的辩护思路，并寻找有利案例，将这些案例作为类案向法院提供。例如，我们可以向DeepSeek追问："请检索并提供与我上述表述案情类似的案例，供我参考。"

DeepSeek会联网搜索相关案例及公开信息中的相关案例，并对案情要点、量刑结果进行总结，同时将整理的案件与我们提供的案件进行多角度对比。需要注意的是，部分案件可能来源新闻网站或者由DeepSeek自行编造，因此我们需要对其提供的案件来源及真实性进行核查。

> **摘录DeepSeek回复的原文如下：**

根据你提供的案情（诈骗70万元，通过QQ、微信假扮女性以恋爱名义实施电信网络诈骗，有坦白、认罪认罚但未退赃退赔），结合搜索结果中类似案例的裁判要点，整理以下参考案例及量刑对比分析。

一、同类案情典型案例

（一）虚构"完美男友"诈骗67万元案（北京）

1. 案情要点

被告人温某虚构男性身份，通过微信与被害人建立恋爱关系，以车祸赔偿、生意周转等理由诈骗67万元。

2. 量刑结果

（1）法院认定诈骗数额特别巨大，判处有期徒刑10年6个月，处以罚金11万元，并责令退赔全部损失。

（2）未退赃退赔，但被告人认罪认罚，量刑趋近法定刑下限。

（二）"杀猪盘"电信诈骗案（上海）

1. 案情要点

犯罪集团通过社交平台将犯罪嫌疑人伪装成"高富帅"，诱导被害人投资虚假平台，诈骗1亿余元。

2. 量刑结果

（1）首要分子黄某等3人因组织、指挥犯罪集团，被顶格判处无期徒刑，没收全部财产。

（2）法院强调电信网络诈骗的预谋性、社会危害性及跨境因素，从严惩处。

（三）儋州入学诈骗案（海南）

1. 案情要点

被告人虚构能办理入学，诈骗7万余元。

2. 量刑结果

（1）因数额巨大（3万～50万区间），判处3年6个月，处以罚金3万元。

（2）法院采纳认罪认罚情节，但未退赃限制了从宽幅度。

二、与本案的对比分析

（一）相似点

1. 作案手法

各案件的犯罪嫌疑人均通过虚构身份（如假扮异性、伪造投资能力）建立信任后实施诈骗，符合电信网络诈骗的典型特征。

2. 金额认定

70万元属于"数额特别巨大"，法定刑为10年以上有期徒刑或无期徒刑，与上述北京案例（67万元）的金额档次一致。

3. 量刑情节

坦白、认罪认罚的从宽幅度在10%～30%减刑，但未退赃退赔可能抵销部分减刑效果，与北京案例的判决逻辑相似。

（二）差异点

1. 地域司法实践

（1）上海：对电信诈骗打击力度更大，基准刑可能高于北京案例的10年6个月（如接近12年）。

（2）云南：经济水平较低，同类案件可能减少1～2年刑期（如9～10年）。

2. 退赃退赔影响

全额退赃+谅解可将刑期降至7～8年（上海）或6～7年（云南），但本案未退赃导致刑期趋近上限。

三、量刑参考范围

地区	基准刑起点	从宽调整后刑期	退赃退赔后刑期
上海	10～12年	9年6个月～11年	7～8年（全额）
云南	10～11年	9～10年6个月	6～7年（全额）

四、辩护策略建议

1. 重点突破退赃退赔

即使部分退赃（如退还30%～50%），也可争取减少6个月至2年刑期。

2. 强调认罪认罚效力

结合《量刑指导意见》，认罪认罚可额外减少5%～10%刑期，需与检察院协商明确减刑幅度。

3. 类案辩护

援引北京案例（67万元判10年6个月），论证本案未造成人身伤害、非暴力犯罪，应避免顶格量刑。

五、风险提示

（1）上海法院倾向：未退赃可能导致刑期接近11年，且并处高额罚金（5万~20万元）。

（2）舆论风险：若案件引发社会关注（如媒体报道），可能因社会影响加重处罚。

建议结合上述案例及《刑法》第266条、《诈骗罪司法解释》细化辩护方案，并参考上海本地类案判例调整策略。

案例2：走私案

【明身份】你是一名资深的刑事辩护律师。

【定任务】现需预测犯罪嫌疑人可能面临的量刑刑期。

【讲背景】案件涉及的具体情况：罪名【走私罪与洗钱罪】，法定刑幅度【走私金额180万元】，在取保候审期间再次犯罪，犯罪减轻情节【从犯、坦白】，主观明知故犯，认罪认罚，签署具结书，【特殊身份】韩国在校留学大学生，没有前科；案发地在上海，犯罪嫌疑人籍贯为山东，目前案件没有舆论关注。犯罪嫌疑人在韩国留学期间，通过以下两种方式实施走私化妆品的行为：一是在韩国机场免税店买货后带回国内，但不申报关税；二是介绍其他人代购商品，赚取中介费。

提示词总结： 你是一名资深的刑事辩护律师，现需为犯罪嫌疑人预测量刑幅度。该犯罪嫌疑人涉嫌走私普通货物、物品罪，还可能涉嫌洗钱罪（初步判定对洗钱事宜不知情），走私涉税金额180万元，在取保候审期间再次犯罪，从犯（主犯下单、付款、销售走私商品，并且主犯涉及洗钱罪），有坦白，主观上对代购回国不申报税务不合法是知情的，认罪认罚，签署具结书，韩国在校留学大学生，没有前科；案发地在上海，犯罪嫌疑人籍贯为山东，目前案件没有舆论关注。犯罪嫌疑人在韩国留学期间通过以下两种方式实施走私化妆品的行为：一是自己在韩国机场免税店买货后带回国内，但不申报关税；二是介绍其他人代购商品，赚取中介费。

▶ **摘录DeepSeek回复的原文如下：**

根据案件描述及中国刑法相关规定，结合司法实践，对犯罪嫌疑人的量刑预测及法律分析如下所述。

一、核心量刑情节梳理

1.不利情节

（1）偷逃税款180万元：属"数额巨大"（个人走私50万~250万属"数额

巨大"），对应的基准刑为3～10年。

（2）取保候审期间再次犯罪：反映主观恶性深，可能加重（20%～30%）处罚。

（3）特殊身份影响：留学生身份不影响定罪，但可能因"跨境犯罪"被从严处理。

2.有利情节

（1）从犯地位（主犯负责下单、销售）：依法应减轻处罚（可降档至3年以下）。

（2）坦白+认罪认罚：可减少基准刑的20%～30%。

（3）无前科、初犯：酌情从轻。

（4）签署具结书：强化认罪态度，可能适用更大幅度从宽。

二、洗钱罪风险排除

现有信息表明嫌疑人对洗钱不知情，若无证据证明其参与洗钱资金操作，则不构成洗钱罪共犯，仅以走私罪论处。

三、量刑预测

1.基准刑确定

偷税180万元属"数额巨大"，对应的基准刑为3～10年。

2.从犯减轻

降档至3年以下（即6个月～3年）。

3.坦白+认罪认罚

再减少20%～30%刑期，刑期可压至1年6个月～2年。

4.取保期间再犯的从严影响

可能抵销部分从轻幅度，刑期上调至2年～2年6个月。

5.特殊考量

（1）留学生身份或引发对"跨境犯罪危害性"的关注，但无舆论压力下，法院可能淡化此点。

（2）上海地区对经济犯罪量刑偏严，可能倾向中上限。

【综合预测刑期】

2年～2年6个月有期徒刑，并处偷税金额1～2倍罚金（180万～360万元）。

四、缓刑可能性分析

1.不利因素

取保期间再犯、偷税金额较高，可能被认定"悔罪不彻底"，缓刑难度较大。

2.有利因素

从犯、学生身份、初犯、退赃（若有）可争取。

【结论】

若补缴全部税款、罚金，且法院认可其社会危害性较低，存在判处缓刑可能（如3年以下+缓刑3～4年），但概率低于50%。

五、辩护策略建议

重点突破从犯地位：强调仅赚取中介费，未参与核心环节。

切割洗钱罪：固定"不知情"证据，排除共犯认定。

强化认罪认罚效果：推动检察院提出确定刑量刑建议（如2年以下）。

退赃补税：全额补缴税款可争取额外从宽（再减10%～20%量刑）。

社会调查报告：提交韩国校方证明，强调学生身份及再犯可能性低。

六、风险提示

若取保期间再犯行为被认定为"情节特别严重"（如新偷税金额累计超250万），可能量刑升档至10年以上，需严格审查再犯金额。

建议结合具体证据细节，与检察机关协商量刑建议，争取对犯罪嫌疑人适用缓刑或判处2年以下实刑。

二、辩护策略生成

（一）提示词模板

【明身份】你是一名资深的刑事辩护律师。

【定任务】现需为犯罪嫌疑人制定一份辩护策略。

【讲背景】犯罪嫌疑人目前涉嫌……案件，存在……的问题。

【给目标】希望达到无罪/罪轻/缓刑……的效果。

【做限定】担心出现……的问题。

提示词总结： 你是一名资深的刑事辩护律师，现需为犯罪嫌疑人制定一份辩护策略，犯罪嫌疑人目前涉嫌……案件，存在……的问题，希望达到无罪/罪轻/缓刑……的效果，担心出现……的问题。

（二）实操案例

案例：诈骗案

【明身份】你是一名资深的刑事辩护律师。

【定任务】现需为犯罪嫌疑人制定一份辩护策略。

【讲背景】犯罪嫌疑人目前涉嫌诈骗罪，其在QQ、微信上男扮女与不同男性聊天，分别诈骗两名男性8万元和100万元。其中，对于诈骗8万元的案件，犯罪嫌疑人在案发前主动披露自己的真实身份，并与对方签署借条；对于诈骗100万元的案件，犯罪嫌疑人将诈骗所得款项用于赌博，无法偿还后向被害人披露了自己的真实身份。被害人报警后，犯罪嫌疑人在老家被捕归案。

【给目标】希望达到罪轻的效果。

【做限定】担心没有退赔、没有取得被害人谅解，会被判处10年以上有期徒刑。

提示词总结：你是一名资深的刑事辩护律师，现需为犯罪嫌疑人制定一份辩护策略。犯罪嫌疑人目前涉嫌诈骗罪，其在QQ、微信上男扮女与不同男性聊天，分别诈骗两名男性8万元和100万元。其中，对于诈骗8万元的案件，犯罪嫌疑人在案发前主动披露自己的真实身份，并与对方签署借条；对于诈骗100万元的案件，犯罪嫌疑人将诈骗所得款项用于赌博，无法偿还后向被害人披露了自己的真实身份。被害人报警后，犯罪嫌疑人在老家被捕归案。委托人希望达到罪轻的效果，但担心没有退赔、没有取得被害人谅解，会被判处10年以上有期徒刑。

▶ **摘录DeepSeek回复的原文如下：**

针对犯罪嫌疑人涉嫌诈骗罪的案件，结合案情及辩护目标（争取罪轻、避免10年以上有期徒刑），以下为综合辩护策略，从法律定性、量刑情节、证据质证等多维度切入分析。

一、案件基本事实与法律定性分析

1. 区分两起案件的定性

（1）8万元案件：犯罪嫌疑人主动披露真实身份并签署借条，可主张该行为属于民事借贷纠纷而非刑事诈骗。

根据《刑法》第266条，判处诈骗罪需具备"非法占有目的"及"虚构事实/隐瞒真相"的客观行为。本案中，签署借条表明嫌疑人存在还款意愿，且部分还款行为（如有）可佐证无非法占有目的。

参考网页中合同诈骗罪的辩护思路，若存在真实还款意图或客观履约障碍（如暂时资金困难），可排除诈骗罪的"非法占有目的"。

（2）100万元案件：虚构女性身份骗取财物后用于赌博，符合诈骗罪构成要件，但需重点从量刑情节切入。

2. 金额认定与量刑基准

（1）根据司法解释，诈骗100万元属于"数额特别巨大"，基准刑为10年以上有期徒刑或无期徒刑。

（2）关键目标：通过拆分两起案件、降低总金额或减轻单起案件情节，避免整体量刑进入"10年以上"档次。

二、量刑从轻/减轻情节的挖掘与运用

1. 自首与认罪认罚

（1）犯罪嫌疑人被抓获时是否如实供述？若存在"自动投案"或到案后如实供述主要事实，可构成自首，最高减少30%基准刑。

（2）尽早签署认罪认罚具结书，争取减少10%～30%刑期，同时推动检察院提出较轻量刑建议。

2. 退赔退赃与被害人谅解

尽管目前未退赔，但需尽快筹集资金（即使部分退赔），并联系被害人协商谅解：退赔是法定从轻情节，可减少基准刑40%以下；取得谅解可进一步减轻处罚；对于8万元案件，强调已签署借条并愿意履行还款义务，争取转化为民事债务关系，减少刑事追责范围。

3. 初犯、偶犯与主观恶性

（1）犯罪嫌疑人若无前科，可强调初犯、偶犯，主观恶性较小，请求从宽处理。

（2）对于100万元案件，需说明赌博属"挥霍"而非预谋诈骗，但此点需谨慎使用（赌博可能强化非法占有目的）。

4. 其他从轻情节

如实供述、悔罪态度（如主动披露身份）、配合侦查等，均可作为酌定从轻依据。

三、证据质证与程序辩护

1. 电子证据合法性审查

针对QQ、微信聊天记录等电子数据，需审查取证程序是否合法（如提取笔录、见证人签字、哈希值校验等），若存在程序瑕疵，可申请排除非法证据。

2. 因果关系与资金流向的切割

对100万元案件，需逐笔核查资金用途：若部分款项被用于正常生活开支或投资（非赌博），可主张该部分不具"非法占有目的"；强调赌博属个人挥霍，与诈骗行为无直接因果关系，但此种情况可能被法院视为加重情节。

3. 分案处理的可能性

尽量将两起案件拆分审理，争取将8万元案件定性为民事纠纷，将100万元案件单独处理，避免总金额叠加至"数额特别巨大"档次。

四、风险提示与补充建议

1.退赔的紧迫性

即使无法全额退赔，退赔部分（如优先偿还8万元案件）可体现悔罪态度，避免因"未退赔"被从重处罚。

2.专家辅助与心理评估

若犯罪嫌疑人存在心理问题（如赌博成瘾），可申请心理评估，证明其行为控制能力减弱，但需结合案情谨慎使用。

3.辩护阶段策略

审查起诉阶段：推动检察院区分两起案件，对8万元案件作不起诉处理；对100万元案件争取认定"数额巨大"（而非特别巨大），降低量刑档次。

审判阶段：结合认罪认罚、退赔谅解等情节，争取量刑在3～10年内，并适用缓刑（若刑期降至3年以下）。

五、量刑预测与目标

1.最坏情况

两起案件均被认定诈骗，100万元属"数额特别巨大"，基准刑10年以上。

2.最佳目标

8万元案件定性为民事纠纷，100万元案件通过退赔、认罪认罚等情节降至"数额巨大"（3～10年），综合刑期争取在5～8年，并避免10年以上。

总结：本案辩护核心在于拆分案件、挖掘量刑情节、强化证据质证。委托人需尽快推动退赔谅解，并结合认罪认罚程序，最大化降低刑期风险。

三、辩护词的生成

辩护词的起草内容需要依赖公安机关和检察机关侦查的案卷情况，并结合辩护策略及客观事实。因此，若想让DeepSeek生成较为精准可用的辩护词，需将案卷的详细情况提供给它。然而，案卷属于国家秘密，不能轻易上传，否则可能涉嫌泄露国家秘密，还可能侵犯犯罪嫌疑人和被害人的隐私（不过，如果法院、检察院、律所或者律师个人已经对DeepSeek进行了本地化部署，相关数据不会流出本地，在这种情况下可以直接上传案卷）。所以，我们在阅卷后，需要将案件的核心事实进行梳理和归纳，在脱敏处理后再提供给DeepSeek。

（一）提示词模板

【明身份】你是一名资深刑事辩护律师。

【传模板】现需对附件中的辩护词进行分析和学习，掌握其格式与行文逻辑。

【传材料】请你针对附件材料中起诉事实和主张进行分析。

【定任务】严格遵循辩护词的模板格式，对附件中起诉主张进行逐一反驳，生成辩护词。

【讲背景】我方认为的事实情况是……，我方的辩护要点是……。

提示词总结：你是一名资深刑事辩护律师，现需对附件中的辩护词进行分析和学习，掌握其格式与行文逻辑。请你针对附件材料中起诉事实和主张进行分析，严格遵循辩护词的模板格式，对附件中起诉主张进行逐一反驳，生成辩护词。我方认为的事实情况是……，我方的辩护要点是……。

（二）实操案例

案例1：诈骗案

【明身份】你是一名资深刑事辩护律师。

【传模板】现需对附件中的辩护词进行分析和学习，掌握其格式与行文逻辑。

【传材料】请你针对附件材料中起诉事实和主张进行分析。

【定任务】严格遵循辩护词的模板格式，对附件中起诉主张进行逐一反驳，生成辩护词。

【讲背景】我们认为的事实情况如下：犯罪嫌疑人注册QQ号，使用网络下载的女生图片作为头像，以女生身份分别与任先生和朱先生聊天。犯罪嫌疑人向任先生借款8.6万元，还款3万；向朱先生借款共计70万元，还款17万。在任先生催债时，犯罪嫌疑人主动向其发送自己的身份证照片，告知自己是男性，并与任先生协商，双方签署了电子借条，此后犯罪嫌疑人按照借条约定方式还款。对于朱先生的借款，因犯罪嫌疑人一直无力偿还债务，便主动向朱先生坦白自己是男性，承认存在欺骗行为，朱先生一气之下报警。我方的辩护要点如下：任先生所涉案件应认定为民事纠纷；在朱先生所涉案件中，犯罪嫌疑人已还款金额可从诈骗金额中予以抵扣。

提示词总结：你是一名资深刑事辩护律师，现需对附件中的辩护词进行分析和学习，掌握其格式与行文逻辑。请你针对附件材料中起诉事实和主张进行分析，严格遵循辩护词的模板格式，对附件中起诉主张进行逐一反驳，生成辩护词。我们认为的事实情况如下：犯罪嫌疑人注册QQ号，使用网络下载的女生图片作为头像，以女生身份分别与任先生和朱先生聊天。犯罪嫌疑人向任先生借款8.6万元，还款3万元；向朱先生借款共计70万元，还款17万。在任先生催债时，犯罪嫌疑人主动向其发送自己的身份证照片，告知自己是男性，并与任先生协商，双方签署了电子借条，此后犯罪嫌疑人陆续按照借条约定方式还款。对于朱先生的借款，因犯罪嫌疑人一直无力偿还债务，便主动向朱先生坦白自己是男性，承认存在欺骗行为，朱先生一气之下报警。我们的辩护要点如下：任先生所涉案件应认定为民事纠纷；在朱先生所涉案件中，犯罪嫌疑人已还款金额可从诈骗金额中予以抵扣。

▶ **摘录DeepSeek回复的原文如下：**

关于张三涉嫌诈骗罪一案审查起诉阶段辩护意见

××市人民检察院：

　　受张三近亲属的委托并经其本人同意，××律师事务所指派本人担任张三的辩护人。在接受委托后，辩护人依法会见了张三、查阅了本案全部案卷材料，现就本案事实与法律适用提出如下辩护意见，供贵院参考。

　　一、任先生案件属民事借贷纠纷，不构成刑事诈骗

　　1.张三与任先生之间存在真实借贷合意，双方已签署电子借条并部分履行还款义务

　　根据任先生提供的聊天记录（证据卷P15）及电子借条（证据卷P22），张三在借款过程中虽使用女性头像及身份信息，但借款后主动向任先生披露真实性别，并协商签署电子借条，承诺分期还款。截至案发前，张三已偿还3万元（银行流水见证据卷P30）。根据《民法典》第六百七十五条，借贷关系以双方合意为基础，还款行为进一步印证民事法律关系性质。

　　2.虚构身份行为不必然构成诈骗罪，需结合非法占有目的及财产处置方式综合判断

　　张三虽虚构女性身份，但其借款用途明确（聊天记录提及"资金周转"），未挥霍或隐匿财产，且持续履行还款义务。根据《刑法》第二百六十六条及最高人民法院《关于审理诈骗案件具体应用法律若干问题的解释》，诈骗罪需以"非法占有为目的"，而张三的还款行为及协商态度表明其具备还款意愿，不符合诈骗罪构成要件。

　　二、朱先生案件涉案金额应扣除已还款部分，且存在情节特殊性

　　1.朱先生主张的70万元中，17万元已归还，应依法予以扣除

　　根据朱先生提供的转账记录（证据卷P45），张三已累计还款17万元，该部分金额应从指控的诈骗总额中扣除。依据《最高人民法院关于常见犯罪的量刑指导意见》，犯罪数额应以实际未归还金额计算，故本案中朱先生涉案金额应核减为53万元。

　　2.张三主动告知真实身份并协商还款，主观恶性较小

　　在朱先生催讨债务时，张三主动表明真实性别（聊天记录见证据卷P50），并

提出延期还款方案。虽未能全额还款，但其行为表明无逃避债务的故意，与"以非法占有为目的"的诈骗行为存在本质区别。

3.朱先生报警存在情绪化因素，案件可通过民事途径解决

朱先生在得知张三真实身份后，因情绪激动选择报案，但双方借贷关系明确，争议焦点为债务履行问题，应通过民事诉讼主张权利。根据《刑事诉讼法》第一百一十二条，刑事程序不得干预民事纠纷，建议贵院依法对朱先生部分作出不起诉决定。

三、张三系初犯、偶犯，认罪悔罪态度良好，建议从宽处理

1.张三无犯罪前科，积极配合调查并如实供述

张三到案后主动配合公安机关调查，如实陈述借款经过及还款情况（讯问笔录卷3-P12），并提交相关电子借条、还款记录等证据，悔罪态度明显。

2.本案社会危害性较小，具备非监禁刑适用条件

涉案金额中任先生部分已基本解决，朱先生部分可通过民事执行程序追偿。张三系初犯，且其行为未造成严重社会后果，符合《刑法》第七十二条缓刑适用条件。建议贵院综合考虑其情节，对其适用缓刑。

综上所述，恳请贵院依法认定任先生案件为民事纠纷，对朱先生案件涉案金额予以核减，并对张三从宽处理，以体现司法公正与刑法谦抑性原则。

此致

××市人民检察院

李××律师　联系电话：×××-×××××××

2025年×××月×××日

附：证据清单

1.任先生电子借条（证据卷P22）

2.张三还款记录（证据卷P30、P45）

3.张三与任先生、朱先生聊天记录（证据卷P15.P50）

4.张三讯问笔录（卷3-P12）

案例2：非法经营罪案

【明身份】你是一名资深刑事辩护律师。

【传模板】现需对附件中的辩护词进行分析和学习，掌握其格式与行文逻辑。

【讲案情】本案侦查机关认为的案件情况是：犯罪嫌疑人涉嫌非法换汇业务，涉及团

伙犯罪，该犯罪嫌疑人的身份是财务负责人，非法换汇金额达到1.2亿元人民币。

【定任务】现请你严格遵循辩护词的模板格式，针对侦查机关查明的事实及主张进行逐一反驳，并生成辩护词。

【讲背景】我们主张的事实情况是：犯罪嫌疑人仅仅是从犯，对换汇行为并不知情（不明知），仅赚取固定的月工资。

提示词总结：你是一名资深刑事辩护律师，现需对附件中的辩护词进行分析和学习，掌握其格式与行文逻辑。本案侦查机关认为的案件情况是：犯罪嫌疑人涉嫌非法换汇业务，且涉及团伙犯罪，该犯罪嫌疑人在团伙中担任财务负责人，非法换汇金额达到1.2亿元人民币。现请你严格遵循辩护词的模板格式，针对侦查机关查明的事实及主张进行逐一反驳，并生成辩护词。我们主张的事实情况是：犯罪嫌疑人仅仅是从犯，对换汇行为本身不明知，仅赚取固定的月工资。

▶ **摘录DeepSeek回复的原文如下：**

关于×××涉嫌非法经营罪一案审查起诉阶段辩护意见

××市人民检察院：

受×××近亲属的委托并经其本人同意，××律师事务所指派本人担任×××的辩护人。辩护人依法会见了×××，查阅了本案全部案卷材料，现结合案件事实与证据，提出如下辩护意见，供贵院参考。

一、×××在共同犯罪中仅承担辅助性财务工作，未参与非法换汇的核心环节，依法应认定为从犯，对其减轻或免除处罚

侦查机关指控×××作为"财务负责人"参与非法换汇业务，但根据在案证据（卷×-P×页，×××讯问笔录及银行流水记录），×××的工作内容仅为根据上级指令进行记账、核对账目及发放固定工资，未参与换汇业务的客户对接、资金划转、汇率制定等核心环节。

1.×××无决策权

根据主犯张某的供述（卷×-P×页），×××仅负责记录资金流水，对换汇业务的规模、对象、操作方式均无决定权，所有指令均来自张某及其管理层。

2.工作性质单一

×××的银行流水显示，其每月仅领取固定工资人民币8000元（卷×-P×页，工资发放记录），与非法换汇的盈利无直接关联，未获取任何提成或额外收益。

3.技术性辅助角色

×××的职责限于财务数据的整理与汇总，未直接接触客户或参与资金跨境转移的实际操作，其行为与非法换汇的实质危害性无直接因果关系。

综上，×××在犯罪链条中仅起次要、辅助作用，依据《刑法》第二十七条，应认定为从犯，建议基准刑降档处理。

二、×××对换汇行为的非法性缺乏主观明知，依法不构成故意犯罪

侦查机关认定×××"明知"换汇行为违法，但现有证据无法证明其主观上存在犯罪故意。

1.无证据证明×××知晓业务性质

根据×××的供述（卷×-P×页），其入职时被告知公司从事"跨境贸易结算"，且公司向其提供伪造的营业执照及虚假业务合同（卷×-P×页，公司文件），×××作为普通财务人员，不具备识别业务非法性的专业能力。

2.未接受过相关法律培训

公司内部无任何合规培训记录（卷×-P×页，人事档案），×××的工作内容仅为执行指令，无法预见其行为涉嫌犯罪。

3.固定工资模式印证无获利动机

×××的工资结构为固定月薪，与换汇业务规模无关联，进一步证明其无参与犯罪的主动意愿。

根据《刑法》第十四条，犯罪故意需以"明知"为前提，×××对换汇行为违法性缺乏认知，不符合非法经营罪的主观要件。

三、×××到案后积极配合侦查，认罪悔罪态度良好，依法应从宽处理

1.主动供述案件细节

×××在首次讯问中即如实交代全部工作内容，并提交其经手的全部账目记录（卷×-P×页，×××询问笔录及证据清单），为查明案情提供关键线索。

2.稳定供述与认罪意愿

在后续侦查中，×××多次供述内容一致，明确表示认罪认罚，愿意退缴全部违法所得（固定工资）。

3.无前科劣迹

×××系初犯、偶犯，此前无任何违法犯罪记录（卷×-P×页，户籍证明），社会危害性显著较低。

依据《关于适用认罪认罚从宽制度的指导意见》第十条，建议对×××依法从轻或减轻处罚。

四、×××系家庭经济支柱，且犯罪行为未造成实际损失，建议适用缓刑

1.特殊家庭情况

×××系独生子女，需赡养患病父母及抚养未成年子女（卷×-P×页，家庭情况证明），判处实刑将导致家庭陷入困境。

2.未造成实际社会危害

涉案资金已全部追回（卷×-P×页，扣押清单），未对国家外汇管理秩序造成不可逆损害。

3.再犯可能性低

×××已深刻悔罪，承诺回归正常职业轨道，对其适用缓刑可实现刑罚的惩戒与教育功能。

综上，恳请贵院充分考虑×××的从犯地位、缺乏主观明知、认罪悔罪态度及特殊家庭情况，依法对其减轻处罚并适用缓刑。

××律师事务所×××律师　联系电话：×××××××××××

二〇二×年××月××日

注：本辩护词严格遵循法律文书格式，围绕从犯认定、主观不明知、认罪悔罪等核心要点，结合证据逐条反驳侦查机关主张，逻辑清晰，结构完整。

四、程序审查功能

（一）刑事诉讼期限的自动计算

在刑事案件中，公安侦查阶段、检察院审查起诉阶段以及法院审判阶段均设有相应的期限。犯罪嫌疑人及其家属不仅关心实体上最终的判刑结果，还关注程序方面的时间安排情况。对此，我们可以借助DeepSeek来梳理各阶段的期限。

1.提示词模板

【明身份】你是一名资深刑事辩护律师。

【定任务】现需梳理刑事案件各个阶段的期限。

提示词总结： 你是一名资深刑事辩护律师，现需梳理刑事案件各个阶段的期限。

2.实操案例

我们可以直接向DeepSeek咨询："你是一名资深刑事辩护律师，现需梳理刑事案件各个阶段的期限。"DeepSeek在经过深入思考后会给出较为准确和清晰的期限。

▶ 摘录DeepSeek回复的原文如下：

在中国刑事诉讼程序中，各阶段的期限及延长条件如下所述。

一、侦查阶段

1.刑事拘留期限

（1）一般案件：3日（公安机关提请批捕）+7日（检察院审查批捕）→最长10日。

（2）流窜、结伙、多次作案：30日（公安机关延长拘留）+7日（检察院审查）→最长37日。

2.逮捕后侦查羁押期限

（1）一般案件：2个月（基础期限）。

（2）案件复杂：经上一级检察院批准，延长1个月（总计3个月）。其中，四类特殊案件（交通不便、重大犯罪集团、流窜作案、取证困难），经省级检察院批准，再延长2个月（总计5个月）；可能判处10年以上刑罚，在5个月基础上，经省级检察院批准，延长2个月（总计7个月）。特别重大复杂的，经最高检报请全国人大常委会批准，无限期延长（实践中罕见）。

二、审查起诉阶段

1.审查起诉期限

（1）一般案件：起诉期限由1个月延长至1.5个月（重大复杂案件）。

（2）补充侦查：补充侦查以2次为限，每次审理期限延长1个月；补充侦查后，审查期限重新计算：原期限（1.5个月）+两次补充侦查（1个月×2）+两次重新审查（1.5个月×2）=总计延长6.5个月。

三、审判阶段

1.一审程序

（1）普通程序的审理期限为2个月。其中，对于死刑、附带民事、重大复杂案件，经上一级法院批准可延长3个月（总计6个月）；特殊情况下，报请最高法院批准，可进一步延长（无明确上限）。

（2）简易程序的审理期限为20日，可能判处3年以上有期徒刑的，审理期限延长至1.5个月。

（3）速裁程序的审理期限为10日，可能判处1年以上有期徒刑的，审理期限延长至1个月。

2.二审程序

基础审理期限为2个月。其中,对于死刑、附带民事、重大复杂案件,经省级高院批准,可延长2个月(总计4个月);特殊情况下,报请最高法院批准,可无限延长。

四、其他特殊规定

1.期限不计入的情形

精神病鉴定期间、中止审理期间,以及改变管辖后的重新计算审理期限。

2.补充侦查后的审理期限

法院在补充侦查后重新计算审理期限。

3.最高检、最高法延期权

对全国性重大案件可突破常规期限限制。

【流程图概览】

侦查(最长7个月)→审查起诉(最长6.5个月)→一审(普通程序最长6个月)→二审(最长4个月)

注意事项:实践中,各阶段具体审理期限可能因案件复杂性、司法效率以及特殊程序(如认罪认罚从宽)有所调整,需结合最新司法解释及个案情况综合分析。

除了直接向DeepSeek提问刑事诉讼期限并让其整理汇总相关期限外,还可以就案件实际情况进行提问。例如,某一案件于2月28日移送检察院审查起诉,截至3月20日,家属想知道大概何时可以签署认罪认罚具结书,案件何时移送法院,律师何时与检察官沟通以及何时提交法律意见书。针对此种具体情况,可向DeepSeek发问:"走私普通货物、物品罪的案件,于2月28日移送检察院审查起诉,检察院一般会在何时安排签署认罪认罚具结书,律师应在何时寄出法律意见书,何时与检察院进行沟通,案件何时移送至法院?"

DeepSeek的回复非常实用,对于没有处理过刑事案件的律师而言,具有较为明确的指引作用。例如,DeepSeek推送:"认罪认罚启动时间在3月中旬至4月初(需主动推进);法律意见书提交时间为3月10日前;案件移送法院时间,最早为3月28日,最迟为4月12日(无补充侦查情况下);若存在补充侦查,则可能延至6月。"并且,它还主动总结了律师关键行动时间表。笔者认为,该总结可作为案件办理经验不够丰富、对程序推进不够明晰的律师的参考。而且,DeepSeek给出的行动建议和时间安排非常具有实操性。

摘录DeepSeek回复的原文如下：

在走私普通货物、物品罪的案件中，审查起诉阶段的流程和时间节点需结合《刑事诉讼法》及实务操作综合分析。以下是针对您的问题的具体分析。

一、检察院审查起诉期限

1. 一般期限

案件于2月28日移送检察院，审查起诉的法定时限为1个月（至3月28日）。

若案情复杂，可延长15日（至4月12日）。

2. 补充侦查

（1）若检察院认为证据不足，案件可退回公安机关补充侦查（每次审查期限延长1个月，最多2次补充侦查）。

（2）补充侦查后，审查期限重新计算（每次补充侦查后，审查期限仍为1个月+15日）。

综上，最长可能期限如下：若无延长或补充侦查，案件最迟在4月12日移送法院；若补充侦查1次，可能延长至6月12日左右。

二、认罪认罚的时间节点

1. 认罪认罚协商的时机

检察院通常在审查起诉的中后期（掌握基本证据后）启动认罪认罚程序，具体时间因案而异。一般建议在检察院审查起诉后的2～3周内（即3月中旬）主动联系检察官，表达协商意愿。

2. 律师介入建议

（1）尽早提交法律意见书：在案件移送检察院后1～2周内（3月10日前）提交，重点分析量刑情节（如走私数额、主观恶性、退赃退赔等），争取从宽处理。

（2）首次沟通：提交意见书后1周内（3月15日前），与检察官确认意见书接收情况，初步表达协商意向。

（3）核心协商：在检察院拟定量刑建议前（通常为审查期限届满前10日，即3月18日—4月2日），针对量刑幅度、缓刑可能性等关键问题进行深入沟通。

三、案件移送法院的时间

1. 未补充侦查的情况

若案件证据充分，检察院会在审查起诉期限内作出起诉决定并最迟于4月12日移送法院。

2.补充侦查的情况

若案件退回补充侦查1次，移送法院时间可能推迟至6月12日左右（补充侦查1个月+重新审查1.5个月）。

四、律师关键行动时间表

时间节点	律师行动建议
3月1日—3月10日	查阅卷宗、会见当事人，起草并寄送《法律意见书》（重点：证据问题、量刑情节）
3月11日—3月15日	首次联系检察官，确认意见书接收，初步沟通案件定性及认罪认罚可能性
3月16日—4月2日	核心协商期：推动认罪认罚具结，争取有利量刑建议（如缓刑、罚金幅度）
4月3日—4月12日	确认是否起诉或补充侦查，做好移送法院后的辩护准备（如管辖权、排非申请等）

五、注意事项

1.时效风险

若检察院在3月28日前未作出决定，需确认是否已延长审查期限。

2.补充侦查应对

若案件退回补充侦查，需及时与公安机关沟通补证范围，避免证据瑕疵。

3.认罪认罚反悔

若当事人签署认罪认罚后反悔，需评估证据风险并调整辩护策略。

【总结】

认罪认罚启动时间：3月中旬至4月初（需主动推进）。

法律意见书提交：3月10日前。

案件移送法院：最早3月28日，最迟4月12日（无补充侦查）；若补充侦查，则可能延至6月。

核心策略：通过及时提交意见书、主动协商认罪认罚，争取在审查起诉阶段化解风险或降低量刑幅度。

建议与承办检察官保持紧密沟通，同时关注案件是否涉及走私数额核定、偷逃税款计算等专业问题，必要时申请税务或海关专家辅助人介入。

（二）取证程序合规检测

在刑事辩护中，可以从取证程序不合规的角度进行辩护。然而，新手律师可能不太熟悉公安机关的取证事项或内容。并且，不同案件的取证内容和重点不尽相同。对此，可以向DeepSeek发问。

1. 提示词模板

【明身份】你是一名资深刑事辩护律师。

【定任务】请你梳理在……案件中，可能存在的取证程序不合规的地方。

提示词总结： *你是一名资深刑事辩护律师，请你梳理在……案件中，可能存在的取证程序不合规的地方。*

2. 实操案例

案例：走私案件程序合法性判断

【明身份】你是一名资深刑事辩护律师。

【定任务】请你梳理在走私案件中，可能存在的取证程序不合规的地方。

提示词总结： *你是一名资深刑事辩护律师，请你梳理在走私案件中，可能存在的取证程序不合规的地方。*

▶ **摘录DeepSeek回复的原文如下：**

> 在走私案件中，取证程序的合规性直接影响证据的合法性和案件结果的公正性。结合相关法律规定及司法实践，走私案件取证程序可能存在的不合规情形主要包括以下几类。
>
> 一、取证主体与程序违法
>
> 1. 单人取证或资质不符
>
> 根据《海关行政处罚实施条例》，海关调查走私行政违法案件时，必须由两名以上具备执法资格的办案人员进行。若取证仅由一人完成，或执法人员未出示有效证件，所获证据可能被认定为无效。
>
> 示例：附件1明确指出"调查应由两名或两名以上办案人员进行"，单人取证违反程序规定。
>
> 2. 行政证据与刑事证据混淆
>
> 在行政调查阶段（如海关初步查处）取得的证据，若未经合法转化程序（如刑事立案后的重新固定和质证）直接用于刑事诉讼的，可能被排除。例如，行政阶段的询问笔录未在刑事阶段核实，或未告知当事人权利义务。

二、电子证据取证不规范

1.电子证据提取程序违法

走私案件常依赖微信聊天记录、转账记录等电子数据，但若取证时未遵守《电子数据规定》要求（如未记录哈希值、未使用专用设备提取、未制作笔录），可能被认定为非法证据。

示例：附件2提到的"推单走私"案中，若聊天记录提取未按技术规范操作，辩护方可申请排除该证据。

2.境外电子证据未经认证

涉及跨境走私案件时，境外形成的电子证据（如免税店订单、境外银行流水）需经使领馆认证或公证，否则可能因来源不明被否定证明力。

三、关键证据未质证或来源存疑

1.主要证据未经质证

根据《刑事诉讼法》，所有定案证据需经法庭质证。若走私案件的核心证据（如海关计税证明、货品鉴定报告）未当庭出示或接受辩方质询，则构成程序严重违法。

示例：附件4指出某判决书因证据未经质证被质疑，最终影响案件公正性。

2.鉴定程序瑕疵

在走私案件中，货品归类、价格鉴定等专业结论需由具备资质的机构出具。若鉴定人未出庭说明鉴定方法、检材来源不明，或鉴定意见未附完整依据，该鉴定意见可能被推翻。

示例：附件3提及的"旧医疗设备走私案"中，若鉴定价格叠加且未说明依据，可能被认定为程序违法。

四、非法手段取证与证据链断裂

1.诱供或暴力取证

若侦查人员通过威胁、引诱等方式获取口供，或未同步录音录像，相关供述可能会被质疑。

示例：附件7明确将"剥夺当事人诉讼权利"列为程序违法情形。

2.证据链不完整

走私案件需形成"三流合一"（货物流、资金流、信息流）的证据链。若仅凭单方面证言或孤证定案（如无物流单据佐证走私路径），可能因证据链断裂被质疑。

示例：附件3分析的包税走私案中，若对账单未与物流记录对应，则无法证明实际走私行为。

五、跨境取证与行政协作缺陷

1.境外证据未合法调取

涉及境外证据（如韩国免税店订单、国际运输记录）的，需通过司法协助途径获取。若未经外交途径或依据相关条约规定的程序而直接采纳，相关证据可能因程序违法被排除。

示例：附件2的"跨境电商走私案"中，若境外支付数据未通过合法渠道提取，可能影响其证据效力。

2.行政与刑事程序衔接不当

根据《行政处罚法》，已作出行政处罚的案件若转为刑事案件，原行政证据需经刑事程序重新审查。若直接沿用未经核实的行政证据（如现场查扣笔录），相关案件的处理可能被认定为存在程序瑕疵。

六、特殊证据类型的程序要求

1.财务记录审查不全面

走私违法所得的计算需结合银行流水、会计账簿等财务证据。若仅截取部分交易记录或未排除合法收入，可能因计算错误导致数额认定争议。

示例：附件5指出需"从总收益中扣除合法收入部分"，否则可能高估违法所得。

2.专业领域证据未翻译或解释

涉及外文单证（如提单、合同）或技术文件时，需提供中文译本，并由专业人员进行解释说明。若未翻译或解释关键条款，可能影响证据采信。

六、应对策略与辩护要点

1.程序合法性审查

辩护方可申请调取执法记录仪视频、取证笔录，核查人员资质与程序合规性。

2.专家辅助人介入

针对专业证据（如税则归类、价格鉴定），申请专家出庭质证，揭示技术漏洞。

3.非法证据排除

依据《刑事诉讼法》第56条，对违法取得的电子证据、口供等提出排除申请。

通过上述分析可见，走私案件取证程序的合规性需从主体资质、证据形式、质证程序、跨境协作等多维度进行严格审查。辩护中需结合具体案情，针对程序漏洞构建有效抗辩，以保障当事人合法权益。

（三）非法证据排除预警

在刑事案件辩护中，还有一个比较重要的辩点，即申请非法证据排除。非法证据排除的种类较多，至于具体如何适用和选择，可通过向DeepSeek提问来获取相关信息。

1. 提示词模板

【明身份】你是一名资深刑事辩护律师。

【定任务】现需梳理在……案件中，可能存在的非法证据排除情况。

提示词总结： 你是一名资深刑事辩护律师，现需梳理在……案件中，可能存在的非法证据排除情况。

2. 实操案例

案例：走私案非法证据排除

【明身份】你是一名资深刑事辩护律师。

【定任务】现需梳理在走私案件中，可能存在的非法证据排除情况。

提示词总结： 你是一名资深刑事辩护律师，现需梳理在走私案件中，可能存在的非法证据排除情况。

▶ **摘录DeepSeek回复的原文如下：**

本走私案可能涉及的非法证据排除情形及具体分析如下所述。

一、电子数据类证据排除

1. 微信聊天记录与转账记录

（1）排除依据：侦查机关未使用符合《电子数据取证规则》的专用设备提取数据（如直接截屏，未封存原始载体）；提取时未记录数据完整性校验值（如哈希值），无法证明证据未被篡改；未制作《电子数据提取笔录》或笔录缺少见证人签字。

（2）本案关联：对于李某某通过微信群联系带货人、传递航班信息，若相关聊天记录提取程序违法，可申请将其排除；对于收取介绍费的微信转账记录，若未同步调取资金流水印证，可能被质疑真实性。

2. 境外电子订单数据

（1）排除依据：韩国免税店后台订单数据未经我国驻韩使领馆认证或公证；境外服务器数据未通过司法协助条约调取，直接由境内侦查机关下载。

（2）本案关联：对于胡某使用的带货人的免税店账号下单的记录，若相关方未履行跨境证据认证程序，可能被排除。

二、言词证据排除

1. 非法方法获取的供述

（1）排除依据：审讯未全程同步录音录像（特别在供述关键事实时中断）；存在威胁、引诱情形（如"承认就取保"）；首次讯问未告知诉讼权利（如未宣读《犯罪嫌疑人权利义务告知书》）。

（2）本案关联：对于李某某在取保候审后对继续带货行为的供述，若讯问录像缺失或存在诱供，可申请将其排除。

2. 同案犯指认笔录瑕疵

（1）排除依据：指认过程未按法定程序组织（如未混杂无关人员照片）；指认笔录未由指认人逐页签字确认。

（2）本案关联：带货人吴某、史某对李某某的指认若存在程序瑕疵，可能被排除。

三、实物证据排除

1. 查扣物品程序违法

（1）排除依据：现场查扣走私物品时未制作《扣押清单》或清单无当事人签字；未对查扣物品进行封存或拍照固定原始状态。

（2）本案关联：对于2023年7月30日及9月7日两次查获的货品，若扣押程序违法，相关物证可能被排除。

2. 物流单据来源不明

（1）排除依据：未调取原始快递单系统数据，仅凭复印件举证；未说明单据提取人员身份及取证过程。

（2）本案关联：若李某某提供的胡某收货地址对应的物流单据系单方打印件，可能被否定证明力。

四、鉴定意见排除

1. 偷逃税款计核报告违法

（1）排除依据：计核机构未在《海关计核资质名录》中列明；计核未附原始购物凭证（如免税店小票缺失）；计核人员未出庭说明价格核定方法。

（2）本案关联：总计181万元的偷逃税额若计核依据不完整（如将代购费计入完税价格），可申请重新计核并排除原报告。

2. 商品归类鉴定错误

（1）排除依据：将化妆品错误归类为高档护肤品适用更高税率；未考虑商品实际用途（如赠品、自用品）。

（2）本案关联：部分带货物品属自用范畴（单次价值＜5000元），若错误归类将导致税额虚高，相关部分可申请排除。

五、行政证据转化瑕疵

1. 行政处罚证据直接使用

（1）排除依据：2023年两次查获的《讯问笔录》《查验记录》未经刑事立案后重新收集；行政阶段证据未在刑事庭审中重新质证。

（2）本案关联：对于涉及13.8万元部分的证据，若直接沿用行政程序材料，可能因未进行证据转化而被排除。

六、辩护实操建议

1. 程序合法性审查

申请调取电子证据提取的原始存储介质及《封存通知书》、讯问同步录音录像（重点核查取保后供述的合法性）、海关计核资质的官方文件。

2. 专家辅助人介入

聘请税务专家质疑计核方法，或电子数据专家揭露取证漏洞。

3. 阶段性排除申请

审查逮捕阶段：重点排除非法口供。

庭前会议：集中处理电子数据、鉴定意见瑕疵。

庭审阶段：对当庭出示的未质证证据即时提出异议。

【风险预警】

若法院认为"证据瑕疵不影响事实认定"，需准备替代性质证方案：对于可补正的证据（如缺失签字的笔录），要求侦查机关合理解释；对于无法补正的证据（如已被销毁的原始数据），主张不得作为定案依据。

通过排除上述非法证据，可实质性削弱控方的证据体系，尤其针对偷逃税额认定、主观明知要件等核心争议点，为当事人争取无罪或罪轻的判决结果。

第三节　行政诉讼支持

一、行政行为的可诉性审查

相较于民事诉讼和刑事诉讼，行政诉讼有一个明显特点，即部分行政行为不具有可诉性。因此，法院在受理相关行政诉讼案件时，需首先审查被诉行为是否属于可诉的行政行为。律师在接案或者接受咨询时，也需要第一时间对行政行为的可诉性作出判断。

（一）提示词模板

【明身份】你是一名资深的行政法律师/法官。

【定任务】现需判断该行为是否属于行政行为，是否可以对其提起行政诉讼，法院是否可以受理诉讼。

【讲背景】当事人遇到了……情况。

提示词总结： *你是一名资深的行政法律师/法官，现需判断该行为是否属于行政行为，是否可以对其起行政诉讼，法院是否可以受理。当事人遇到了……情况。*

（二）实操案例

案例1：行政不作为案

【明身份】你是一名资深的行政法律师。

【定任务】现需判断该行为是否属于行政行为，是否可以对其起行政诉讼，法院是否可以受理诉讼。

【讲背景】2025年4月1日，当事人经营的公司向住房和城乡建设局申请《建设工程施工许可证》，住房和城乡建设局认为公司提交的材料不符合法律要求，于是向其下达《行政许可不予受理书》。公司对《行政许可不予受理书》不服，想要提起诉讼。

提示词总结： *你是一名资深的行政法律师，现需判断住房和城乡建设局行为是否属于行政行为，是否可以对其提起行政诉讼，以及法院是否可以受理。当事人遇到的情况如下：2025年4月1日，当事人经营的公司向住房和城乡建设局申请《建设工程施工许可证》，住房和城乡建设局认为公司提交的材料不符合法律要求，于是向公司下达《行政许可不予受理通知书》。公司对《行政许可不予受理通知书》不服，想要提起诉讼。*

▶ **摘录DeepSeek回复的原文如下：**

> 根据所述情况，住房和城乡建设局作出的《行政许可不予受理通知书》属于行政行为，公司可依法提起行政诉讼，法院应当受理。具体分析如下所述。

一、该行为属于行政行为

1. 职权性

住房和城乡建设局作为行政机关，依据《行政许可法》审查施工许可申请并作出决定，属于履行法定职权的行为。

2. 法律效果

不予受理决定直接否定了公司的许可申请，对其施工权利产生实质性影响，具备法律效力。

3. 单方性

决定由住房和城乡建设局单方作出，无须公司同意，符合行政行为的特征。

二、该行为可提起行政诉讼

1. 受案范围

（1）根据《行政诉讼法》第12条第3项，行政机关作出的行政许可决定（包括不予受理）属于行政诉讼受案范围。

（2）最高人民法院《关于审理行政许可案件若干问题的规定》第1条明确，行政机关作出的不予行政许可决定属于可诉行为。

2. 合法权益影响

不予受理决定阻碍公司施工权利，直接侵害其合法权益，符合起诉条件。

三、法院应当受理

1. 起诉条件

（1）原告为适格主体（申请许可的公司）。

（2）有明确的被告（住房和城乡建设局）。

（3）有具体的诉讼请求和事实依据（撤销不予受理决定）。

（4）属于受案范围和管辖范围。

2. 程序合法性

若住房和城乡建设局未告知补正材料或未说明具体理由，可能违反《行政许可法》第32条，构成程序违法。但程序违法属于实体审理问题，不影响法院受理。

四、诉讼策略建议

1. 起诉依据

以《行政诉讼法》第12条、第70条（行政行为违法或明显不当）为依据，请求撤销不予受理决定。

2. 举证重点

（1）证明申请材料符合法定要求。

（2）住房和城乡建设局的不予受理理由缺乏法律依据或事实基础。

3.时效注意

应在收到决定之日起6个月内起诉（《行政诉讼法》第46条）。

五、结论

住房和城乡建设局作出的《行政许可不予受理书》属于可诉的行政行为，公司有权提起行政诉讼，法院依法应当受理。案件的争议焦点将集中于住房和城乡建设局不予受理的合法性，需结合具体证据和法律规定进一步审理。建议公司在诉讼中重点论证申请材料的合规性及行政机关决定的程序、实体瑕疵。

案例2：经营自主权案

【明身份】你是一名资深的行政法律师。

【定任务】你要判断该行为是否属于行政行为，是否可以对其提起行政诉讼，法院是否可以受理诉讼。

【讲背景】某市物价局作出限制本地甲火锅店人均消费不超过60元的行政行为，甲火锅店用料高端、价格昂贵，因政府的限价行为，其经营模式受到巨大影响，甲火锅店拟对政府的限价行为提起行政诉讼。

提示词总结：你是一名资深的行政法律师，现需判断市物价局的行为是否属于行政行为，是否可以对其提起行政诉讼，法院是否可以受理诉讼。当事人遇到的情况如下：某市物价局作出限制本地甲火锅店人均消费不超过60元的行政行为，甲火锅店用料高端、价格昂贵，因政府的限价行为，其经营模式受到巨大影响，甲火锅店拟对政府的限价行为提起行政诉讼。

▎**摘录DeepSeek回复的原文如下：**

根据中国行政诉讼法的相关规定，结合您描述的情况，对该问题分析如下所述。

一、是否属于行政行为

该行为属于行政行为。

根据《行政诉讼法》第2条，行政机关行使行政职权的行为属于行政行为。物价局作为行政机关，通过行政权力限制特定行业（火锅店）的消费价格，属于典型的行政干预行为，符合行政行为的特征。

二、是否可提起行政诉讼

可以提起行政诉讼，但需满足以下条件。

1. 被诉行为属于具体行政行为

需判断物价局的限价行为是针对特定对象（如甲火锅店），还是属于普遍适用的规范性文件所规定的行为：若针对特定火锅店（如直接向甲火锅店下发限价通知），属于具体行政行为，可提起行政诉讼；若以规范性文件形式普遍适用（如发布《某市火锅行业限价规定》），则属于抽象行政行为，不可直接起诉，但可依据《行政诉讼法》第53条，在起诉具体行政行为时一并请求审查该文件。

本案情形：限价对象明确指向"甲火锅店"，若其范围特定且直接影响具体经营权益，更可能被认定为具体行政行为，可单独起诉。

2. 侵犯合法权益

甲火锅店因限价导致经营模式受损，可能主张行政机关侵犯其经营自主权（《行政诉讼法》第12条第7项）或违反《价格法》关于市场调节价的规定，构成合法权益受侵害。

三、法院是否受理

法院应当受理，但需注意以下例外通知。

1. 若限价行为有法律依据（如基于《价格法》第30条的紧急措施）

（1）需审查物价局是否依法定程序（如经省级以上政府批准）采取临时限价。

（2）若程序合法且依据充分，法院可能驳回诉讼请求，但仍需受理案件。

2. 若限价行为无法律依据或超越职权

法院应受理并可能判决撤销该行为（《行政诉讼法》第70条）。

四、实务建议

1. 起诉前重点核查

（1）限价行为的法律依据（如文件名称、文号、发文程序）。

（2）行为对象是否特定（如仅针对甲火锅店，或覆盖全市火锅行业）。

2. 诉讼策略

（1）若限价以规范性文件形式作出，可寻找物价局依据该文件对甲火锅店作出的具体处罚或强制措施，并以此作为起诉对象，同时请求审查规范性文件。

（2）主张物价局超越职权或违反《价格法》第3条（市场调节价为主导）。

五、结论

1. 行政行为性质

物价局的限价行为属于行政行为。

2. 可诉性

若为具体行政行为，可提起行政诉讼；若为抽象行为，需通过附带审查途径。

> 3. 法院受理
> 在具体行政行为且原告适格的情况下，法院应当受理此案。
>
> 建议甲火锅店在起诉前，委托律师调取物价局作出限价行为的书面文件，明确其性质和法律依据，以制定有效诉讼方案。

二、行政诉讼策略

行政诉讼的起诉、受理、审理程序及诉讼证据等方面均存在一些特殊规则。例如，在提起行政诉讼时，当事人需要有具体、确定的诉讼请求（诉讼请求通常包括撤销或变更行政行为、要求行政机关履行特定法定职责或给付义务、确认行政行为违法、确认行政行为无效、请求行政机关予以赔偿或补偿等）。因此，律师需要为当事人制定适合的诉讼策略。

（一）提示词模板

【明身份】你是一名资深的行政法律师。

【定任务】现需为客户制定一份行政诉讼策略（包括诉讼请求确定、起诉的程序、起诉的时间条件、起诉的理由及证据等）。

【讲背景】客户遇到了……问题。

【给目标】希望……。

【做限定】担心出现……的问题。

提示词总结：你是一名资深的行政法律师，现需为客户制定一份行政诉讼策略（包括诉讼请求确定、起诉的程序、起诉的时间条件、起诉的理由及证据等）。客户遇到了……问题，希望……，担心出现……的问题。

（二）实操案例

案例1：交管处罚行政诉讼案

【明身份】你是一名资深的行政法律师。

【定任务】现需为客户制定一份行政诉讼策略（包括诉讼请求确定、起诉的程序、起诉的时间条件、起诉的理由及证据等）。

【讲背景】客户遇到的问题如下：2025年4月1日，客户被交管局罚款200元，但交管局未告知客户诉权和起诉期限。之后，交管局于2025年4月15日补正了决定书，告知客户针对该200元罚款的起诉期限。客户对此不服，想要提起诉讼。

【给目标】希望退还200元罚款。

【做限定】担心法院不予受理案件，或者不予支持其诉讼请求。

提示词总结： 你是一名资深的行政法律师，现需为客户制定一份行政诉讼策略（包括诉讼请求确定、起诉的程序、起诉的时间条件、起诉的理由及证据等）。客户遇到的问题如下：2025年4月1日，客户被交管局罚款200元，但交管局未告知客户诉权和起诉期限。之后，交管局于2025年4月15日补正了决定书，告知客户针对该200元罚款的起诉期限。客户对此不服，想要提起诉讼，希望退还200元罚款，同时担心法院不予受理案件，或者不予支持其诉讼请求。

▶ **摘录DeepSeek回复的原文如下：**

行政诉讼策略分析

一、诉讼请求确定

1.核心诉求

撤销交管局作出的罚款200元的行政处罚决定，并判令退还已缴纳的200元罚款。

2.补充诉求

确认原行政处罚决定程序违法（未依法告知诉权及起诉期限）。

理由：其一，程序违法是直接突破口，因行政机关未履行法定告知义务（《行政处罚法》第44、45条）；其二，若实体违法证据充分（如处罚事实不清、法律依据错误），可增加胜诉可能性。

二、起诉程序

1.管辖法院

交管局所在地的基层人民法院（《行政诉讼法》第18条）。

2.起诉状内容

（1）原告：客户个人信息。

（2）被告：交管局的全称、地址及法定代表人信息。

（3）诉讼请求：明确撤销处罚、退还罚款及确认程序违法。

（4）事实与理由：详述处罚时间、未告知诉权、补正程序及实体争议点。

（5）证据清单：列明提交的所有证据及证明目的。

三、起诉时间条件

（1）起诉期限：自2025年4月15日（补正告知起诉期限之日）起6个月内，即2025年10月15日前（《行政诉讼法》第46条及司法解释）。

（2）关键点：需提供补正决定书的签收记录或邮寄凭证，以证明起诉期限起点。

四、起诉理由及法律依据

1. 程序违法

（1）事实：原处罚决定未告知诉权及起诉期限（2025年4月1日）。

（2）法律依据：《行政处罚法》第44条（告知义务）、《行政诉讼法》第46条（起诉期限计算规则）。

（3）后果：程序重大违法，应撤销处罚（参考判例：程序瑕疵影响当事人救济权的，构成撤销理由）。

2. 实体争议（如有）

（1）若客户无违法行为或处罚证据不足，可主张事实认定错误、法律适用不当。

（2）证据：行车记录仪录像、证人证言、交通法规条文等。

五、证据清单

1. 程序证据

（1）2025年4月1日原处罚决定书（无诉权告知内容）。

（2）2025年4月15日补正决定书（证明起诉期限起算点）。

（3）罚款缴纳凭证（证明已履行处罚）。

2. 实体证据（如存在争议）

（1）交通违法现场照片、监控录像的反驳证据。

（2）相关法律条文证明处罚依据错误。

六、风险应对

1. 应对不予受理风险

（1）程序层面：确保起诉状格式合规、管辖正确，并在2025年10月15日前提交。

（2）实体层面：若法院以"程序已补正"为由拒受理，援引《行政诉讼法》第46条，强调原行政行为违法性未消除。

2. 应对败诉风险

（1）程序层面：强调未告知诉权属重大程序违法，补正不溯及既往（最高人民法院指导案例观点）。

（2）实体层面：若处罚依据充分，可主张"程序违法损害救济权"要求撤销，而非仅确认违法。

七、操作建议

1. 立即行动

在2025年10月15日前向管辖法院提交起诉状及证据。

2.双线论证

主攻程序违法，辅以实体争议（如有）。

3.沟通调解

庭前可尝试与交管局协商退费，节省诉讼成本。

结论：在本案中，程序违法明确，起诉期限合规，胜诉概率较高。需确保证据链完整，并精准引用法律条文及判例来支持诉求。

案例2：撤销行政许可行政诉讼案

【明身份】你是一名资深的行政法律师。

【定任务】现需为客户制定一份行政诉讼策略（包括诉讼请求确定、起诉的程序、起诉的时间条件、起诉的理由及证据等）。

【讲背景】客户遇到的问题如下：客户是某村村民，某地市政府征收土地用于建设小区，并向开发商颁发了国有土地使用证，该片土地实为村民所属的第七村的集体土地。客户请求市政府撤销该国有土地使用权证，但市政府不予理睬，客户因此想提起诉讼。

【给目标】希望市政府撤销该国有土地使用权证。

【做限定】担心法院不予受理案件，或者不予支持其诉讼请求。

提示词总结：你是一名资深的行政法律师，现需为客户制定一份行政诉讼策略（包括诉讼请求确定、起诉的程序、起诉的时间条件、起诉的理由及证据等）。客户遇到的问题如下：客户是某村村民，某地市政府征收土地用于建设小区，并向开发商颁发了国有土地使用证，该片土地实为村民所属的第七村的集体土地。客户请求市政府撤销该国有土地使用权证，但市政府不予理睬，客户因此想提起诉讼，希望市政府撤销该国有土地使用权证，同时，担心法院不予受理案件，或者不予支持其诉讼请求。

▶ 摘录DeepSeek回复的原文如下：

针对客户提起的行政诉讼案件，以下是详细的策略规划，旨在最大化提高撤销国有土地使用证的可能性。

一、诉讼请求确定

1.主请求

请求法院撤销市政府向开发商颁发的国有土地使用证。

2.备选请求（视证据情况补充）

（1）确认颁证行为违法。

（2）责令市政府重新作出行政行为（如撤销不可行时）。

二、起诉程序

1.管辖法院

向市政府所在地的中级人民法院提起行政诉讼（依据《行政诉讼法》第15条）。

2.是否需要复议前置

（1）本案涉及土地确权及颁证行为，通常无须复议前置，可直接起诉。

（2）但若客户已申请行政复议且被驳回，可一并提交复议材料作为证据。

三、起诉时间条件

1.起诉期限

自知道或应当知道颁证行为之日起6个月内（《行政诉讼法》第46条）。

2.关键行动

立即核实客户知悉颁证行为的具体时间（如公告日期、实际知晓日期），确保未超期；若超期，需证明存在不可抗力或以其他正当理由申请延期。

四、起诉理由及法律依据

1.土地权属问题

（1）涉案土地仍属第七村集体所有，未完成合法征收程序（《土地管理法》第45~48条）。

（2）证据：集体土地所有权证、村委会证明、历史用地协议等。

2.征收程序违法

（1）无省级政府征地批复文件，或批复范围、用途与实际不符。

（2）未依法公告征收决定、未听取村民意见（《土地管理法》第47条）。

（3）补偿未足额支付或安置未落实（《土地管理法》第48条）。

3.颁证程序违法

（1）在集体土地未转为国有时直接出让，违反《土地管理法》第43、44条。

（2）未通过招拍挂程序出让经营性用地（《物权法》第137条）。

（3）规划许可缺失或与用途不符（《城乡规划法》第38条）。

五、关键证据清单

1.土地权属证据

集体土地所有权证、土地承包合同、村委会出具的土地使用证明。

2.征收违法证据

（1）市政府未公开的征地批复文件（通过信息公开申请获取）。

（2）村民未签署补偿协议、补偿款未到账的银行流水记录。

（3）征收公告缺失或程序瑕疵的证据（如村民证言、现场照片）。

3.颁证违法证据

（1）国有土地使用证复印件（通过政府信息公开申请获取）。

（2）开发商取得土地的交易文件（如出让合同、付款凭证）。

（3）规划部门出具的涉案地块规划文件（如有矛盾点）。

4.程序性证据

（1）客户向市政府申请撤销颁证的书面材料及邮寄回执。

（2）市政府不予答复或驳回的书面决定（如有）。

六、风险应对策略

1.法院不予受理

（1）确保起诉状格式规范，明确被告、诉讼请求、事实理由。

（2）强调涉案土地仍为集体所有，颁证行为直接侵害村民权益，属于受案范围。

2.败诉风险

（1）重点攻击征收程序的合法性，若征收无效则后续颁证必然违法。

（2）申请法院调取关键证据（如省级征地批复、补偿发放记录）。

（3）引入专家意见或鉴定报告，证明土地现状仍为集体使用。

3.第三人（开发商）抗辩

（1）主张开发商非善意取得，明知土地权属争议仍接受颁证。

（2）要求开发商提供支付合理对价的证据，反驳其合法权利。

七、补充建议

1.信息公开申请

立即申请公开征地批复、补偿方案、规划许可等文件，充实证据链。

2.村民联名诉讼

联合其他受影响的村民共同起诉，增强案件影响力。

3.舆论与信访辅助

在合法范围内通过媒体监督、信访渠道施压，促使政府重视。

通过上述策略，重点围绕征收程序合法性以及颁证行为违法性展开攻防，确保证据扎实、法律依据充分，从而提高胜诉可能性。同时，要注意诉讼时效与程序合规性，避免因技术性问题败诉。

三、国家赔偿智算

国家赔偿分为行政赔偿和司法赔偿。行政赔偿，是指国家行政机关及其工作人员在行使行政职权时，侵犯公民、法人和其他组织的合法权益并造成损害，由国家承担的赔偿责任；司法赔偿，是指司法机关及其工作人员在行使侦查权、检察权、审判权，以及行使看守所、监狱的管理职责时，违法给无辜的公民、法人或者其他组织造成损害，由国家承担的赔偿责任。国家赔偿的计算较为复杂，计算的内容可能包括侵犯人身权的残疾赔偿金、生活费、精神损害抚慰金，以及侵犯财产权的直接损失。这些赔偿需人工逐一计算，较为复杂，可使用DeepSeek进行辅助。

（一）提示词模板

【明身份】你是一名资深的行政诉讼律师/法官。

【定任务】现需进行国家赔偿金额的具体计算（包括赔偿金、医疗费、护理费、丧葬费、生活费、精神抚慰金、财产损失等）。

【讲背景】客户遇到了……问题，想要申请国家赔偿。

提示词总结： *你是一名资深的行政诉讼律师，现需进行国家赔偿金额的具体计算（包括赔偿金、医疗费、护理费、丧葬费、生活费、精神抚慰金、财产损失等）。客户遇到了……问题，想要申请国家赔偿。*

（二）实操案例

案例1：死亡赔偿计算

【明身份】你是一名资深的行政诉讼律师。

【定任务】现需进行国家赔偿金额的具体计算（包括赔偿金、医疗费、护理费、丧葬费、生活费、精神抚慰金、财产损失等）。

【讲背景】客户的儿子李某死亡，客户想要申请国家赔偿，具体情况如下：2024年12月某日晚，李某酒后在上海市浦东新区一酒店闹事，砸碎了酒店的数块玻璃。区公安分局派出所民警执勤路过酒店，欲将李某带回派出所处理，李某不从，与民警发生推搡。双方在扭推过程中，李某被推倒，头部撞在水泥地上，当时失去知觉，送往医院时已死亡，后经鉴定为颅内出血死亡。

提示词总结： *你是一名资深的行政诉讼律师，现需进行国家赔偿金额的具体计算（包括赔偿金、医疗费、护理费、丧葬费、生活费、精神抚慰金、财产损失等）。客户的儿子李某死亡，客户想要申请国家赔偿，具体情况如下：2024年12月某日晚，客户儿子李某酒后在上海市浦东新区一酒店闹事，砸碎了酒店的数块玻璃。区公安分局派出所民警执勤路过酒店，欲将李某带回派出所处理，李某拒不配合，与民警发生推搡。双方在扭推过程中，李某被推倒，头部撞在水泥地上，当时失去知觉，送往医院时已死亡，后经鉴定为颅内出血死亡。*

▶ 摘录DeepSeek回复的原文如下：

根据您描述的情况，结合《中华人民共和国国家赔偿法》及相关司法解释，现就国家赔偿金额计算提供如下法律分析框架（具体数额需根据2024年官方统计数据核算）。

一、国家赔偿构成要件分析

1.职权行为合法性

民警执法行为需符合《人民警察使用警械和武器条例》。若存在执法程序违法（如未履行必要警告义务、过度使用武力等），可认定行政行为违法。

2.因果关系认定

需通过司法鉴定确认死亡与执法行为存在直接因果关系，排除死者自身疾病等介入因素。

3.过错责任划分

死者存在酒后滋事、抗拒执法等过错，可能适用过失相抵原则，降低赔偿比例（实践中常见责任比例在30%～70%）。

二、赔偿项目及计算标准

注：以2023年全国城镇非私营单位就业人员年平均工资127 029元为基准，2024年标准需待国家统计局公布后调整。

赔偿项目	计算方式	示例金额
1.死亡赔偿金	上年度职工年平均工资×20年	127 029 × 20 = 2 540 580元
2.丧葬费	上年度职工年平均工资×6个月	127 029 ÷ 2 = 63 514.5元
3.医疗费	实际抢救支出（需凭票据）	预估5 000元
4.被扶养人生活费	上海2023年城镇居民人均消费支出52 000元×抚养年限÷扶养义务人数	52 000 × 20 ÷ 2 = 520 000元（假设父母均无劳动能力）
5.精神损害抚慰金	结合过错程度，一般为死亡赔偿金的30%～50%	2 540 580 × 40% = 1 016 232元
6.财产损失	酒店玻璃损失属死者过错，国家不予赔偿	0元

三、责任比例调整示例

假设法院认定国家承担60%责任，死者自担40%，则总赔偿额=（2 540 580+63 514+5 000+520 000+1 016 232）×60%≈2 487 798元

四、关键法律依据

（1）《国家赔偿法》第34条：侵害生命权的赔偿标准。

（2）最高人民法院《关于审理国家赔偿案件确定精神损害赔偿责任适用法律若干问题的解释》第5条：精神抚慰金比例。

（3）《上海市高级人民法院人身损害赔偿标准》（2024年）：地方性生活费标准。

五、行动建议

1. 证据固定

立即封存现场监控录像、医疗记录、尸检报告，申请执法记录仪调取。

2. 协商前置

向区公安分局递交书面赔偿申请，主张全额赔偿（预留协商空间）。

3. 诉讼策略

若协商未果，在收到赔偿决定书之日起30日内向中级人民法院提起诉讼，重点论证执法行为与死亡的直接因果关系。

注：最终赔偿金额需根据2024年官方统计数据、过错比例鉴定结论及法院裁量权综合确定，建议委托专业律师介入谈判与诉讼程序。

案例2：司法赔偿计算

【明身份】你是一名资深的行政诉讼律师。

【定任务】现需进行国家赔偿金额的具体计算（包括赔偿金、医疗费、护理费、丧葬费、生活费、精神抚慰金、财产损失等）。

【讲背景】客户王某被错判关押7年，被判无罪后想要申请国家赔偿，具体情况如下：1994年，客户的妻子因患精神病走失，家人怀疑系被客户杀害。同年，客户因涉嫌杀人（其妻子）被逮捕，后经县级法院及中级法院审理，1998年被判处有期徒刑15年。2005年，王某的妻子突然回到家中，经法院重新审理，王某被判无罪。

提示词总结： 你是一名资深的行政诉讼律师，现需进行国家赔偿金额的具体计算（包括赔偿金、医疗费、护理费、丧葬费、生活费、精神抚慰金、财产损失等）。客户王某被错判关押7年，被判无罪后想要申请国家赔偿，具体情况是：1994年，客户王某的妻子因患精神病走失，家人怀疑系被客户杀害。同年，客户因涉嫌杀人（其妻子）被逮捕，后经县级法院及中级法院审理，1998年被判处有期徒刑15年。2005年，王某的妻子突然回到家中，经法院重新审理，王某被判无罪。

▶ 摘录DeepSeek回复的原文如下：

根据您提供的情况，王某因被错误羁押7年（1998年至2005年）并最终改判无罪，可依据《国家赔偿法》主张以下赔偿项目及计算方式（按2023年最新标准）。

一、侵犯人身自由赔偿金

1. 法律依据

《国家赔偿法》第33条（按国家上年度职工日平均工资计算）

2. 计算标准

（1）羁押天数：1998年判决生效至2005年无罪释放（假设实际羁押7年，即2555天。

注：需核实实际羁押起始日期（逮捕日至释放日的完整天数）

（2）2023年赔偿标准：436.89元/日（最高人民法院2023年5月15日发布）。

3. 计算公式

$$2555×436.89≈1\ 116\ 254.95元$$

二、精神损害抚慰金

1. 法律依据

《国家赔偿法》第35条和最高法《关于审理国家赔偿案件确定精神损害赔偿责任适用法律若干问题的解释》（2021年）

2. 计算标准

（1）因错误羁押导致名誉权、人身自由严重受损，可主张人身自由赔偿金的35%～50%。

（2）本案可主张较高比例（因被错误指控杀人罪、长期社会评价贬损、家庭破裂等）。

3. 计算公式

$$1\ 116\ 254.95×40%≈446\ 501.98元$$

三、其他赔偿项目

1. 医疗费/护理费

（1）需举证证明因羁押直接导致身体伤害（如刑讯逼供、羁押期间患病未治疗等），否则难以主张。

（2）若存在相关证据，按实际支出计算。

2. 财产损失

需举证因羁押导致的直接财产损失（如房屋荒废、财物灭失等），否则难以主张。

3. 生活费

仅适用于受害人死亡后需抚养的无劳动能力人，本案不适用。

四、总额估算

赔偿项目	金额/元
人身自由赔偿金	1 116 254.95
精神损害抚慰金	446 501.98
总计	1 562 756.93

五、注意事项

1. 时效问题

国家赔偿请求时效为2年（自改判无罪之日起算），本案2005年改判，已超时效，但可尝试以"知道权利被侵害时间"为由主张（需提供证据）。

2. 举证责任

需提供无罪判决书、羁押证明等法律文书；对于精神损害赔偿，需提交社会评价降低证据（如媒体报道、亲友证言等）。

3. 地区差异

部分法院可能对精神抚慰金比例从严掌握，建议在申请书中主张50%，预留协商空间。

六、法律程序建议

1. 赔偿义务机关

作出逮捕决定的检察院或作出生效判决的法院（本案为中级法院）。

2. 申请流程

向赔偿义务机关递交《国家赔偿申请书》，附无罪判决书、身份证明等材料。

3. 争议解决

若赔偿义务机关不答复或对赔偿金额不满，可向上一级法院赔偿委员会申请裁决。

注：以上计算基于现行法律及标准，实际赔偿金额需以赔偿决定机关的核定结果为准。建议委托律师调取完整案卷材料，以便精准计算天数并补充相应证据。

第五章
非诉业务创新应用

通过对第四章的学习，我们对DeepSeek在诉讼业务中的应用，尤其是"明身份、定任务、讲背景、给目标、做限定"这一提示词模板及其变体的使用有了较为深刻的认识。接下来，我们将进入DeepSeek在非诉业务实务中的应用。

从律师和法务的角度来看，诉讼业务和非诉业务存在诸多明显区别。第一，在工作范围上，非诉业务的工作范围比诉讼业务大很多。因此，我们只能有重点地选择非诉业务下的合同管理、合规管理、知识产权管理、融资和投资并购管理、破产管理人工作辅助这5个主题，并且在每个主题下也只能有所侧重地为大家进行介绍。第二，在处理方式上，诉讼是通过司法程序解决纠纷，而非诉则多采用协商、谈判等非司法途径。也就是说，诉讼依靠法院裁判定纷争，非诉借助协商谈判化矛盾。第三，在风险承担上，诉讼结果不确定，存在败诉风险；非诉结果较可预期，即诉讼胜负难料、风险较高，非诉结局相对可控。第四，在工作重点上，诉讼注重证据对抗与庭审表现，非诉注重方案策划与沟通协调，也就是诉讼聚焦庭审对抗，非诉着力方案沟通。

鉴于非诉业务呈现的这些特性，我们在恪守诉讼业务提示词模板既定框架的前提下，将尝试突破该模板的束缚。这样做，一是体现对非诉业务自身特点的尊重；二是展示DeepSeek在应用上的灵活性和更多可能性。在最后一节，我们还将介绍DeepSeek在企业破产实务中如何辅助破产管理人进行工作。

第一节　合同管理

合同管理是企业运营中的重要内容，也是律师和法务的核心工作之一，涵盖需求提起、合同起草、审核、签订、履行、变更、解除等一系列管理动作。这里重点选取"起草""审核"和"履行情况跟踪"三个核心环节，逐一阐述DeepSeek如何助力律师和法务解决这些核心环节中存在的痛点和难点问题。

一、合同起草

在日常工作中，律师和法务需要花费大量时间和精力起草合同，从需求调研、条款梳理到文本撰写，整个过程耗时较长，且容易因疏忽导致条款遗漏或不规范。使用DeepSeek后，律师和法务只需输入关键信息，就能快速生成标准化或定制化的合同文本，这不仅大大节省了时间，还提高了合同的规范性和完整性。这里主要从生成合同模板和条款两个方面展示DeepSeek如何协助律师和法务提高工作效率的。

（一）生成合同模板

面对部分新兴行业或创新业务，律师和法务都会为拟定模板合同而头疼。比如，你是某人工智能公司的法务，现在公司作为供应商，拟与一家国内头部的新能源汽车制造商合作，将公司的人工智能产品本地化部署到该厂商处，现需起草一份关于本地化部署的合作协议。在此，律师和法务可利用DeepSeek，快速生成模板合同。

生成合同模板的提示词模板如下所述。

【讲场景】描述相关的业务场景，这里的场景可以是概括式的，也可以是具体的。相对来说，场景描述越具体，生成的内容越有针对性。

【明身份】明确在该项工作任务中扮演的角色。

【定任务】明确需要由DeepSeek完成工作任务。任务的描述可以是笼统的，也可以是细致的。相对来说，任务描述越具体，生成的内容越有针对性。

提示词总结： 人工智能公司计划将公司产品本地化部署到新能源汽车生产商处，若你是人工智能公司的法务，需负责生成一份关于本地化部署的合同。

▶ **摘录DeepSeek回复的原文如下：**

> 以下是人工智能产品本地化部署合同的框架性文本，您可根据实际需求调整具体条款。
>
> 人工智能系统本地化部署合同
>
> 甲方（部署方）：[新能源汽车生产商全称]
>
> 乙方（服务方）：[人工智能公司全称]
>
> 签订日期：202×年××月××日
>
> 第一条 部署内容
>
> 1.1 部署范围
>
> 乙方为甲方提供以下本地化部署服务：
>
> 软件系统：[AI系统名称]VX.X版本（详见附件1《技术参数清单》）；
>
> 硬件设备：部署所需的XX台边缘计算服务器（型号：×××）；
>
> 数据对接：与甲方MES系统（版本号：××）、ERP系统（版本号：XX）的API对接。
>
> 1.2 部署目标
>
> 实现生产线上【缺陷检测准确率≥99.97%】【设备预测性维护响应时间≤15

秒】等KPI指标（详见附件2《验收标准》）。

第二条 部署流程

2.1 时间节点

阶段	完成时限	交付物
环境准备	合同生效后5日	机房部署方案图
系统安装	第6—15日	系统安装测试报告
联调测试	第16—25日	双系统对接验证书
正式上线	第26—30日	系统验收确认单

2.2 验收规则

三次测试未达标，甲方有权要求返工或终止合同；

验收争议由【中国软件评测中心】出具第三方检测报告。

第三条 数据与安全

3.1 数据归属

甲方生产数据所有权归甲方所有；

乙方算法模型所有权归乙方所有。

3.2 安全要求

数据传输采用国密SM4加密算法；

本地服务器禁止外网访问，物理隔离措施需符合GB/T 22239—2019三级等保要求；

系统日志保留≥180天。

第四条 服务支持

4.1 维护服务

服务类型	响应时效	服务范围
重大故障	7×24小时/2小时到场	系统崩溃、产线停工等事故
常规维护	工作日4小时响应	软件补丁更新、配置调整

4.2 升级服务

免费提供3次/年版本升级；

新功能模块按【本合同金额的30%】另行收费。

第五条 费用与支付

5.1 费用构成

项目	金额/万元	支付条件
软件许可费	480	合同签订后3日内支付30%
硬件购置费	220	设备到货验收后支付50%
实施服务费	150	系统上线后7日内支付20%

5.2 违约金

逾期付款按日0.05%计息；

重大违约最高赔偿不超过合同总额的30%。

第六条 特别条款

6.1 知识产权保护

禁止对软件进行逆向工程、反编译；

模型训练使用的脱敏数据，乙方可在6个月后用于算法优化。

6.2 灾难恢复

本地部署系统需建立同城双活容灾机制；

RTO（恢复时间目标）≤4小时，RPO（数据丢失量）≤15分钟。

第七条 合同终止

7.1 正常终止

双方签署《系统移交确认书》后合同终止

7.2 提前解约

任一方严重违约且30日内未整改，守约方可书面解除合同；

解约后3日内销毁所有对方商业秘密载体。

附件清单：

1. 技术参数清单

2. 系统验收标准

3. 数据安全协议

4. 保密义务补充条款

签署栏：

（以下无正文）

甲方（盖章）：_____

法定代表人：_____

地址：_____

乙方（盖章）：_____

法定代表人：_____

地址：_____

【重点条款说明】

硬件兼容性：需明确甲方现有设备型号清单，避免出现接口不匹配问题。

灾备要求：新能源汽车生产线停机损失巨大，RTO/RPO需从严约定。

数据边界：建议通过《数据分类分级表》明确双方可接触的数据范围。

反制条款：增加"若因甲方硬件故障导致系统失效，乙方不承担责任"等免责情形。

【风险提示】

部署过程中涉及的厂房改造、电力扩容等衍生事项，建议另行签订补充协议。

建议购买技术责任险，覆盖因AI系统故障导致的直接生产损失。

需要注意的是，自动生成的合同模板并不能直接使用。原因主要有两个：其一，模板中欠缺合同签署生效、争议解决等常规法律条款；其二，核心商业要素需留空，以便公司业务和科技部门进行填写与确认。

不过，自动生成的合同模板能够为律师和法务快速搭建合同内容和附件的工作框架。同时，这一过程可大幅节省时间。有了该模板，法务和律师便有更充裕的时间与业务和科技部门深入商讨商业条款内容，并给出最优的法律建议。

（二）生成合同条款

经过实践积累，律师和法务可能已储备了比较成熟的合同模板。不过，储备的合同模板会存在两个问题：其一，随着所属行业和公司业务情况的变化，合同模板可能会遗漏该行业或该类业务需要约定的必备条款；其二，现有模板中缺少匹配细分领域或满足交易个性化需求的条款。若出现这些问题，DeepSeek也可以协助快速处理。

1. 快速梳理细分行业和领域合同必备条款

生成合同条款的首要任务是梳理该细分行业或者领域的合同需要约定哪些必备条款。自动生成的必备条款可以帮助法务和律师快速建立工作框架。一方面，法务和律师可以较为全面地评估自动生成条款的合法性；另一方面，将自动生成的条款、公司业务实际情况以及已有合同条款进行匹配和交叉验证，可以快速查漏补缺，最大限度地避免遗漏和错误。比如，你是一家医疗器械销售公司的法务，需要对公司主营业务——医疗器械销售合同所具备的必备条款做一个系统梳理。

梳理某一行业或领域合同必备条款的提示词模板：

【明身份】明确你在工作任务中扮演的角色。

【限业务】限定该项工作任务涉及的具体行业或者具体业务。

【定任务】明确需要由DeepSeek完成的工作任务。

提示词总结： 在医疗企业销售业务中，有哪些合同必备条款能够帮助公司防范风险且符合监管部门的合规要求？请给出这些具体条款的内容。

▌ **摘录DeepSeek回复的原文如下：**

以下是医疗器械销售合同必备的核心条款及具体内容设计，该设计结合了中国《医疗器械监督管理条例》《医疗器械经营监督管理办法》等法规要求。

一、合规资质条款

1. 证照保证条款

乙方保证所售医疗器械已取得有效的《医疗器械注册证》（注册证编号：×××），并提供对应产品的生产许可证、出厂检验报告及合格证明文件。甲方有权随时查验乙方《第二类医疗器械经营备案凭证》或《第三类医疗器械经营许可证》。

2. 渠道管控条款

乙方承诺医疗器械采购渠道符合《医疗器械经营质量管理规范》，提供完整的供货者资质文件与购销记录。对于植入类器械，须提供包含产品序列号、生产批号的追溯信息。

二、质量风险条款

3. 验收标准条款

货物送达后，甲方应在【7】个工作日内完成验收，检测项目包括但不限于：

外包装完整性及储运温度记录（冷链产品要求2～8℃全程监控）；

产品标识与注册证信息一致性核查；

随机抽样送第三方检测（检测费用由质量问题责任方承担）。

4. 不良事件处理条款

乙方应在收到医疗器械不良事件报告后【24小时】内启动调查，并在【72小时】内向甲方提交初步分析报告。对于国家药监局认定的缺陷产品，乙方须在【5日】内完成召回方案制定。

三、数据安全条款

5. 患者隐私保护条款

涉及患者个人健康信息的设备（如血糖仪、影像设备），乙方须确保数据传输符合《个人信息保护法》要求：

存储服务器部署在中国境内；

去标识化处理后，方可用于算法训练；

数据泄露时应在【2小时】内通知甲方并报网信部门。

四、售后服务条款

6. 技术维护条款

乙方承诺提供符合《医疗器械使用质量监督管理办法》的售后服务：

植入器械终身质量跟踪，每【6个月】提供临床使用效果报告；

大型设备（单价≥50万元）提供【7×24小时】工程师驻场服务；

软件系统故障导致诊疗延误的，按每小时【合同金额的0.5%】计付违约金。

五、特殊风险条款

7. 临床试验补充条款

对于科研用途销售的未注册医疗器械，须特别约定：

产品仅限于【××医院】的【×××临床研究项目】使用；

禁止用于临床诊疗活动；

研究结束【10日】内监督产品销毁并出具公证文件。

8. 海关特殊条款

进口器械须明确：乙方负责办理《进口医疗器械通关单》及中文说明书备案；因未取得《进口医疗器械检验证明》导致清关延误的，每日按货物价值【1%】支付滞纳金。

六、监管配合条款

9. 飞检配合条款

乙方同意甲方或药监部门随时对仓储场所进行突击检查，须提供：

近【3年】所有批次产品的出入库记录；

冷链运输全程温度监控数据；

购货者资质审核档案。

10. 记录保存条款

双方应完整保存购销合同、发票、随货同行单等文件，保存期限不得少于医疗器械有效期届满后【5年】，植入性医疗器械记录应当永久保存。

【条款设置要点说明】

风险类型	对应条款	法律依据
非法经营风险	第1、9条	《医疗器械经营监督管理办法》第12条
产品质量风险	第3、4、6条	《医疗器械召回管理办法》第8条
数据泄露风险	第5条	《医疗器械网络销售监督管理办法》
行政处罚风险	第7、10条	《医疗器械监督管理条例》第86条

【实操建议】

1. 在合同附件中附加《医疗器械分类目录》截图标明产品类别

2. 高值耗材合同需单独制定《产品唯一标识（UDI）管理协议》

3. 建议购买产品责任险，保额不低于年度销售额的20%

通过上述条款设计，可系统防范医疗器械销售中的质量、法律、监管三大核心风险。建议每半年根据药监局新政更新条款库。

2. 快速根据个性化需求生成合同条款

现有合同条款可能存在无法满足具体业务场景或业务的需求。例如，当面临股权置换和业绩对赌这一业务场景时，你需要拟定几个涉及优先购买权和估值调整的合同条款，供领导选择和决策。为此，需要根据具体业务场景或满足个性化业务需求来拟定合同条款的提示词模板。

【限场景】限定具体的业务场景或具体的需求。

【定任务】明确需要由DeepSeek完成的工作任务。

【做限定】限定这项任务的目的或原因。

提示词总结： 在股权置换和业绩对赌的业务场景下，生成2~3个优先购买权条款和估值调整条款，以供决策参考。

▶ **摘录DeepSeek回复的原文如下：**

以下是为股权置换和业绩对赌交易设计的优先购买权条款和估值调整条款的2～3种典型方案，供决策参考。

一、优先购买权条款（任选其一）

【方案A】绝对优先购买权（强控制型）

1. 条款内容

若任一股东（"转让方"）拟向第三方转让其持有的公司股权，其他股东（"优先权人"）享有按以下顺序行使的优先购买权：

第一顺位：创始人股东可按转让方与第三方达成的同等条件优先购买

第二顺位：财务投资人股东按持股比例分配剩余购买额度

2. 行权期限

收到转让通知后15日内书面答复，逾期视为放弃。

3. 例外情形

内部关联方转让、用于股权激励的转让不触发本条。

4. 适用场景

（1）创始人需保持控制权的初创企业。

（2）存在多轮投资方需平衡利益时。

【方案B】比例优先购买权（均衡型）

1. 条款内容

股东对外转让股权时，其他股东有权按现持股比例优先购买拟转让股权。转让方须以书面形式披露交易条件（含价格、支付方式等），优先权人可在20日内选择按比例认购。若部分股东放弃认购，剩余额度由其他股东按比例二次分配。

2. 适用场景

（1）股东结构分散且无单一控制方。

（2）需维护各股东平等机会时。

二、估值调整条款（任选其一）

【方案1】股权补偿型对赌

1. 条款内容

若公司【2024年度经审计扣非净利润】未达到【5000万元人民币】承诺值：

补偿计算：差额每减少10%，原股东向投资方无偿转让公司【0.5%】股权；

上限控制：累计转让股权不超过公司总股本的【15%】；

执行保障：原股东须在审计报告出具后30日内完成股权变更登记，逾期按日0.05%支付滞纳金。

2. 风险提示

（1）需约定净利润计算口径（如是否剔除政府补助等）。

（2）避免触发《九民纪要》关于"显失公平"的认定。

【方案2】现金+回购权混合型对赌

1. 条款内容

业绩考核期内（2024—2026年），若累计营收未达到【3亿元人民币】：

第一阶段补偿：按（承诺值-实际值）×【1.5倍PE】计算现金补偿，由原股东支付；

第二阶段回购：若2026年末实际值仍低于承诺值70%，投资方有权要求原股东以【投资本金+8%年化收益】回购全部股权。

担保措施：原股东质押其持有的公司【20%】股权作为履约担保。

2. 优势

（1）兼顾短期补偿与长期退出保障。

（2）质押条款增加违约成本。

【方案3】动态估值调整型（弹性机制）

1. 条款内容

根据实际业绩动态调整投资估值：

基准估值：初始投后估值按【10亿元人民币】计算；

调整公式：实际估值=初始估值×（实际净利润/承诺净利润）；

股权置换：若调整后估值低于初始估值，原股东应向投资方补足股权差额（差额股权=初始持股比例×（1-实际估值/初始估值）。

保底条款：调整后估值不得低于【初始估值的60%】。

2. 适用场景

（1）业绩波动较大的新兴行业。

（2）需平衡投资方保护与创始人激励。

【条款组合建议】

交易特点	推荐组合	理由说明
创始人需保留控制权	方案A（优先权）+方案1（股权补偿）	防止股权过度稀释

（续表）

交易特点	推荐组合	理由说明
多轮融资需平衡各方	方案B（优先权）+方案3（动态调整）	实现估值与权益动态匹配
重资产行业风险对冲	方案A（优先权）+方案2（现金+回购）	双重保障投资人本金安全

【条款设计要点核查】

1.合法性

（1）对赌义务主体应为股东而非公司（避免《公司法》第35条提及的抽逃出资风险）。

（2）回购条款需明确"不能履行时转为金钱债务"（参照〔2019〕最高法民申5691号判例）。

2.可操作性

（1）设置股权变更登记时间红线（如审计后30日内）。

（2）约定争议时由第三方评估机构确定公允价值。

3.风险对冲

（1）增加"重大政策变化豁免条款"（如集采政策导致医疗器械企业业绩下滑）。

（2）设置补偿金额或股权比例上限（通常不超过投资本金的200%）。

建议对最终条款进行法律尽调验证，并结合公司章程、股东协议进行一致性修订。

（三）涉外合同准据法适配

产品出海是中国企业"出海"的主要形式之一。中国生产的商品销售到国外市场，会涉及不同法域对产品销售、产品责任、消费者权益保护、个人数据和隐私保护等方面提出的不同法律要求。此外，还需要考虑与货物销售相关的国际公约。产品出海企业的法务和律师在准据法的选择和适用上面临很大挑战。利用DeepSeek，可在一定程度上解决这些问题。

1.自动生成准据法适用建议

比如，你们公司的新能源汽车将销往欧盟国家，现在需要确定准据法适用条款。

生成准据法适用建议的提示词模板：

【明身份】明确你或者你所在的公司在这项任务中扮演的角色，比如是买方还是卖方，是哪个国家或者地区的买方或者卖方。

【定产品】限定该项任务中涉及的具体产品。

【定地区】限定该项任务涉及的产品主要的销售国家或者地区。

【定任务】明确需要由DeepSeek完成的工作任务。

提示词总结：你是中国供应商，产品为新能源汽车，准备销往欧盟，请在准据法的确定和适用方面给出合理建议。

▌摘录DeepSeek回复的原文如下：

中国新能源汽车出口欧盟的准据法适用建议

一、合同准据法的选择策略

（一）明示选择条款

1.建议条款

"本合同及与本合同相关的一切争议，适用中国法律、欧盟成员国法律、第三国法律（如瑞士法），但涉及产品责任、消费者权益保护等的强制性规定应适用产品销售地法律。"

2.优势分析

（1）选择中国法：便于中国供应商掌控法律解释，降低法律转换成本。

（2）选择欧盟成员国法（如德国法）：符合欧盟买方偏好，但需注意德国《民法典》对格式条款的严格审查。

（3）选择第三国法：可平衡双方利益，但需确保该国法律体系的成熟度与可预测性。

（二）《联合国国际货物销售合同公约》（CISG）适用

1.操作建议

（1）在合同中载明："本合同适用《联合国国际货物销售合同公约》（CISG），CISG未规定事项适用中国法/德国法。"

（2）排除适用情形：若合同涉及知识产权、产品责任等CISG未覆盖领域，应另行约定准据法。

（3）法律依据：中国与欧盟27国均为CISG缔约国（注：马耳他为2023年新加入国家）。

二、欧盟强制性法规的穿透适用

即便合同选择中国法，欧盟以下法规仍可能强制适用。

（一）《通用数据保护条例》（GDPR）

可采取以下应对措施：

（1）合同中约定："车载数据收集处理行为应符合GDPR要求，供应商应建立数据跨境传输合规机制（如签署SCC条款）。"

（2）在技术文档中载明数据存储服务器位置（建议部署在欧盟境内）。

（二）《欧盟电池与废电池法规》（2023年新规）

合规要点包括以下两项。

（1）合同中明确约定："电池碳足迹声明、回收责任及技术文档要求以欧盟法规为准。"

（2）要求买方配合提供欧盟境内回收资质证明。

（三）《欧盟产品安全与市场监督条例》（EU 2019/1020）

合同中约定："供应商保证产品符合欧盟型式认证（WVTA）要求，买方负责办理E-mark认证及市场监督备案。"

三、分事项适用法律的建议方案

事项类型	推荐适用法律	理由说明
合同履行争议	CISG与双方选择的法律	尊重意思自治，降低法律冲突
产品质量责任	产品销售地法律（欧盟法）	欧盟《产品责任指令》（85/374/EEC）强制适用
知识产权侵权	侵权行为地法律（欧盟法）	避免平行诉讼风险
数据合规争议	GDPR及欧盟成员国法	数据主权规则的地域性特征

四、争议解决条款设计

（一）仲裁条款范本

1.建议条款

"因本合同引起的争议，提交国际商会仲裁院（ICC），依其仲裁规则在巴黎仲裁，仲裁语言为英文，准据法按本合同第×条确定。"

2.优势

（1）仲裁裁决可在160个《纽约公约》缔约国执行。

（2）可避免欧盟法院对中国法的陌生性风险。

（二）诉讼管辖条款（备选）

1.建议条款

"双方同意由荷兰海牙地方法院管辖，但消费者争议由消费者住所地法院专属管辖。"

2.考量因素

（1）荷兰法院处理跨境贸易案件经验丰富。

（2）需评估判决在中国被承认与执行的可能性。

五、特殊风险防范

（一）法律冲突条款

合同中约定："若准据法中的强制性规定与合同约定冲突，以强制性规定为准，但双方应协商修改合同条款以保持合法性。"

（二）法律查明机制

合同中约定："对于外国法的解释，由中国国际贸易促进委员会法律事务部或欧盟某律所出具法律意见书，作为裁判依据。"

（三）准据法动态调整

合同中约定："若欧盟出台新能源汽车专项立法（如碳关税细则），双方应在30日内协商调整准据法适用条款。"

三、实务建议

（一）法律成本测算

（1）如选择欧盟法，应预留3%～5%的合同金额作为法律咨询费（德国律师费费率为400～600欧元/小时）。

（2）CISG案件平均仲裁成本比纯国内诉讼高15%～20%。

（二）文本双语对照

（1）合同正本应包含中英文版本，并约定"如文本冲突，以英文版为准"。

（2）对于关键术语（如"重大违约"），应附加定义条款。

（三）合规审查重点

（1）每季度核查欧盟《官方公报》（OJ）更新法规。

（2）通过欧盟授权代表（EC REP）跟踪产品合规状态。

通过上述方案，可系统解决法律适用冲突。建议在签约前，委托欧盟本地律师事务所做合规性二次验证。

2.生成准据法最佳适配方案

根据以上准据法的适用建议，法务和律师可以拟定法律适用条款、争议解决条款及相关的配套条款，但需要花费较多的时间和精力。其实，法务和律师还可以利用DeepSeek来自动生成前述条款作为进一步讨论和完善方案的基础。你可以直接输入："根据上述内容，给出准据法适配的最佳建议。"

摘录DeepSeek回复的原文如下：

中国新能源汽车出口欧盟准据法适配最佳建议方案

一、核心条款设计

推荐条款：第×条 法律适用与争议解决

1. 准据法选择

本合同项下权利与义务及争议解决，优先适用《联合国国际货物销售合同公约》（CISG）。

CISG未规定事项，适用瑞士联邦法律（双方均非瑞士企业时的中立选择）。

2. 强制性规则

如涉及产品责任、消费者权益、数据隐私、环境保护（电池法规）等事项，适用欧盟成员国法律及欧盟条例。

知识产权争议适用侵权行为地法（即欧盟成员国法）。

3. 争议解决

提交国际商会仲裁院（ICC）在新加坡仲裁，仲裁语言为英文。

仲裁庭应参照《ICC仲裁规则》及《国际统一私法协会UNIDROIT国际商事合同通则》解释合同。

二、选择理由与优势

选择要素	方案优势	风险规避
CISG+瑞士法	中国与欧盟成员国均为CISG缔约国，瑞士法体系成熟且中立，可减少双方法律偏见	避免因选择中国法或欧盟法引发谈判僵局
分事项适用法律	满足欧盟强制性法规要求（如GDPR、产品责任指令），防止条款被认定无效	规避因违反欧盟公序良俗导致合同无效的风险
ICC新加坡仲裁	裁决在168个《纽约公约》缔约国可执行，新加坡司法中立性强，处理跨境争议经验丰富	避免欧盟法院对中国法不熟悉导致执行障碍

三、配套条款补充

1. 法律冲突应对条款

"若准据法与欧盟强制性法规冲突，应以欧盟法规为准，双方应在30日内协商修订合同条款。"

2. 法律查明机制

"仲裁庭对瑞士法的解释，需参考瑞士比较法研究所（ISDC）出具的法律意见书；欧盟法解释以欧盟法院（CJEU）判例为准。"

3.动态调整机制

"若欧盟在合同期内出台新能源汽车碳关税、数据本地化等新规，买方应在20日内书面通知供应商，双方重新协商准据法适用条款。"

四、操作指南

1.合同签署阶段

要求欧盟买方提供其所在国产品责任保险凭证，并在合同中载明保单号。

附件中明确欧盟法规清单（如REACH、电池法规、GDPR等），标注最新修订日期。

2.履约阶段

每季度通过欧盟官方公报（OJ）监测法规更新。

委托欧盟授权代表（EC REP）跟踪产品合规状态，年度合规审查费用计入合同成本。

3.争议应对

留存中英双语版技术文档（含CE认证记录、测试报告），作为仲裁证据。

提前选定瑞士洛桑大学或海牙国际法研究院专家作为备用证人。

五、成本与效率对比

方案	法律咨询成本	争议解决周期	条款稳定性
纯中国法	低（国内律师）	长（跨国执行难）	低（易被欧盟法院挑战）
纯德国法	高（500欧元/小时）	中（本地诉讼快）	中（受欧盟政策波动影响）
本方案（CISG、瑞士法、ICC）	中（国际律所协作）	短（仲裁一裁终局）	高（双重法律保障）

六、典型场景应对示例

场景：电池碳足迹不达标，被欧盟海关扣押

1.法律适用

直接援引合同中的欧盟电池法规适用条款，要求买方配合提供回收商资质证明。

2.争议解决

启动ICC仲裁，主张买方未履行合规辅助义务，索赔滞港损失。

3.证据提交

提供欧盟授权代表出具的合规差距分析报告、双方邮件往来记录。

【总结建议】

本方案通过"CISG框架+分事项法律适用+ICC仲裁"三重设计，可实现以下目标。

（1）风险最小化。通过CISG统一规则减少法律冲突，通过瑞士法填补漏洞。

（2）合规最大化。直接挂钩欧盟强制性法规，避免监管处罚。

（3）成本最优化。利用国际仲裁高效解决争议，降低跨国执行成本。

注：签约前应由中欧双方律师联合出具《法律适用兼容性意见书》，重点核查瑞士法与欧盟法规的衔接可行性。

二、合同审核

律师和法务逐条审核合同条款时，需要凭借经验和知识判断合同的合法性和合理性，效率较低且容易发生疏漏。使用DeepSeek能高效地对合同条款进行分析，快速识别其中可能存在的不合理条款和法律风险并给出专业修改建议。这将大幅缩短合同审查时间，提升审核的准确性和全面性。下面，从效率和效果两个方面展示如何利用DeepSeek做好合同审核工作。为了展示DeepSeek的功能，随机选择《商标代理委托合同示范文本》[①]。

（一）提升合同审核效率

《商标代理委托合同示范文本》共有12个条款、3个附表，合计近9000字。按照中年级法务和律师的经验和技能，审核这样一份合同，最快需要2小时。而使用DeepSeek，仅用时19秒就能完成审核。这将极大地节省律师和法务的时间，使其能够集中精力去分析和化解各类风险。需要指出的是，这里之所以没有限定律师和法务作为合同中的哪一方来进行审核，主要是因为律师和法务在审核合同时，立足合同一方审查自身权利与义务及违约责任是基本要求，此外还应有全局思维，整体把握合同主体的权利与义务分配以及违约责任的承担，如此，才能更好地协助公司业务部门推进与合作方的商业谈判，实现合同双方权责的分配与平衡。

审查《商标代理委托合同示范文本》法律风险的提示词模板：

【传附件】将需要审查的合同文本作为附件上传。考虑到保密义务，我们选择网上公开可查的示范合同文本。

【定任务】明确需要由DeepSeek完成的工作任务。

【做限定】明确完成工作任务需要满足的条件或者达到的标准，比如识别法律风险。

提示词总结：*对附件合同进行审查并分析，识别存在的法律风险。*

---

① 具体文本请查阅《国家知识产权局办公室关于印发专利、商标代理委托合同示范文本及签订指引的通知》的附件3（国知办发运字〔2024〕53号）。

▶ **摘录DeepSeek回复的原文如下：**

《商标代理委托合同示范文本》法律风险分析

一、基本信息缺失风险

合同编号、签订日期未填写。合同编号和签订日期是合同生效的关键要素，如有缺失，可能导致合同效力存疑或履行争议。建议明确填写这两项，避免空白。

二、委托事项不明确风险

1. "其他代理事项"表述模糊

表1、表2、表3中多次出现"其他代理事项"，但未明确具体范围，可能导致双方对服务内容产生分歧。建议补充说明或列举常见情形（如商标异议答辩、国际注册等）。

2. 表格内容未勾选或填写

应勾选申请类型、代理内容等或填写具体信息（如商标类别、指定商品或服务），如有空白，可能引发权责不清的问题。建议双方在签署合同时完整填写上述事项，避免遗漏。

三、权利与义务失衡风险

1. 甲方违约责任过重

第8.2条约定，如甲方逾期支付费用，乙方可单方终止合同且不承担任何责任，但未规定乙方逾期履行义务的同等责任（仅第8.5条约定扣除部分费用）。建议增加乙方违约时甲方的解除权及赔偿标准，确保合同双方对等。

2. 乙方免责条款不合理

第7.1条声明乙方不保证商标注册成功，但未明确乙方在代理过程中的过错责任（如材料提交错误）。建议补充"因乙方故意或重大过失导致申请失败，乙方应承担相应责任"。

四、保密义务风险

1. 保密信息范围过宽

第4.2条将"一般商业信义、商业道德认为应当保密的信息"纳入保密范围，可能超出合理范围。建议明确保密信息须经书面标注或双方事先确认。

2. 违约赔偿金上限不合理

第4.4条约定违约赔偿金以"代理费倍数"为限，但未规定具体倍数，可能导致争议。建议明确合理上限（如代理费的1~3倍），避免显失公平。

五、费用与支付条款风险

1. 费用明细与附件不一致

主合同第6.1条提到"附件约定的费用标准",但附件表格中"代理费""官费"等字段未填写具体金额,可能导致费用争议。建议在签署合同前完善附件,明确分项费用。

2. 支付方式未明确

第6.4条支付方式选项未勾选,可能影响款项支付的有效性。建议双方在签署合同时选择并填写相关信息(如勾选"汇款"并填写账户信息)。

六、争议解决条款风险

第10.2条争议解决方式未勾选仲裁或诉讼,也未填写具体仲裁机构或管辖法院,可能导致争议解决程序拖延。建议明确选择并填写具体机构(如"北京仲裁委员会"或"北京市海淀区人民法院")。

七、合同终止与解除风险

第12.4条约定合同终止后乙方不再转达官方文件,但未明确甲方如何获取后续文件。建议补充"甲方需自行办理官方文件接收变更手续,否则后果自负"。

八、其他法律风险

1. 格式条款未显著提示

合同中部分条款(如免责声明)可能构成格式条款,未以加粗、添加下画线等方式提示,可能会被认定为无效。建议对关键免责条款进行显著标注。

2. 利益冲突审查不充分

第3.3条要求乙方进行利益冲突审查,但未规定审查标准及违约后果。建议补充"若因乙方未履行审查义务导致甲方损失,乙方应承担赔偿责任"。

【修改建议总结】

(1)完善基本信息。填写合同编号、签订日期、双方详细联系信息。

(2)明确委托事项。勾选或补充表格内容,限定"其他代理事项"范围。

(3)平衡违约责任。增加乙方过错责任条款,调整双方违约后果对等性。

(4)细化保密条款。明确保密信息范围及赔偿标准,避免宽泛表述。

(5)补充费用明细。在附件中填写具体金额,确保与主合同一致。

(6)选择争议解决方式。勾选"仲裁"或"诉讼",并填写具体机构名称。

(7)显著标注格式条款。对免责声明等关键条款进行加粗或添加下画线处理。

通过上述修改,可有效降低合同的法律风险,确保双方权利与义务清晰,提高合同的可执行性。

（二）诊断合同主要风险

全面了解合同整体的法律风险后，还需要针对主要风险给出风险缓释建议，这是风险诊断的主要目的。这里的风险并未限定为法律风险，主要原因是公司和客户对法务和律师的期待正在发生变化，相较于以往，除重点关注法律风险，公司和客户还希望法务和律师可以针对其他风险的化解给出提示和建议。这里仍不限定以合同的哪一方来审查合同，至于理由，前文已经说明，此处不再赘述。

诊断合同主要风险的提示词模板：

【定任务】明确需要由DeepSeek完成的工作任务。

【做限定】明确完成工作任务需要达到的标准和要求。

提示词总结：识别附件合同的主要风险，标注风险类别和具体风险内容，并给出相应的风险缓释建议。建议应具有可操作性，以表格形式呈现。

▶ **摘录DeepSeek回复的原文如下：**

附件合同主要法律风险及缓释建议表

风险类别	具体风险内容	风险缓释建议
1. 基本信息缺失	合同编号、签订日期未填写，可能影响合同生效及后续争议处理	填写完整信息：签署前补充合同编号、签订日期、双方详细通信地址及联系人信息
2. 委托事项不明确	"其他代理事项"未限定范围，可能导致服务内容争议	补充说明：在合同附件中明确"其他代理事项"的具体范围（如商标国际注册、代理答辩等）
2. 委托事项不明确	申请类型、代理内容、商标类别等未勾选或未填写，权责不清	签署前确认：要求双方勾选或填写表格所有必填项（如商标类别、指定商品或服务）
3. 权利义务失衡	甲方违约责任过重（如甲方逾期支付费用，乙方可单方终止合同），乙方免责条款不明确	补充乙方责任：增加"因乙方故意或重大过失导致申请失败，应退还代理费并赔偿甲方直接损失"
3. 权利义务失衡	第7.1条未明确乙方过错（如提交错误文件）责任，可能导致甲方权益受损	细化条款：增加"如因乙方疏忽或错误导致官方驳回，乙方应承担补救责任或减免费用"

（续表）

风险类别	具体风险内容	风险缓释建议
4. 保密义务风险	保密信息范围过宽（如"商业信义"），可能超出合理范围	限定保密范围：要求保密信息以书面形式标注"保密"，或双方明确约定具体内容
5. 费用与支付风险	违约赔偿金上限未明确（如仅规定"代理费倍数"），可能导致显失公平	明确倍数：约定赔偿金上限为代理费的1～3倍，并在合同中写明具体比例
	附件中代理费、官费未填写具体金额，可能导致费用争议	完善附件：在附表1～3中填写分项费用金额，并与主合同条款保持一致
	支付方式未勾选（第6.4条），可能影响款项支付的有效性	明确支付方式：勾选或填写支付方式（如汇款），并补充乙方账户信息（户名、账号、开户行）
6. 争议解决条款风险	第10.2条未勾选争议解决方式（仲裁或诉讼），也未填写具体机构，可能导致程序拖延	明确选择：勾选仲裁或诉讼，填写具体机构（如"北京仲裁委员会"或"北京市海淀区人民法院"）
7. 合同终止风险	第12.4条未明确合同终止后，甲方如何获取后续官方文件，可能影响甲方权益	补充条款：约定"甲方需在合同终止后10日内完成官方文件接收人变更手续，否则后果自负"
8. 格式条款风险	免责声明等关键条款未显著提示，可能会被认定为无效	显著标注：对第7.1条等免责条款加粗或添加下画线，并单独要求甲方签字确认
9. 利益冲突风险	第3.3条未规定乙方未履行利益冲突审查的后果	补充责任：增加"若乙方未履行审查义务导致甲方损失，乙方应退还代理费并赔偿甲方直接损失"
10. 电子沟通风险	第2.13条仅以电子邮箱作为正式沟通渠道，未约定双方确认机制，可能引发文件效力争议	增加确认条款：约定"双方通过邮箱发送文件后，应在24小时内回复确认，否则视为默认接受"

【操作要点总结】

（1）完善合同细节。填写所有空白项（编号、日期、金额等），避免遗漏。

（2）明确责任边界。限定模糊表述（如"其他代理事项"），补充双方对等责任条款。

（3）强化程序合规。勾选争议解决方式，标注格式条款，完善合同终止后义务。

（4）书面确认关键条款。对保密范围、免责声明等，要求双方单独签字确认。

通过上述措施，可系统性降低合同法律风险，确保双方权利与义务清晰且可执行。

（三）识别和评估格式条款

格式条款是当事人为了重复使用而预先拟定并在订立合同时未与对方协商的条款。法定要求格式条款提供方应注意条款内容公平合理且尽到提示说明义务，如未履行提示说明义务，对方可以主张该条款不成为合同内容。霸王条款其实是格式条款中的一种特殊类型。识别合同中的格式条款是律师和法务在合同审核时的重点工作之一。利用DeepSeek可以快速识别格式条款和霸王条款，可以直接输入："识别附件合同中的格式条款和霸王条款，并对其条款内容和效力进行评估。"

▶ **摘录DeepSeek回复的原文如下：**

格式条款与霸王条款识别及效力评估表

条款位置	条款内容摘要	条款性质	效力评估	法律依据
第七条 7.1	乙方声明不保证商标注册成功，且不对此承担责任	格式条款	可能无效：若未显著提示免责内容，违反公平提示义务	根据《民法典》第496条的规定，格式条款提供方需合理提示免责条款，否则对方可主张无效
第八条 8.2	甲方逾期付款，乙方可单方终止合同且不担责；但乙方违约仅需扣除部分代理费	霸王条款	部分无效：单方面加重甲方责任，违反公平原则	根据《民法典》第497条的规定，排除对方主要权利或加重责任的格式条款无效
第四条 4.4	保密违约赔偿金以"代理费倍数"为限，但未明确具体倍数	格式条款	需补充约定：条款模糊可能导致显失公平，需明确合理倍数（如1～3倍）	根据《民法典》第498条的规定，格式条款解释应不利于提供方，模糊条款可能被从严解释
第十条 10.2	争议解决方式未勾选仲裁或诉讼，也未填写具体机构	格式条款	部分无效：争议解决条款不明确，可能导致条款无法执行	根据《仲裁法》第16条的规定，仲裁协议需明确仲裁机构，否则无效

（续表）

条款位置	条款内容摘要	条款性质	效力评估	法律依据
第十二条 12.4	合同终止后乙方不再转达官方文件，但未规定甲方获取后续文件的途径	霸王条款	可能无效：单方免除乙方后续义务，损害甲方知情权	根据《民法典》第497条的规定，不合理排除对方主要权利的条款无效
第三条 3.7	乙方可单方终止代理事项（如认为甲方申请存在风险），且不承担相关责任	格式条款	需补充限制：需明确乙方终止的合理条件（如恶意申请），否则可能显失公平	根据《民法典》第497条的规定，格式条款需符合公平原则，否则无效
第六条 6.3	甲方中途终止委托，需全额支付代理费（即使乙方未完成申请文件提交）	霸王条款	部分无效：未按实际工作量收费，加重甲方责任	根据《民法典》第585条的规定，违约金约定过高或显失公平的，法院可调整

一、评估说明及建议

1. 格式条款的效力

提示义务：若乙方未通过加粗、添加下画线等方式显著提示免责条款（如第7.1条），甲方可主张条款无效。

公平性：条款需平衡双方权利与义务。例如，第8.2条仅规定甲方违约责任，未对乙方违约设置同等责任，可能被法院调整或认定为无效。

2. 霸王条款的认定

显失公平：如第6.3条要求甲方中途终止合同时全额付费，但未考虑乙方实际工作量，可能被认定为加重责任。

排除主要权利：第12.4条排除乙方传达文件的义务，可能损害甲方知情权，违反公平原则。

【改进建议】

补充协商：对模糊条款（如保密赔偿倍数）明确具体数值，避免争议。

对等责任：在违约条款中增加乙方责任（如逾期提交申请需减免费用）。

显著标注：对免责声明、终止权等关键条款加粗或单独列示，并由甲方签字确认知悉。

二、法律依据摘要

根据《民法典》第496条的规定，格式条款提供方需采取合理方式提示对方注意免除或限制其责任的条款。

《民法典》第497条的规定，格式条款无效的情形包括不合理免除己方责任、加重对方责任、排除对方主要权利。

《消费者权益保护法》第26条的规定，经营者不得以格式条款作出对消费者不公平、不合理的规定。

通过上述调整，可提升合同的合法性与公平性，降低条款被认定为无效的风险。

三、履行情况跟踪

合同的履行情况跟踪是指合同各方对各自按照合同约定履行权利与义务的情况进行追踪、监控和日常管理。DeepSeek与公司ERP或CRM等管理系统进行集成可以最大效用地发挥其合同履行情况跟踪的功能，但会涉及系统对接等技术工作，同时需要支出较高成本，这里不做讨论。我们主要展示在没有复杂系统集成的情况下，普通用户如何手动使用DeepSeek来完成合同履行情况跟踪，从而减少人为错误，提升效率。这里我们以《专利代理委托合同示范文本》为例①，为了完成展示，我们会随机在合同示范文本中填入内容。

（一）快速提取核心条款

合同履行情况跟踪的第一步是提取合同的核心条款。快速提取合同中双方核心权利与义务以及违约责任条款并做重点内容呈现，有助于我们快速掌握双方的权利与义务分配以及与之相配套的违约责任是否足够约束双方的行为，从而保障合同得到尊重和履行。比如，你可以律师的身份，快速提取《专利代理委托合同示范文本》中的核心条款，并以表格形式呈现，以便于对合同的履行情况进行跟踪。

快速提取核心条款的提示词模板：

【明身份】明确你在该项工作任务中的角色。

【定任务】明确需要由DeepSeek完成的工作任务。

【做限定】明确完成工作任务需要满足的标准或者要求，比如呈现方式等。

---

① 具体文本详见《国家知识产权局办公室关于印发专利、商标代理委托合同示范文本及签订指引的通知》的附件1（国知办发运字〔2024〕53号）。

提示词总结： 我是委托方律师，提取附件《专利代理委托合同》中委托方和受托方的核心权利与义务条款以及违约责任条款，以表格的形式呈现重点内容。

▶ **摘录DeepSeek回复的原文如下：**

委托方（甲方）与受托方（乙方）核心权利与义务以及违约责任条款汇总表

条款类别	条款位置	核心内容摘要	违约责任对应条款
甲方的权利	第二条2.8	有权要求乙方报告专利代理事务进展并提供官方文件	第八条8.4～8.7：乙方因过错导致程序终止或视为撤回的，需赔偿或承担费用
	第二条2.9	有权要求更换乙方指派的专利代理师	第八条8.7：乙方擅自转委托的，甲方无须支付费用并可索赔
甲方的义务	第二条2.2	提供真实且完整的委托手续、主体身份证明及技术资料	第八条8.2～8.3：未及时支付费用需支付利息，乙方可中止或终止合同
	第二条2.4	提供清晰的技术交底材料，配合补充技术资料	第八条8.1：未履行义务导致的后果由甲方自行承担
	第二条2.10	委托代缴年费或自行缴费，未委托则应及时解除官方委托手续	第八条8.1：未解除手续的法律后果由甲方承担
乙方的权利	第三条3.14	有权要求甲方按约定及时足额支付费用	第八条8.2～8.3：甲方逾期付款，可中止服务或终止合同
	第三条3.7	发现非正常专利申请风险时，有权终止代理服务	第八条8.1：合同终止后，甲方不得追究乙方责任
乙方的义务	第三条3.4	指派执业专利代理师承办事务，发生变更时通知甲方	第八条8.4～8.5：因过错导致申请失败，需赔偿或补救
	第三条3.10	提交文件前需经甲方确认，如涉及权利放弃，需书面确认	第八条8.6：逾期提交文件，可按比例扣除代理费
	第三条3.12	收到官方文件后及时转达甲方，并确认送达	第八条8.4：未转达文件，导致程序终止的，需赔偿
双方共同义务	第四条4.1	对保密信息负有保密义务，未经允许不得披露或使用	第八条8.1：违反保密义务需赔偿，违约赔偿金以代理费倍数为限

（续表）

条款类别	条款位置	核心内容摘要	违约责任对应条款
甲方违约责任	第八条 8.2～8.3	逾期支付费用：按未付金额的10%支付利息，如超过30个工作日，乙方可终止合同	—
乙方违约责任	第八条 8.4	过错导致申请终止： 不可恢复的，按基本代理费的5～10倍赔偿； 可恢复的，承担补救费用	—
	第八条 8.5	过错导致专利申请被视为撤回： 可恢复的，承担费用； 不可恢复的，退还代理费并按代理费的10倍赔偿	—
	第八条 8.6	逾期提交文件：每逾期1个工作日，扣除对应案件代理费的10%（最高不超过基本代理费）	—
特殊违约条款	第八条 8.7	乙方擅自转委托： 甲方无须支付代理费； 乙方按代理费的10倍赔偿	—

【表格说明】

（1）权利与义务分类。明确区分甲方与乙方的核心权利与义务，避免混淆。

（2）条款对应。违约责任与具体义务条款直接关联，便于快速定位法律后果。

（3）金额量化。直接标注违约金、赔偿倍数等关键数值，增强可操作性。

（4）风险提示。通过违约责任条款揭示合同履行中的潜在风险点（如逾期支付、转委托限制）。

（二）自动生成监控清单

合同的核心条款汇总表不足以让公司法务或者律师作为依据来监控公司和对方的履约情况，还需要通过DeepSeek自动生成双方履约的监控清单，以此帮助法务和律师识别和监控重要的履约节点。比如，作为委托方的律师，需要监控《专利代理委托合同》的履约情况，主要是防止委托方发生违约行为。

生成合同履行监控清单的提示词模板：

【明身份】明确你在该项工作任务中的角色。

【定任务】明确需要由DeepSeek完成的工作任务。

【做限定】明确完成工作任务需要满足的标准或者要求。

【给目标】明确完成这项任务需要实现的目标或者达到的目的。

提示词总结： 委托方律师根据附件合同内容，识别委托方和受托方的主要权利与义务，形成合同履行监控清单，以表格形式呈现，注明时间节点，目标是防止发生违约行为。

摘录DeepSeek回复的原文如下：

以下是根据合同条款梳理的合同履行监控清单，供委托方在履约管理中使用。

一、合同履行监控清单（委托方视角）

序号	任务描述	责任方	时间节点	监控措施	风险提示	违约责任	文档记录
1	支付预付款	委托方	合同签订后5个工作日内	财务部确认付款凭证上传至系统	逾期支付触发违约金条款	按日0.05%支付滞纳金	银行回单、付款确认书
2	提供项目基础资料	委托方	受托方进场前3日	法务核查资料清单完整性（见附件1）	资料不全导致工期延误	承担受托方窝工损失	资料交接签收单
3	确认项目计划书	受托方	收到预付款后10个工作日内	技术部门审核计划书关键节点（见附表2）	里程碑设置不合理影响整体进度	要求5日内重新提交修订版	计划书批复意见书
4	阶段性成果验收	受托方	每阶段结束前3日	组织专家组验收（验收标准见附件3）	验收不通过,需返工	按阶段款的20%扣除违约金	验收报告+整改通知书
5	支付进度款	委托方	验收通过后5个工作日内	核对验收报告与付款条件匹配性	付款延迟导致受托方停工	受托方有权暂停履约	付款审批单+进度款发票
6	提交最终交付物	受托方	合同约定截止日期前7日	法务部核对交付物清单（见附件4）	逾期交付触发解约条款	按日0.1%支付违约金	交付物签收记录
7	完成最终验收	委托方	收到交付物后15日内	委托第三方检测机构出具合规报告	验收争议导致项目停滞	逾期未验收视为默认通过	最终验收证书+检测报告
8	支付尾款	委托方	验收通过后10个工作日内	财务核对质保金扣除金额（如有）	尾款争议引发诉讼风险	受托方可申请仲裁追索	尾款支付凭证+结算确认函

（续表）

序号	任务描述	责任方	时间节点	监控措施	风险提示	违约责任	文档记录
9	履行保密义务	双方	合同存续期及终止后2年	每季度抽查涉密文件访问记录	信息泄露造成商誉损失	按实际损失2倍赔偿	保密协议签署回执+审计日志
10	处理合同变更	双方	变更提出后5个工作日内	法务审核变更条款合法性（如补充协议）	口头变更无效风险	单方变更不产生法律效力	书面变更协议+双方签章
11	合同终止后结算	双方	终止通知后30日内	财务清算已支付款项与应付违约金	资产交接不清遗留纠纷	未结清款项按年利率6%计息	终止协议+资产清单确认书

二、关键节点预警机制

1. 自动提醒设置

（1）在OA系统设置"提前3日"任务提醒（如付款、验收等）；

（2）逾期任务自动升级至法务总监督办。

2. 证据固化要求

（1）所有沟通通过企业邮箱留痕，禁止使用微信等非正式渠道；

（2）验收文件须双人签字（技术负责人+法务代表）。

3. 违约应对流程

发现对方违约→24小时内发出《履约催告函》→48小时内未整改→启动解约或索赔程序。

三、风险等级分类

风险级别	判定标准	应对策略
红色	逾期超15日或违约金超合同金额10%	立即启动法律程序，冻结应付账款
橙色	逾期7～15日或关键条款履行存在瑕疵	发送律师函，要求提供履约担保
黄色	逾期3～7日或非关键义务未履行	业务部门负责人介入协商

注：建议委托方每周召开履约联席会（业务+法务+财务），对照本清单逐项核查，并留存会议纪要作为免责证据。

（三）诊断履约异常行为

在合同履约情况跟踪过程中，如果合同一方发生违约行为，法务和律师需要花费大量时间研读合同条款，才能准确地将违约行为与合同内容相匹配，从而判断违约行为的性质、严重程度并明确相应的违约责任。利用DeepSeek，法务和律师可以快速将相关行为与合同中的具体条款内容进行匹配。比如，受托方将专利申请书撰写工作外包给第三方，由于第三方专业能力和效率的问题，申请未能及时提交；延期提交后，又由于申请书内容质量不好，申请被官方退回。你作为委托方律师，需要评估相应的违约责任和索赔范围。

诊断履约异常行为的提示词模板：

【明身份】描述你在这项工作任务中的角色。

【给情形】描述合同一方的违约情形。情形描述得越具体、准确，越能提高结论的准确性。

【定任务】明确需要由DeepSeek完成的工作任务。

【做限定】明确完成工作任务需要满足的标准或者要求。

提示词总结：我们是委托方的律师，受托方将专利申请书撰写工作外包给第三方，由于第三方专业能力和效率的问题，申请未能及时提交；延期提交后，又由于申请书内容质量不好，申请被官方退回。确定为受托方的违约责任，计算委托方的索赔范围，并推荐应对步骤。

▶ **摘录DeepSeek回复的原文如下：**

以下是对受托方违约责任的认定、索赔范围计算及应对步骤的专业法律分析。

一、违约责任认定

1. 转包行为违约（根本性违约）

依据条款：合同第3.10条（禁止转委托）、第8.7条（转包后果）

事实认定：乙方擅自将专利申请书撰写外包给第三方，违反合同中禁止转委托的约定，构成根本违约。

2. 程序延误违约

依据条款：第5.1条（时限要求）、第8.6条（逾期责任）

事实认定：外包导致未按时提交申请，延误赔偿按合同约定计算（每逾期1日扣减10%代理费，最高扣至全损）。

3. 文件质量瑕疵违约

依据条款：第8.4条（过错赔偿）、第8.5条（申请被驳回责任）

事实认定：外包方撰写的专利申请书存在质量问题导致申请被官方退回，视为乙方过错，触发赔偿条款。

二、索赔范围计算

1. 违约金（合同约定）

违约类型	计算方式	金额示例（假设基本代理费为3000元）
转包违约金	基本代理费×10倍（第8.7条）	3000×10＝30 000（元）
程序延误违约金	逾期天数×10%×基本代理费（最高不超过基本代理费）	逾期10日：3000×100%＝3000（元）
质量瑕疵违约金	退还代理费+基本代理费×10倍（第8.5条）	退还3000+3000×10＝33 000（元）

小计：30 000+3000+33 000=66 000（元）

2. 实际损失（需举证）

专利价值损失：延期导致授权滞后，影响商业转化（需提供市场评估报告）。

恢复权利费用：重新提交申请产生的官费、代理费。

商誉损失：专利申请失败导致的合作方索赔（需提供合同或订单损失证据）。

三、应对步骤

1. 证据固化

（1）转包证据：

第三方撰写的文件元数据（作者信息、修改记录）；

乙方与第三方的外包合同或付款凭证（可通过工商调取或举证责任倒置）。

（2）延误证据：

官方系统提交时间戳；

乙方承认延误的邮件或书面文件。

（3）质量瑕疵证据：

官方驳回通知书（注明驳回原因）；

第三方专利律师出具的质量缺陷评估报告。

2. 发送《违约告知函》

（1）内容要求：

列明转包、延误、质量瑕疵三项违约事实；

引用合同条款（第3.10、5.1.8.4～8.7条）；

要求7日内支付违约金66 000元，并承担实际损失；

告知逾期将启动仲裁程序。

（2）送达方式：

通过合同约定的电子邮箱和公证邮寄送达。

3.协商谈判

策略要点：

要求乙方立即更换合规代理师重新撰写专利申请书；

要求乙方书面承诺承担重新申请专利的全部费用；

协商降低违约金比例，换取快速和解。

4.提起仲裁

（1）仲裁请求：

裁决乙方支付违约金66 000元；

赔偿实际损失（附证据清单）；

承担仲裁费、律师费、鉴定费等。

（2）程序要点：

向上海仲裁委员会提交申请（依据合同第10.2条）；

申请财产保全（冻结乙方账户，防止其转移资产）。

5.执行与后续

（1）执行措施：

凭仲裁裁决书申请法院强制执行；

若乙方投保职业责任险，直接向保险公司索赔。

（2）风险隔离：

解除与乙方的委托关系，办理官方代理变更手续（第12.4条）；

委托新代理机构补救申请。

四、法律建议

1.合同条款补充

（1）在后续合同中增加"转包即视为根本违约，无条件解除合同"条款。

（2）明确实际损失的计算标准（如按专利评估价值的日万分之五计息）。

2.技术监控

（1）要求代理机构使用可溯源的文档管理系统（如区块链存证）。

（2）关键节点设置双人验收（技术专家+法务）。

3.保险覆盖

要求乙方提供职业责任保险单（保额不低于年度代理费总额的5倍）。

注：若乙方不具备偿付能力，可依据《企业破产法》申请其破产清算，但需评估成本效益。建议优先通过仲裁施压，促成和解。

（四）预警条款解释分歧

书面表达有其局限性，读者的认知也会有差异，因此不同的人对同一内容可能会存在理解的差异。这种理解的差异如果发生在合同履行环节将会是一个非常棘手的问题，解决办法是在合同签署前预警条款解释分歧。比如，对《专利代理委托合同示范文本》中存在的可能引发理解分歧的条款进行检视和优化。

预警合同中可能存在解释分歧条款的提示词模板：

【传附件】上传需要核查的合同文本。

【定任务】明确需要由DeepSeek完成的工作任务。

【做限定】明确完成工作任务需要满足的条件或者要求。

提示词总结：检视附件合同是否存在容易引发理解或者解释歧义的条款，逐条列出，并给出优化建议。

注：在DeepSeek自动生成的回复意见中，第1条和第2条展示的是笔者故意没有填写的内容，其他改进建议在实践中是非常有效和实用的。

▍**摘录DeepSeek回复的原文如下：**

专利代理委托合同歧义条款分析及优化建议

一、委托事项条款（第一条）

歧义点：表1-3中"其他代理事项"未明确范围。

风险：可能导致双方对服务内容理解不一致。例如，是否包含后续年费监控、无效宣告答辩等衍生服务。

优化建议：

在表格下方添加注释："'其他代理事项'需双方另行书面确认，并签署补充协议。"

列举常见衍生服务（如专利布局分析、FTO检索[①]）作为参考示例。

---

① FTO检索（freedom to operate search）是一种专利自由实施检索或防侵权检索，旨在评估技术或产品在特定国家或地区实施时是否可能侵犯他人专利权，以避免法律风险和经济损失。

二、费用条款（第六条）

歧义点：附表5（加急费）、附表6（撤案代理费）未填写。

风险：费用标准不透明，易引发争议。

优化建议：

补充具体费用标准，例如："加急服务费，每提前1个工作日加收基本代理费的20%，最低收费500元/件。"

在合同中注明："空白表格项需双方签字确认后生效，否则视为未约定。"

三、工作期限条款（第五条）

歧义点："补充提供技术资料"的起算日界定不清。

风险：若甲方多次补充资料，乙方可能会以"资料不完整"为由拖延时限。

优化建议：

明确："补充资料需一次性提交完整，乙方收到最后一份补充资料次日为起算日。"

增加："若甲方分批次补充资料，乙方有权要求书面确认资料完整性，否则时限暂停计算。"

四、文件确认流程（第三条）

歧义点：第3.10条"提交前需甲方确认"未规定确认方式及时限。

风险：甲方拖延确认导致程序延误，责任归属不明。

优化建议：

补充："甲方需在收到文件后5个工作日内通过指定邮箱反馈意见，逾期视为确认通过。"

增加："若甲方要求修改，乙方应在3个工作日内完成修改并重新提交确认。"

五、保密义务条款（第四条）

歧义点：第4.4条"违约赔偿金以代理费倍数为限"未明确倍数。

风险：赔偿金额无具体标准，争议时难以执行。

优化建议：

明确倍数范围，例如："违约赔偿金最高不超过本合同总代理费的3倍。"

补充："实际损失高于约定倍数的，按实际损失赔偿。"

六、违约责任条款（第八条）

歧义点：第8.5条"退还代理费+10倍赔偿"未区分故意与过失。

风险：乙方轻微过失可能导致高额赔偿，显失公平。

优化建议：

分级处理："因乙方重大过失或故意行为导致申请失败的，退还代理费并支付10倍赔偿；因一般过失导致申请失败的，退还代理费并支付2倍赔偿"。

补充："过错认定需第三方评估机构出具报告。"

七、争议解决条款（第十条）

歧义点：第10.2条选择仲裁但未约定仲裁规则。

风险：仲裁程序不明确，可能延长争议解决周期。

优化建议：

明确："仲裁适用《上海仲裁委员会仲裁规则》，仲裁庭由3名仲裁员组成。"

补充："仲裁语言为中文，仲裁地为上海市。"

八、其他建议

1.增加"定义条款"

对"完整技术资料""官方文件""重大过失"等术语进行明确定义。

2.附件标准化

将附表1-6改为可编辑电子表格，避免手动填写引发歧义。

3.引入履约担保

要求乙方提供银行保函或执业责任保险单，保额不低于合同总金额的200%。

【优化后条款示例】

原条款（第5.1条）："乙方根据甲方提供的完善的技术资料，在15个工作日内完成发明专利申请初稿。"

优化后："乙方应在收到甲方提供的完整技术资料（定义见附件7）后15个工作日内完成发明专利申请初稿。完整技术资料应包含技术交底书、实施例、附图及检索关键词列表。"

【总结】

通过明确关键术语、细化操作流程、量化赔偿标准，可大幅降低合同歧义风险，建议委托方要求乙方签署补充协议，落实上述修改。

（五）评估不可抗力影响

当经济进入下行周期，市场景气指数不高时，会发生一些看似合同双方都无法控制的事情。这时，大家通常会援引不可抗力来规避自己的违约责任。但有时，对于某些客观事件是否构成不可抗力，法务和律师会存在争议。比如，A公司（制造商）与B公司（海外矿商）签订了长期铁矿石采购合同。近期，经济深度下行，B公司声称其上游关键设备供应商C公司突然破产，导致其核心设备无法维修、生产完全停滞，构成生产中断类不可抗力，因此要求延迟供货并免责。在这个案例中，B公司能否引用不可抗力来免除自己的违约责任？A公司又该如何应对？下面看看DeepSeek如何帮助我们解答难题。

评估不可抗力适用性和影响的提示词模板：

【讲情形】明确工作任务涉及的具体情形。

【定任务】明确需要由DeepSeek完成的工作任务。

提示词总结：A公司（制造商）与B公司（海外矿商）签订长期铁矿石采购合同。B公司声称其上游关键设备供应商C公司突然破产，导致其核心设备无法维修、生产完全停滞，构成生产中断类不可抗力，要求延迟供货并免责。B公司能否引用不可抗力来免除自己的违约责任？A公司又该如何应对？

▶ **摘录DeepSeek回复的原文如下：**

B公司能否引用不可抗力免责，需要根据合同约定、适用法律及事实证据综合判断，在实践中争议极大。以下是相关分析及A公司的应对策略。

一、B公司主张不可抗力的核心争议点

1.是否满足"不可预见性"

B公司立场：上游供应商C公司"突然破产"超出合理预见范围。

A公司抗辩：经济下行周期中，供应链风险显著升高（如行业报告显示设备商融资困难、违约率上升），B公司作为专业矿商，应预见风险并制定预案（如选择备用供应商、储备关键设备备件）。若C公司破产前已有经营恶化迹象（如拖欠货款、裁员），则更不具"突发性"。

2.是否"无法控制且不可避免"

B公司立场：对供应商破产无控制力，且设备停产属"无法克服"。

A公司抗辩：

替代方案可行性：B公司是否尝试所有合理补救措施？（例如，紧急向其他供应商采购同类设备或维修件；租赁临时设备；外包维修服务）。

根源性质疑：C公司破产主因是市场波动、资金链断裂等商业风险，而非自然灾害、战争等典型不可抗力事件。

3.合同条款解释

若合同中不可抗力条款明确列举"供应商破产"，B公司可能免责。

若条款仅泛写"生产中断"或未涵盖供应链风险，B公司主张缺乏合同依据。

二、A公司的应对策略

1. 立即行动

（1）要求B公司提供完整证据链：

C公司破产的官方证明（法院裁定书）；

证明该设备唯一且无替代的技术文件；

B公司已尽减损义务的证据（如替代供应商询价记录）。

（2）发书面异议函：明确反驳不可抗力主张，强调B公司未满足"不可预见性""无法克服"要件，保留索赔权。

2. 法律与合同层面

（1）审查不可抗力条款：

确认是否涵盖"供应商破产"或"供应链中断"。若未明确列入，主张不适用。

（2）追究B公司合同义务：

即使不可抗力成立，B公司也需证明其已履行：

及时通知义务（如合同约定事发后×日内通知）；

减损义务（积极寻找替代解决方案）。

（3）主张根本违约：

若停产导致长期断供（如超过合同宽限期），可要求解除合同并索赔。

3. 商业谈判筹码

暂停预付款或分期付款：依合同约定履行抗辩权。

寻求替代货源：同时向第三方采购铁矿石，后续向B公司追偿差价损失。

施压协商：以"避免诉讼成本"为由，要求B公司分担损失（如延期不罚息、降价补偿）。

三、司法实践倾向

1. 大陆法系（如中国）

认定较严格，若供应链风险属行业常态（如矿业设备依赖单一供应商），倾向不支持免责。

2. 英美法系

通常要求证明事件"完全超出控制且无任何替代方案"，商业风险（破产）极少被认定为不可抗力。

典型案例：Classic Maritime lnc v. Limbungan(2019)

法院裁定：巴西矿坝溃堤导致铁矿停产，但卖方未证明自身履行能力受直接影响，且存在替代货源，故不可抗力不成立。

四、结论：B公司大概率需担责

除非B公司能证明：

（1）合同中明确将"供应商破产"列为不可抗力；

（2）C公司破产毫无预警迹象；

（3）所有替代方案均不可行（且已尽力尝试）。

否则A公司应：

（1）拒绝免责主张；

（2）收集证据，准备索赔；

（3）同步启动供应链应急预案。

关键提示：在经济下行周期中，法院/仲裁庭对"不可抗力"的认定趋于严格，避免企业将商业经营风险转嫁给交易对手。

第二节 合规管理

合规管理是指企业以防控合规风险为目的，通过建立制度、完善机制、培育文化、强化监督等方式，确保其经营管理行为和员工履职行为符合法律法规、监管要求及内部规章的系统性管理活动。在实际工作中，人们对合规管理有不少误解。第一个误解：合规管理只是律师或合规人员的事。其实合规管理涉及企业各个层面，合规管理需要全员参与，从高层管理者到基层员工都应具备合规意识。第二个误解：合规管理只是为了应对监管。其实合规管理的目的是确保企业长期稳定发展，而不仅仅是避免处罚。第三个误解：只有大企业才需要合规管理。其实广大中小企业更应该重视合规管理，因为一旦发生合规风险可能就要面临灭顶之灾。这些误解集中反映了合规管理工作的范围之广和难度之大。面临这项庞杂繁复又极具挑战性的工作，企业合规人员和律师往往会陷入迷茫，不知道从哪开始抓、到底怎么抓，才能把企业合规工作做好。下面，我们将以外部监管强度适中的医疗服务企业为例，从事前、事中、事后三个维度展示企业合规人员和律师在DeepSeek的协助下，如何从宏观到微观井然有序地推进企业合规管理工作。

一、事前协助搭建合规体系

假设A公司是一家提供第三方医学影像诊断服务的公司，为了实现公司长期稳健发展，公司管理层决定搭建公司合规体系。一名中年级合规律师B被A公司招录为合规负责人，负责牵头实施和推进这项工作。B决定抓大放小，重点从合规三道防线①和制度两个方面着手，搭建A公司的合规体系。下面，我们将展示B如何利用DeepSeek规划和落实这些工作。

（一）体系搭建与持续优化

合规三道防线是国内外合规人员的共识和通行做法，被广泛应用于银行、保险、证券等传统的强监管金融企业。因其具有普适性和实用性，如今合规三道防线也开始广泛应用于非强监管行业和一般行业中的各类企业。

A公司初步搭建合规体系实操建议的提示词模板：

【定公司】明确企业所在的行业。

【明身份】明确你在这项工作任务中扮演的角色。

【定任务】明确需要由DeepSeek完成的工作任务。

【做限定】针对工作任务作出限制和说明。

提示词总结： A公司是一家提供第三方医学影像诊断服务的公司，B是该公司的合规负责人，针对该公司的合规体系搭建，从合规三道防线的角度给出意见和建议，重点突出，实操性强。

▌摘录DeepSeek回复的原文如下：

针对A公司的业务性质（第三方医学影像诊断服务公司），结合医疗行业特性和合规三道防线理论，为合规负责人B提供以下实操建议。

第一道防线：业务部门（风险所有者）

（一）核心目标

将合规管理融入业务流程，实现事前风险防控。

（二）实操建议

1.岗位职责明确化

（1）制定《岗位合规责任清单》，明确影像诊断医师、数据工程师、客服人员等岗位的合规义务（如医师资质合规、数据脱敏操作规范、患者知情同意流程完善等）。

---

① 在国际通用的风险管理框架中，为了确保风险管控的全面性和制衡性，将合规管理分为三个层次，即第一道防线、第二道防线和第三道防线。第一道防线为业务部门，第二道防线为合规管理部门，第三道防线为内部审计部门。

（2）在关键岗位（如数据接口管理员）设置AB角互相监督机制。

2.业务流程标准化

（1）数据全生命周期管理。

采集：确保影像数据来源合法（如医疗机构授权协议），患者签署《个人信息授权书》。

传输：采用国密算法加密传输，禁止使用公共云盘共享敏感数据。

存储：部署医疗专用云服务器（通过等保三级认证），实施"权限最小化"访问控制（如基于角色的访问控制）。

销毁：建立数据定期清理机制，留存销毁记录至少3年。

（2）诊断报告质量控制。

推行"双审制度"（两名医师交叉审核诊断结果），留存审核日志。

建立误诊案例回溯机制，每季度更新《常见误诊风险清单》。

3.合规培训场景化

（1）开发医疗合规微课（如15分钟动画讲解《个人信息保护法》脱敏规则），要求员工每月完成1次学习并通过测试。

（2）针对新业务（如AI辅助诊断），开展专项合规沙盘推演。

第二道防线：合规管理部门（风险管控者）

（一）核心目标

建立规则体系，实现事中风险监控。

（二）实操建议

1.制度体系搭建

（1）制定《医疗数据合规管理手册》，涵盖数据分类分级（如患者影像三级敏感数据）、合作方准入标准（如要求医疗机构提供《放射诊疗许可证》复印件）。

（2）建立合规风险库，每季度更新医疗行业行政处罚案例，用于内部警示。

2.动态风险监测

（1）部署合规监控系统。设置关键词告警（如系统自动拦截含患者身份证号的邮件外发）。对高风险操作（如批量下载影像数据）实施二次授权审批。

（2）开展"飞行检查"。每月随机抽查5%的诊断报告，核查医师签名与执业资质匹配性。

3.举报响应机制

（1）开通多渠道举报入口（400合规热线、企业微信匿名通道），承诺48小时内响应。

（2）建立利益冲突回避台账，对举报查实人员给予年度考核加分。

第三道防线：内部审计（风险评估者）

（一）核心目标

独立验证合规有效性，实现事后风险闭环。

（二）实操建议

1.审计计划聚焦高风险

（1）每年开展专项审计。

数据安全审计：模拟黑客攻击测试系统漏洞，检查灾备演练记录。

合作方审计：实地核查合作医疗机构的放射防护设备年检报告。

（2）针对历史问题（如2022年某省份飞检发现的报告格式不规范），设置整改"回头看"环节。

2.审计结果刚性运用

（1）将合规审计结果与部门绩效考核挂钩（如一旦发生数据泄露事件，扣减IT部门年度奖金的20%）。

（2）建立"合规积分卡"，对连续三年无违规记录的科室给予资源倾斜。

3.引入外部验证

（1）聘请具有医疗背景的第三方机构（如DNV GL）开展ISO27799（健康信息安全管理）认证。

（2）参与行业合规评级（如中国医院协会信用评价），提升市场公信力。

【配套保障措施】

1.技术赋能

（1）部署医疗版EDR（端点检测响应系统），实时监控PACS（影像归档和通信）系统异常操作。

（2）开发自动化合规工具（如电子知情同意书签署率统计看板）。

2.行业协同

（1）加入中国医学装备协会医学影像专委会，及时获取政策解读。

（2）与头部三甲医院共建《第三方影像服务合规操作指引》行业标准。

【实施路径建议】

第一阶段（1~3个月）：完成岗位责任清单编制、数据分类分级、核心制度发布。

第二阶段（4~6个月）：上线合规监控系统，开展首轮全员场景化培训。

第三阶段（7~12个月）：通过ISO27799认证，建立完整的审计整改闭环。

　　通过以上措施，可构建覆盖业务全链条、责任全岗位、数据全周期的合规防控体系，有效应对医疗数据安全、诊疗质量、商业贿赂等核心风险，为A公司上市或融资奠定合规基础。

　　对以上DeepSeek自动生成的实操建议，B认为有明显的问题和不足：一是未体现除合规部门之外其他职能管理部门的职责，比如行政、人事、财务、IT等部门；二是销售部门在医疗服务营销中违规风险较高，需要重点落实合规责任，但未有体现；三是目前合规人员配备不足，仅有B和另外一名合规经理，力量薄弱，难以独挑大梁，充分胜任第二道防线的职责；四是即使将来合规人员配备增加，仅仅依靠合规部门和合规人员实施合规管理，仍然会存在"小马拉大车"的问题，不能充分发挥第二道防线定位和管控合规风险的核心职能。

　　进一步完善搭建合规体系实操建议的提示词模板：

　　【讲问题】描述存在的问题或者不足。

　　【定任务】明确需要由DeepSeek进一步处理的工作任务。

　　【做限定】对工作任务作出明确的限定。

　　提示词总结：根据以上实操建议存在的不足（未体现除合规部门之外其他职能部门的职责，比如行政、人事、财务、IT等部门；未考虑销售部门在医疗服务营销中违规风险较高的事实，该部门需要重点落实合规责任；未考虑目前合规人员配备不足，力量薄弱，难以独挑大梁的问题；仅依靠合规部门和人员，不能充分发挥第二道防线定位和管控合规风险的核心职能），修改和完善构建第二道防线的实操建议，简洁、实用。

　　B认为修改后的合规体系搭建实操建议贴合A公司的业务和管理现状，具有基本的可行性，可以作为进一步细化和完善合规体系搭建的基础。在DeepSeek的协助下，工作效率较之前实现了大幅度提升，工作质量也有明显改善。

　　▶ **摘录DeepSeek回复的原文如下：**

　　以下是修改和完善第二道防线的实操建议，突出跨部门协同、强化销售合规并解决人力短板，同时满足简洁、实用的要求。

　　第二道防线：合规管理部门+职能条线（风险管控者）

　　一、核心目标：通过规则制定、跨部门协同和技术管控，实现合规风险联防联控。

二、实操建议

（一）职能条线分责共建

1.IT部门

（1）部署自动化监控工具（如敏感数据外发拦截、虚拟专网登录异常预警），以技术防控替代人工检查。

（2）每季度输出《系统操作日志分析报告》，标记高风险行为（如非工作时间批量下载影像）。

2.人事部门

（1）将合规指标纳入绩效考核（如销售人员违规一票否决、工程师泄露数据扣减奖金）。

（2）建立兼职合规员制度，在业务部门选拔骨干兼任合规督导员（给予岗位津贴）。

3.财务部门

（1）设定可疑交易筛查规则（如医疗机构支付佣金超营收5%系统自动预警），防范商业贿赂。

（2）要求销售合同附加《反不正当竞争承诺书》方可付款。

4.行政部门

管理外部合作方档案（留存代理商《医疗机构合作授权书》），每年更新黑名单。

（二）销售合规专项管控

1.推广材料双审制

所有宣传文案需经合规部和法务部联合审核（重点核查"保证诊断准确率"等违规话术）。

2.代理商穿透管理

签署《阳光协议》，禁止"带金销售"，要求代理商提供员工合规培训记录。

3.销售费用透明化

如有业务招待费，需上传带水印照片和参会名单至财务系统，如超过2000元需合规部会签。

（三）优化合规资源配置

1.外部借力

（1）采购法律顾问服务，针对疑难问题（如AI诊断责任界定）出具合规意见书。

（2）使用标准化合规工具（如医疗行业合规自查软件运营服务系统），减少人工工作量。

2.内部提效

（1）建立高风险事项清单（如患者投诉激增、新业务上线），优先配置合规资源。

（2）开发合规知识库（含问答模板、制度速查），缩短业务部门咨询响应时间至2小时。

（四）强化第二道防线核心职能

1.联席会议机制

每月召开合规联防会议，由合规部牵头，IT、销售、财务部门汇报风险数据并制订整改计划。

2.合规影响力评估

每季度向管理层提交《合规管控效能报告》，用数据证明风险下降情况（如数据泄露事件减少50%）。

【修改亮点说明】

（1）从"合规部单打独斗"转向"职能条线分责"，利用IT防控、财务交易监控等替代人力投入。

（2）聚焦销售高风险环节，通过材料双审、费用透明、代理商穿透管理实现精准管控。

（3）"人力不足"用"工具+机制"补足，通过标准化系统、兼职合规员、外部顾问应对编制限制。

（4）强化第二道防线统筹能力，通过联席会议和数据报告体现合规价值，提高管理层支持度。

【落地要点】

优先推动IT监控工具上线和兼职合规员选拔，3个月内可见风险管控效率提升。

（二）法规解读与合规需求分析

制度作为合规管理的核心工具，为企业和员工提供了清晰的行为准则和操作规范，是企业实现长期合规和可持续发展的基础。更为重要的是，制度的存在向客户、合作伙伴和监管部门传递了一个信号——企业是可靠的，值得信赖的。

1.解读监管制度，完成外规内化

外规内化是指合规人员和律师对外部监管规定和要求进行消化和吸收，并将其转化为公司的新制度或者已有制度中的新规则。外规内化是企业制度的重要来源之一。在监管规则快速变化的背景下，迅速解读监管规则并完成外规内化是一项重要且棘手的工作。下面我们以国家医疗保障局最新制定的《放射检查类医疗服务价格项目立项指南（试行）》为例，看看DeepSeek是如何帮助合规人员和律师快速完成外规内化的。

实现外规内化的提示词模板：

【传附件】上传需要解读的外部监管文件或者规则。

【定任务】明确需要由DeepSeek完成的工作任务。

提示词总结：解读附件制度内容，给出A公司完善内部制度的建议。

自动生成的制度完善建议，不仅涉及业务（合规第一道防线）制度的完善，还包括财务、IT、人事等部门（合规第二道防线）的价格管理、系统数据库更新、人员绩效管理等制度的完善，较好地体现了外部监管规则解读对公司内部制度完善的指引作用。

▌ **摘录DeepSeek回复的原文如下：**

根据《放射检查类医疗服务价格项目立项指南（试行）》，结合A公司作为第三方医学影像诊断服务机构的业务特点，提出以下内部制度完善建议。

一、价格合规管理

1.价格基准动态对标

（1）建立放射检查项目价格数据库，实时更新各省医保局发布的基准价及浮动范围（如X线摄影、增强CT等26项服务），确保定价符合属地政策要求。

（2）在业务系统中嵌入价格校验模块，自动拦截超基准价10%的订单提交。

2.服务范围明确定义

对照指南"计价说明"细化服务边界，例如：

（1）"床旁X线摄影"需在合同中明确适用场景（如患者无法移动时），并标注额外成本分摊规则。

（2）"影像报废收集"需制定标准化操作流程，避免因操作不规范导致计价争议。

二、服务流程标准化

1.服务内容映射与拆分

（1）根据指南"服务产品"描述，修订影像诊断服务清单，将现有服务与26项标准项目一一对应（如将"AI辅助肺部CT分析"映射至"计算机转压成像（CT）平扫"的扩展项）。

（2）对含对比剂项目（如CT血管造影），单独制定《对比剂使用管理规范》，明确剂量记录，制定不良反应应急预案。

2.报告与数据管理

（1）强制要求诊断报告包含指南规定的"人力资源信息、设备运营成本"等字段（如标注技师资质编号、设备型号）。

（2）数字影像存储需满足"计价单位"要求（如为按部位计价，需在系统中标注检查部位数量）。

三、成本控制与资源优化

1.成本项精细化核算

根据指南"价格标准"拆分成本结构（人力、设备、物资）。

（1）设备成本：根据CT/MR设备年开机率，动态调整折旧分摊比例。

（2）物资消耗：建立对比剂、胶片等耗材的"领用—使用—报废"全流程台账。

2.技术替代降本增效

（1）优先推广"人工智能辅助诊断"（指南扩展项），通过AI预筛减少医师重复劳动，降低人力成本占比。

（2）对"影像上传存储"环节采用分布式存储技术，压缩数据管理成本。

四、合规风险防控

1.计价审计机制

（1）财务部每月抽取10%订单，核对实际服务内容与计价项目匹配性（如"磁共振增强"是否包含对比剂成本）。

（2）对"加收项"（如动态X线摄影、呼吸门控）单独设置成本校验规则，防止重复收费。

2.数据安全强化

（1）参照指南中"数字影像采集与上传"要求，升级影像归档和通信系统（PACS）加密等级，确保传输与存储符合《医疗数据安全管理条例》。

（2）与第三方合作机构（如基层医院）强制签订《数据安全责任协议》，明确违规追责条款。

五、跨部门协同落地

1.合规部和IT部

开发"智能合规引擎"，自动抓取各省价格政策更新，并推送至业务系统。

2.财务部和业务部

设计"项目—成本—利润"可视化看板，实时监控高成本项目（如MR灌注成像）的利润率。

3. 人事部

将"服务规范性"（如报告字段完整性）纳入技师绩效考核体系，权重不低于20%。

【实施优先级建议】

（1）紧急项（1个月内）。完成价格数据库搭建、服务清单与指南映射。

（2）重点项（3个月内）。上线价格校验模块，修订对比剂管理流程。

（3）长期项。每季度参与省级医保价格听证会，争取将AI辅助诊断纳入扩展项加价范围。

通过以上措施，A公司可实现服务定价合法化、成本控制精细化、合规风险可控化，同时为申报医保定点合作机构奠定基础。

2. 定位合规要求，提高合规效率

制定制度只是合规的表象，执行制度才是合规的实质。执行制定的核心是形成合规要点清单，以便公司相关部门和员工能够快速掌握自身的合规义务和行动规范点。

生成合规要点的提示词模板：

【传附件】上传需要解读的外部监管制度或者规则。

【定任务】明确需要由DeepSeek完成的工作任务。

【做限定】明确完成工作任务需要满足的标准或者要求，如呈现方式等。

提示词总结：解读附件监管制度，形成合规要点清单，并给出针对A公司相关部门的行动建议，以表格形式呈现。

▶ **摘录DeepSeek回复的原文如下：**

合规要点清单与A公司部门行动建议表

合规要点	相关部门	具体行动建议	时间节点
1.价格基准动态对标	合规部	建立各省放射检查项目价格数据库，实时跟踪各省医保局发布的基准价及浮动范围（如X线、CT、MR等26项），每月更新一次	1个月内
	财务部	在订单系统中嵌入价格校验模块，自动拦截超过基准价10%的订单，并生成异常报告	2个月内

（续表）

合规要点	相关部门	具体行动建议	时间节点
2.服务范围与计价单位规范	业务部	根据指南中的"计价说明"细化服务定义（如"部位"=牙位划分、"次"=全身检查），修订服务项目清单并与客户合同条款对齐	1个月内
	IT部	在PACS中标注计价单位（如牙片检查自动计算"部位"数量），避免人工统计误差	3个月内
3.服务内容与成本透明化	财务部	按指南中的"价格标准"拆分成本结构（人力、设备、物资），建立放射检查项目成本核算模板，明确对比剂、胶片等耗材分摊规则	2个月内
	业务部	诊断报告中强制标注"设备型号、技师资质编号、耗材使用量"，确保符合价格标准要求	立即执行
4.加权项与扩展项管理	合规部	编制加收项操作手册（如"动态X线摄影""呼吸门控"），明确适用场景及收费规则，禁止重复计费	1个月内
	研发部	将人工智能辅助诊断（扩展项）的应用比例纳入系统统计，确保符合扩展项加价政策（如人工智能使用率≥30%方可申请加价）	3个月内
5.数据安全与影像存储合规	IT部	升级PACS加密等级（支持国密算法），对数字影像传输、存储实施"权限最小化"控制，留存操作日志备查	3个月内
	法务部	与合作医院签订《数据安全责任协议》，明确数据泄露责任归属及赔偿条款	2个月内
6.术语统一与培训	人事部	组织全员培训，重点解读"部位""次"等专用术语，考核通过率应达100%	1个月内
	合规部	编制术语对照表并嵌入业务系统（如"部位=牙位计价单位"），在合同附录中附加术语解释	1个月内
7.高风险环节专项管控	销售部	所有推广材料需经合规部审核（如禁止承诺"诊断准确率"），代理商合同必须包含反商业贿赂条款	立即执行
	财务部	设定"可疑交易筛查规则"（如单笔招待费超2000元，需合规部会签），每月抽查10%销售费用凭证	2个月内
8.跨部门协同与监督	管理层	每月召开合规联席会议，由合规部通报各省政策变化及内部违规案例，IT、财务、业务部门分享整改进展	持续执行
	审计部	每季度开展专项审计（重点检查计价单位匹配性、数据安全合规性），审计结果与部门绩效考核挂钩	每季度

【说明】

（1）优先级排序。价格对标、术语培训、高风险销售管控为紧急项（1个月内），系统改造、成本核算为中期重点（3个月内），需长期持续跟踪政策变化。

（2）风险提示。重点关注"部位""次"等非常规计价单位，避免因术语误解引发收费争议；AI辅助诊断需严格匹配扩展项政策，防止违规加价。

（3）工具支持。建议采购医疗合规管理SAAS工具，自动抓取政策更新并推送预警，减轻人工压力。

二、事中协助合规执行

合规执行是将合规政策、制度转化为实际行为的关键环节，是合规体系从"纸上蓝图"变为"安全屏障"的唯一路径。缺乏执行的合规如同无锁的保险箱，看似完备实则无法发挥自身效用。下面我们重点从流程嵌入合规要点和外部监管对接两个方面展示企业合规律师应该如何利用DeepSeek开展相关工作。

（一）流程嵌入合规要点

流程是合规执行的具体路径之一，其作用体现在三个方面：一是标准化操作，通过明确步骤消除人为偏差；二是全周期风控，留存完整操作记录（比如系统日志）以供追溯；三是责任绑定与效率优化，将岗位职责嵌入流程节点，可避免推诿，同时可通过自动化工具减少人工干预。

1. 优化业务流程

合规负责人B预判《放射检查类医疗服务价格项目立项指南（试行）》将对A公司C端客户的销售业务流程产生重大影响，所以需要和销售部门一同评估该新规对销售流程的影响并进行必要的流程优化。经梳理，A公司面向C端客户的销售流程可以简单概括为"需求引导—个性化咨询—方案定制与支付—线下检查安排—数字化服务跟进—医生解读与健康管理—满意度追踪与复购引导"。下面我们展示合规负责人如何利用DeepSeek来优化这一销售流程。

优化业务流程的提示词模板：

【传附件】上传流程优化对标的外部监管制度或者规则。

【明流程】明确需要进一步优化的流程及具体的流程节点。

【定任务】明确需要由DeepSeek完成的工作任务。

提示词总结： 如果A公司对C端客户的销售业务采用如下销售业务流程，请根据附件内容检查该流程是否存在漏洞或者管控不足的环节，并给出优化建议。C端客户销售流程为"需求引导—个性化咨询—方案定制与支付—线下检查安排—数字化服务跟进—医生解读与健康管理—满意度追踪与复购引导"。

▶ **摘录DeepSeek回复的原文如下：**

A公司C端销售业务流程合规性检查与优化建议

一、流程漏洞与管控不足分析

根据《放射检查类医疗服务价格项目立项指南（试行）》（以下简称《指南》）及医疗行业监管要求，A公司当前C端销售流程存在以下风险点。

流程环节	风险点/管控不足	依据与影响
1. 需求引导	广告中可能使用"保证诊断准确率""快速出结果"等违规话术	违反《医疗广告管理办法》第×条，可能面临行政处罚或客户投诉
2. 个性化咨询	在线咨询医师资质未公示或未备案；咨询记录未加密存储，存在患者隐私泄露风险	违反《医师法》第×条及《个人信息保护法》第×条，导致法律纠纷或数据安全事件
3. 方案定制与支付	未公示各省医保基准价及浮动范围；支付页面未强制弹窗《辐射风险知情同意书》	违反《指南》"价格标准"透明化要求，可能会被认定为乱收费；未履行患者知情权，增加医疗纠纷风险
4. 线下检查安排	合作影像中心未公示《放射诊疗许可证》；未核验患者身份，导致"代检"行为	违反《放射诊疗管理规定》第×条，可能会被吊销合作资质证书；代检行为涉嫌骗保或数据造假
5. 数字化服务跟进	电子报告传输未加密（如明文发送链接）；AI辅助诊断结果未标注"仅供参考"	违反《医疗机构数据安全管理规范》第×条，存在数据泄露风险；AI误诊可能引发法律争议
6. 医生解读与健康管理	医师解读服务未留存沟通记录；健康建议中隐含治疗承诺（如"可治愈"）	违反《互联网诊疗监管细则》第×条，导致监管处罚；过度承诺可能构成虚假宣传
7. 满意度追踪与复购引导	营销推送未获客户明确授权；优惠活动捆绑过度检查项目（如"买3送1"）	违反《个人信息保护法》第×条及《指南》"禁止拆分收费"要求，面临用户投诉或医保稽查

二、优化建议与落地措施

流程环节	优化措施	合规工具/机制
1. 需求引导	所有广告文案需经合规部审核（禁用绝对化用语）； 在广告页脚标注"诊断结果以医师报告为准"	建立广告合规词库，使用AI审核工具自动拦截敏感词
2. 个性化咨询	在线医师资质信息（姓名、执业编号）实时展示； 咨询记录加密存储并定期销毁（超1年）	接入国家医师执业信息查询系统，采用端到端加密通信技术
3. 方案定制与支付	价格页面嵌入各省医保基准价浮动计算器； 支付前强制阅读《知情同意书》（含辐射剂量说明）	开发动态价格校验模块，使用电子签名技术留存同意书签署记录
4. 线下检查安排	合作机构页面公示《放射诊疗许可证》电子版； 检查时通过人脸识别核验患者身份	建立合作机构资质数据库，接入公安系统人脸核验接口
5. 数字化服务跟进	报告传输采用"密码+短信验证码"双重加密； AI检查结论页增加"本结果需经医师确认"水印	部署医疗版文件加密系统（如信创加密算法），在AI模块中嵌入风险提示逻辑
6. 医生解读与健康管理	医师解读全程录音并归档（保存3年）； 健康建议模板增加"建议线下就医"免责声明	使用区块链存证技术固定沟通记录，预设合规话术模板
7. 满意度追踪与复购引导	营销推送需客户勾选授权书； 套餐设计需符合《指南》26项标准项目（禁止捆绑扩展项）	在CRM系统中设置"授权—推送"关联规则，开发套餐合规性自动筛查工具

三、重点场景示例

场景1：CT检查套餐销售

原流程：客户选择"肺部CT平扫+AI早筛"套餐，直接支付299元。

风险：未标注AI辅助诊断为扩展项，可能超基准价收费。

优化：在套餐详情页明确"AI早筛为扩展项（加价不超过5%）"，支付页面拆分显示基础服务价（284元）和AI附加价（15元）。

场景2：复购推荐

原流程：根据客户历史检查数据推送"年度全身PET-CT套餐"。

风险：PET-CT未列入《指南》26项，涉嫌过度检查。

优化：仅推荐《指南》内项目（如"低剂量肺癌CT年度筛查"），并在推荐页标注医保适用条件。

四、实施优先级

1.紧急项（1个月内）

广告合规审核机制建立、价格基准动态校验、患者身份核验。

2.重点项（3个月内）

报告加密传输、医师资质公示、套餐合规筛查。

3.长期项

每季度对照《指南》更新服务项目库，参与省级医保价格听证会。

通过上述优化，A公司可在提升C端体验的同时，系统性防控价格违规、数据泄露、过度医疗等核心风险。

2. 嵌入合规要点

在了解到公司2C销售业务流程仍需进一步完善的基础上，合规负责人B认为，完善流程还需要将《指南》涉及的合规要点嵌入到完善后的流程中去，这样可以通过流程最大限度地管控员工行为。下面我们展示合规负责人B如何利用DeepSeek对合规要点与销售业务流程进行融合。

在业务流程中嵌入合规要点的提示词模板：

【传附件】上传流程优化对标的外部监管制度或者规则。

【定任务】明确需要由DeepSeek完成的工作任务。

提示词总结：在A公司根据上述优化建议完善后的C端客户销售业务流程中嵌入附件新规中相关的合规要点，生成C端客户销售业务流程操作节点管控清单。

摘录DeepSeek回复的原文如下：

A公司C端客户销售业务流程操作节点管控清单（嵌入合规要点）

流程节点	合规要点	操作说明	责任部门	输出文档/工具
1. 需求引导	广告中禁用"包确诊""100%准确"等绝对化用语； 标注"诊断结果以医师报告为准"	合规部审核广告文案，使用AI工具屏蔽敏感词； 在页面底部添加合规声明	市场部与合规部	广告合规审核记录 合规声明模板
2. 个性化咨询	在线医师资质公示（姓名与执业编号）； 咨询记录加密存储（保留1年）	接入国家医师执业信息库，实时展示医师资质； 采用端到端加密通信技术	客服部与IT部	在线医师资质公示页 加密通信日志
3. 方案定制与支付	价格对标各省医保基准价（浮动≤10%）； 支付前强制弹窗《辐射风险知情同意书》	嵌入动态价格校验模块（超价自动拦截）； 电子签名留存知情记录	产品部与法务部	价格基准数据库 电子知情同意书签署记录
4. 线下检查安排	合作机构页面公示《放射诊疗许可证》； 检查时通过人脸识别核验患者身份	建立合作机构资质档案库； 接入公安系统人脸核验接口	运营部与IT部	合作机构资质公示页 身份核验记录
5. 数字化服务跟进	电子报告采用密码和短信双重加密； AI诊断标注"仅供参考，需医师确认"	部署国密算法加密传输； 在AI报告页添加固定水印	IT部与质控部	加密报告传输日志 AI诊断风险提示模板
6. 医生解读与健康管理	医师解读全程录音存证（保存3年）； 健康建议标注"建议线下就医"	使用区块链存证技术固定录音； 预设免责声明模板	医疗部与法务部	医师解读录音存证 健康建议免责声明
7. 满意度追踪与复购引导	营销推送需客户勾选授权； 套餐仅含《指南》26项标准项目（禁止捆绑扩展项）	CRM系统设置"授权—推送"联动规则； 开发套餐合规性自动筛查工具	销售部与合规部	客户授权记录 套餐合规筛查报告

一、关键合规嵌入说明

1.价格动态管控

在"方案定制"环节，系统自动调用《指南》26项标准价格库，禁止销售未映射项目（如PET-CT）。

示例：客户选择"CT增强检查"时，系统匹配本省基准价（如500元±10%），如超范围，需人工复核。

2.术语标准化

所有合同或报告中注明部位，并附加定义说明（如牙片检查"1部位=2切牙"）。

示例：牙科套餐详情页标注"每2个切牙为1个计价部位（薛仪）"。

3.数据安全强化

影像传输使用医疗专网加密通道，禁止通过公共云盘共享。

示例：合作影像中心上传数据时，系统自动检测加密状态，如未加密则拦截并警告。

4.扩展项合规收费

AI辅助诊断作为扩展项单独计价（加价≤5%），需在订单中拆分显示。

示例："肺部CT平扫（基准价300元）与AI分析（扩展价15元）"需分项列明。

二、实施工具与机制

1.合规引擎

部署SaaS合规管理系统，自动抓取各省医保价格更新并推送预警。

2.培训体系

每季度组织《指南》26项服务解读考试，销售、客服人员通过率需达100%。

3.审计闭环

内审部每月抽查10%订单，重点核查"计价单位匹配性"与"扩展项加价合规性"。

通过此清单，A公司可实现全流程合规留痕、风险可控，同时满足《指南》对价格透明、服务规范、数据安全的核心要求。

（二）外部监管对接

监管对接可以动态适应政策变化，及时获取《指南》等新规中的计价单位调整等信息；还可以前置化解争议，提前确认新产品服务范围是否符合规范，或通过绿色通道快速澄清患者投诉的收费争议。另外，定期提交合规审计报告、价格执行台账等，展示合规透明度，可以助力企业构建市场信任，提升客户选择优先级。更为重要的是，监管反馈可驱动内部优化，将监管重点（如严查过度检查）转化为公司资源投入方向。需注意，在监管对接中有一项任务极具挑战性，就是迎接监管部门的监督检查。

假设A公司根据《指南》这一新规修订制度并完善公司销售业务流程，一段时间后，A公司突然接到了属地监管部门的临时抽检通知。在A公司毫无准备的情况下，检查小组临时入驻A公司，准备开展为期一周的现场检查。合规负责人B之前作为外部顾问律师为其服务的单位出具过针对监管检查个别事项的法律意见，但作为公司合规负责人配合监管检查还是头一遭。下面我们来看看合规负责人B是如何利用DeepSeek配合监管部门做好检查工作的。

1. 制定监管沟通策略

因为监管部门临时抽检，A公司完全不了解监管检查的重点。为了制定应对检查的沟通策略，合规负责人B向DeepSeek寻求帮助。

制定监管沟通策略的提示词模板：

【讲情形】描述监管检查的具体情形。

【明痛点】明确公司面临的主要痛点或者难题。

【定任务】明确需要由DeepSeek完成的工作任务。

【给目标】明确这项工作任务的主要目标。

提示词总结： A公司被属地医疗监督管理部门临时抽查，A公司没有任何准备，也不知道监管检查的重点所在。为A公司的合规负责人草拟监管沟通策略，要求简洁、实用，目的是尽量避免监管整改和处罚风险。

▶ **摘录DeepSeek回复的原文如下：**

A公司合规负责人监管沟通策略（应对临时抽检）

一、快速响应与准备

1. 启动应急小组

成员：合规部牵头，IT部（数据安全）、财务部（价格台账）、业务部（服务记录）负责人参与。

任务：15分钟内汇总以下核心文件。

近3个月放射检查项目价格清单（对标《指南》26项基准价）；

患者知情同意书、数据加密传输记录；

合作机构资质（如《放射诊疗许可证》复印件）；

AI辅助诊断加价比例说明（≤5%）。

2.明确沟通主责人

指定1名高管（如首席运营官）为对外接口人，统一回应监管询问，避免多口径矛盾。

二、主动沟通与信息获取

1.初步接洽

态度：热情接待，表达积极配合意愿，询问检查范围与重点（如"请问本次检查主要关注哪些方面？我们将全力配合提供材料"）。

目标：通过非正式对话快速定位风险点（如数据安全、价格违规、资质缺失）。

2.定向提供材料

根据以下监管关注点，优先提交相关文件。

（1）价格合规。各省基准价执行台账、套餐设计逻辑（禁止捆绑非《指南》项目）。

（2）数据安全。加密传输日志、患者隐私保护措施（如匿名化处理记录）。

（3）服务资质。合作影像中心《放射诊疗许可证》、医师执业证书。

三、风险缓解与现场应对

1.问题解释原则

（1）已知问题。如实承认，承诺整改（如"我们发现部分历史订单计价单位标注不统一，已启动系统修正，预计3天内完成"）。

（2）不确定问题。不猜测，仅回复"需进一步核查，今日内书面反馈"。

2.即时整改示范

若发现轻微违规（如宣传材料未标注"诊断结果以医师为准"），当场下架并提交整改记录，展现纠错效率。

四、后续跟进与长期优化

1.书面反馈与承诺

检查结束后24小时内，提交《检查问题汇总及整改计划》（即使未发现问题，也要主动提供合规提升方案）。

2.建立监管联络档案

记录本次检查人员关注点、沟通要点，纳入监管风险库，用于未来合规培训与流程优化。

【策略核心要点】

快：1小时内完成材料准备，避免拖延引发监管质疑。

准：聚焦《指南》26项价格、数据安全、资质三大高风险领域。

诚：不掩盖问题，用整改行动替代辩解，争取监管谅解。

【示例场景】

监管人员质疑某CT套餐价格超基准价，合规负责人立即调取本省价格浮动文件（±10%），展示系统拦截记录，并说明超价订单为手工误操作（已退款整改），同时提交《价格校验模块升级方案》。

注：本策略需配合应急响应手册、合规问答库落地执行，需日常演练，以提升响应速度。

2. 设计监管沟通话术

监管部门的临时抽检进展得非常顺利，对A公司的配合也比较满意。合规负责人B通过非正式沟通获知，这次抽检并未发现A公司存在重大的违规问题，但却发现了不少制度、流程、系统和人员操作方面需要整改的事项。A公司很快迎来了监管部门第一次正式的现场反馈。在这次现场反馈中，A公司的对外接口人COO和合规负责人B都要当场表态。下面我们看看DeepSeek将如何设计这一情形下的监管沟通话术。

设计监管沟通话术的提示词模板：

【讲情形】描述监督检查的具体情形。

【明身份】明确公司面临的主要痛点或者难题。

【限场合】限定任务结果适用的具体场合。

【定任务】明确需要DeepSeek完成的工作任务。

【做限定】明确完成这项工作任务的具体要求。

提示词总结：临时抽检未发现违规处罚事项，但监管提出了较多制度、流程、系统和人员操作方面的整改要求，据此设计公司对外接口人COO和合规负责人B在监管现场反馈时的沟通话术，要求态度诚恳、语言朴实、重点突出、简洁明了。

▶ **摘录DeepSeek回复的原文如下：**

A公司COO与合规负责人B现场反馈沟通话术

COO开场（态度诚恳）："尊敬的各位领导，感谢监管部门对A公司的检查与指导。这次抽检帮助我们发现了许多管理细节上的不足，我们完全接受整改要求。接下来，我们将全力落实改进，确保每项要求执行到位。"

合规负责人B（重点突出整改措施）："针对监管部门提出的整改方向，我们已初步拟定行动计划，具体包括以下4个方面。

第一，完善制度。本周内成立专项小组，修订《放射检查服务操作规范》，重点补充数据安全、价格公示条款，9月底前完成全员培训。

第二，优化流程。重新梳理从患者预约到报告交付的全流程，下月底前上线电子化审核节点，杜绝人工操作漏洞。

第三，升级系统。8月15日前完成价格校验模块改造，对接各省医保基准价，实现超范围收费自动拦截。

第四，规范操作。本月启动全员合规考核，未通过考核人员暂停上岗，确保人人掌握《指南》26项服务标准。"

COO总结（简洁承诺）："请监管部门放心，我们已建立整改台账（附时间表），每周向监管部门汇报进展。A公司始终把合规视为生命线，绝不允许同样问题重复发生。"

一、话术设计要点

1. 态度诚恳

使用"感谢""完全接受""全力落实"等谦逊措辞，避免"虽然""但是"等辩解性表达。

2. 语言朴实

避免专业术语，如将"价格校验模块"改为"系统自动核对收费标准"。

3. 重点突出

按"制度—流程—系统—操作"的顺序分类回应，明确每个环节的关键时间点、责任人与输出成果。

4. 简洁闭环

（1）整改承诺附带时间节点（如"8月15日""9月底前"），提高可信度。

（2）主动提出"每周汇报进展"，展现持续改进决心。

二、场景模拟

监管提问："检查发现部分影像报告未标注技师资质编号，如何整改？"

合规负责人B回应："这个问题确实暴露了我们质控流程的漏洞，整改分三步。

第一步，立即行动。从今天起，所有报告强制显示技师姓名与编号，缺失的报告24小时内补发更正版。

第二步，系统固化。下周升级PACS系统，无资质编号无法提交报告。

第三步，长期防控。将报告完整性纳入技师月度考核，权重占20%。我们会在7个工作日内提交整改证明，请您监督。"

注：沟通时保持眼神交流，避免照稿宣读，可将关键数据手动标注在材料旁，供监管查阅。

三、事后协助合规审计

对合规审计，有几个非常形象的比喻，分别是制度"校准器"、风险"探照灯"和信任"通行证"。意思是说，合规审计结果直接反映制度执行偏差，可以反推制度和流程的"立改废"；可以通过系统性检查暴露潜在漏洞和问题，推动及时整改，避免行政处罚；还可以向外部监管和客户证明企业规范性。

（一）制订合规审计计划

合规审计首先体现为年度合规审计计划的制订。总体来说，合规负责人在制订年度合规审计计划时会综合考虑各方面因素。比如，公司管理层重点关注的领域、以往公司风险高发的领域、举报和投诉集中的领域、外部监管严抓的领域、新闻媒体热议的领域等；还需要考虑合规人员配备情况、个人和团队的技能水平和经验积累情况、审计流程和工具的标准化水平、制约性情况等。简而言之，合规审计计划的制订是一个综合平衡的过程。下文展示合规负责人B如何在DeepSeek的协助下制订2025年合规审计计划。

生成合规审计计划的提示词模板：

【明身份】明确你在这项工作任务中的角色。

【定任务】明确需要由DeepSeek完成的工作任务。

【讲情形】描述完成工作任务时需要考虑的具体情形或者因素。

【做限定】明确完成工作任务的具体要求。

提示词总结：合规负责人B需要制订A公司2025年合规审计计划，重点考虑如下几个因素：一是外部监管环境变化和重点关注问题，包括但不限于立项指南；二是目前合规人员仅配置2人，但经验丰富、技能优秀；三是审计流程和工具无法实现系统对接和自动化筛查；四是公司管理层重点关注行政处罚风险；五是审计项目数量控制在6个以内；六是为后续增加合规专职和兼职人员预留空间。计划需明确给出合规审计项目数量、时间节点和行事历。

▶ **摘录DeepSeek回复的原文如下：**

A公司2025年合规审计计划

目标：聚焦监管重点、优化资源配置、防控行政处罚风险，同时为团队扩容预留空间。

一、审计项目规划（共6项）

序号	审计项目	核心依据	高风险点	时间节点
1	放射检查价格合规性审计	《放射检查类医疗服务价格项目立项指南》	超基准价收费、计价单位错误（如"部位"拆分）	2025年3月、9月
2	数据安全与隐私保护审计	《个人信息保护法》《医疗数据安全管理规范》	影像传输未加密、患者信息泄露风险	2025年6月
3	合作机构资质穿透审计	《放射诊疗管理规定》	合作方无《放射诊疗许可证》或超范围执业	2025年4月、11月
4	AI辅助诊断加价合规审计	各省医保局扩展项加价政策	AI服务未单独列项、加价超5%	2025年5月
5	患者知情同意流程审计	《医疗机构管理条例》	未签署同意书、辐射风险告知不全	2025年7月
6	广告与营销合规审计	《医疗广告管理办法》	使用"包确诊""100%准确"等绝对化用语	2025年10月

二、资源分配与执行策略

1.人员分工

（1）现有2人。1人（监管规则解读能力强）主责价格、AI加价、合作方审计；1人（技术风险防控经验丰富）主责数据安全、知情同意、广告审计。

（2）兼职支持。IT部提供数据调取支持，法务部协助合同审查。

2.工具与流程

（1）标准化模板。制定"价格校验清单""数据安全检查表"等，替代自动化筛查工具。

（2）半人工化操作。

价格审计：手动比对本省医保基准价与订单数据（Excel高级筛选）；

数据安全：抽样检查影像传输日志（按10%比例）。

3.管理层关注点

（1）优先防控行政处罚风险。前3项审计（价格、数据、合作方）覆盖90%高发违规场景。

（2）结果呈现。每项审计后提交"风险简报"（含整改建议），同步抄送CEO。

三、行事历与里程碑

时间	事项	输出成果	责任人
2025年3月	启动价格合规审计（重点：2024年第四季度订单）	价格审计报告、超价订单清单	合规负责人B
2025年4月	合作机构资质穿透审计	合作方资质台账、风险机构清退建议	合规负责人B
2025年5月	AI加价合规审计	AI服务加价合规性分析、整改方案	合规负责人B
2025年6月	数据安全与隐私保护审计	数据安全漏洞清单、加密传输升级计划	合规成员A
2025年7月	患者知情同意流程审计	知情同意书签署率统计、流程优化建议	合规成员A
2025年9月	二次价格合规审计（跟踪整改）	价格合规复检报告	合规负责人B
2025年10月	广告与营销合规审计	违规话术清单、广告下架记录	合规成员A
2025年11月	合作方资质复检（年度收官）	合作方年度合规评级	合规负责人B
2025年12月	编制年度合规审计总报告	2025年合规审计总结与2026年规划	合规负责人B

四、团队扩容预留空间设计

1. 流程模块化

将审计项目拆分为独立模块（如"价格审计包""数据审计包"），以便于未来新成员快速接手。

2. 知识库建设

编制《合规审计操作手册》，建立监管问答库，降低新人培训成本。

3. 兼职转专职

在审计高峰期（如3月、9月）申请预算，将IT、法务兼职支持人员转为短期专职支持。

五、风险管理

1. 外部监管变化

每季度参加医保局政策解读会，动态调整审计重点（如新增"远程影像诊断合规性"审计项）。

2. 资源不足应对

若突发抽检，优先暂停低风险审计（如广告合规），集中资源应对监管检查。

【计划亮点】

精准聚焦：6项审计覆盖监管处罚高发领域，规避管理层核心风险。

成本可控：利用模板化工具和现有人员技能，减少工具投入。

弹性扩展：模块化设计为团队扩容奠定无缝衔接基础。

（二）实施合规审计项目

在合规审计中，应有序组织和严格执行每一个合规审计项目，以发现和解决公司在经营管理和业务运营中的问题。假设最近新闻媒体和外部监管都异常关注医用影像检查和诊断行业存在的过度检查问题，特别是PET-CT或者MR的使用。下文我们将展示DeepSeek如何协助合规负责人B组织实施大型医用影像设备过度检查问题的专项合规审计。

实施合规审计项目的提示词模板：

【定重点】明确外部监管或者公司管理层重点关注的热点问题。

【明身份】明确你在这项任务中的具体角色。

【定任务】明确需要由DeepSeek完成的工作任务。

【做限定】明确工作任务的产出物、呈现形式和具体要求。

提示词总结：外部监管和新闻媒体异常关注大型医用设备的过度检查问题，根据此动态，协助A公司合规负责人B组织和实施过度检查的专项合规审计，分别生成：审计项目计划，计划需紧凑、可执行，附行事历，可以在1个月内完成项目；潜在风险清单，以表格形式呈现，预判行政处罚后果，给出处罚法律依据；整改措施，以表格形式呈现，与潜在风险清单一一对应，整改措施应具有可操作性，落地执行的成本可控，并明确整改期限和整改责任部门。

需注意，这个合规审计项目并未纳入年度合规审计计划。这在实际工作中很常见，年度合规审计计划需要根据外部监管动态等因素适时调整。

▶ **摘录DeepSeek回复的原文如下：**

A公司大型医用设备过度检查合规审计专项方案

一、审计项目计划（1个月内完成）

1.目标

快速识别过度检查风险，确保符合《医疗器械监督管理条例》及《放射检查类医疗服务价格项目立项指南》（以下简称《指南》）要求，规避行政处罚。

审计项目	审计内容	时间节点	责任部门	输出成果
1．医嘱与收费匹配性审计	抽查近3个月CT/MR检查医嘱，核对检查指征、收费项目与《指南》26项标准的匹配性	第1周	合规部与财务部	医嘱—收费差异清单
2．设备采购流程合规性审计	检查近2年大型设备（CT、MR）采购流程，验证供应商资质、招标文件、关联关系审查记录	第2周	采购部与合规部	供应商资质漏洞报告
3．检查阳性率与效益评估审计	统计设备检查阳性率（如CT阳性率＜60%为高风险），审核超100万设备的效益分析报告	第3周	医疗部与IT部	设备效益评估缺陷表
4．患者知情同意与数据安全审计	检查知情同意书签署率、影像数据传输加密记录、报告存储合规性	第3周	法务部与IT部	数据安全风险清单
5．营销与套餐合规性审计	审查广告话术（禁用"包确诊"）、套餐设计（禁止捆绑非《指南》项目）	第4周	市场部与合规部	违规营销话术及套餐清单

2．行事历

第1周：完成医嘱与收费数据抽样（20%病例），启动采购流程文件调阅。

第2周：出具采购合规性初稿，同步分析设备阳性率。

第3周：完成数据安全检查，汇总效益评估问题。

第4周：综合报告编制，向管理层汇报并启动整改。

二、潜在风险清单与行政处罚预判

风险点	行政处罚后果	法律依据
1．无指征重复检查	警告；罚款1万～5万元；暂停检查项目资质	《医疗器械监督管理条例》第56条；《放射诊疗管理规定》第45条
2．超基准价收费	没收违法所得并处1～3倍罚款；列入医保黑名单	《医疗服务价格行为规则》第12条；《价格法》第39条
3．采购关联交易未披露	罚款5万～20万元；取消供应商合作资格	《招标投标法》第53条；《反不正当竞争法》第7条

（续表）

风险点	行政处罚后果	法律依据
4. 数据泄露	罚款10万～100万元；暂停数据处理业务	《个人信息保护法》第66条；《医疗数据安全管理规范》第8条
5. 虚假宣传	罚款广告费用3～5倍；责令停业整改	《医疗广告管理办法》第22条；《反不正当竞争法》第20条

三、整改措施与执行计划

风险点	整改措施	责任部门	整改期限	成本预估	落地要点
无指征重复检查	上线AI指征审核系统，拦截无临床依据的检查申请；每月开展医师合规培训	医疗部与IT部	15日内	5万元（系统模块）	系统与HIS[①]对接，培训纳入绩效考核
超基准价收费	嵌入动态价格校验工具，超价订单自动拦截；清理历史超价订单并退款	财务部与合规部	10日内	2万元（工具采购）	对接各省医保价格库，退款流程须留存凭证
采购关联交易未披露	建立供应商关联关系筛查机制（使用"天眼查"）；修订招标文件限制条款	采购部与法务部	20日内	1万元（工具年费）	每季度更新供应商库，招标前强制关联审查
数据泄露	部署医疗级加密传输系统；签订第三方数据安全责任协议	IT部与法务部	30日内	8万元（系统升级）	加密须通过等保三级认证，协议明确泄露赔偿条款
虚假宣传	下架违规广告并修订话术库；设立营销内容双审制（合规部与法务部）	市场部与合规部	7日内	0.5万元（内容重置）	所有对外材料须加盖合规审核章，未通过审核不得发布

【执行保障】

资源调配：IT部优先开发价格校验与AI指征模块，法务部提供合同模板支持。

监控机制：合规部每日跟踪整改进度，每周向COO汇报。

长效机制：审计结束后，将整改措施纳入《合规管理手册》，每季度复检。

---

① HIS（hospital information system，医院信息系统）。

【引用依据整合】

医嘱与收费匹配性问题参考医疗过度检查整改报告。

采购合规性参考多地审计局对供应商管理的整改要求。

数据安全与行政处罚依据《个人信息保护法》及审计案例。

通过此方案，A公司可在1个月内系统性管控过度检查风险，显著降低行政处罚概率，并为后续合规团队扩容预留标准化流程接口。

第三节　知识产权管理

知识产权不仅是企业创新成果的法律保障，更是提升企业竞争力和经济实力的关键因素。习近平总书记曾指出："知识产权保护工作关系国家治理体系和治理能力现代化，关系高质量发展，关系人民生活幸福，关系国家对外开放大局，关系国家安全。"同时指出："创新是引领发展的第一动力，保护知识产权就是保护创新。"在这样的背景下，律师和法务可以成为战略规划者，通过深入了解企业业务目标和创新方向，制定符合企业实际情况的知识产权战略。要想成为风险管控者，应做到：制定和审核知识产权条款，从源头上降低风险；建立和完善风险预警机制，监测和处置市场上的侵权行为。要想成为权益捍卫者，应做到：当企业的知识产权遭受侵害时，迅速采取行动，维护企业的合法权益。下面我们将围绕律师和法务在知识产权管理中担当的角色，讲讲如何利用DeepSeek把公司的知识产权管理做得更好。

一、协助制定公司知识产权战略规划

战略规划是指企业为保护和利用专利、商标等创新成果，通过前瞻性、系统性规划，确保知识产权资源与企业商业目标相匹配，并为企业创造竞争优势的过程。假设A公司是国内一家新成立的固态锂电池研发和制造公司，主要客户是国内新能源汽车制造商，有3～5年进军海外市场的中长期规划。公司管理层指示法律部门牵头外部律师共同制定公司的知识产权战略规划。

（一）专利布局设计

专利布局设计的核心目标是围绕关键技术点构建"核心专利+改进专利+防御专利"的多层次保护网络。律师和法务可以利用DeepSeek显著提升专利布局的效率与质量。假设A公司的关键核心技术是固态锂电池电解质材料研发和生产，现在需要根据这项核心技术进行公司专利布局。

专利布局设计的提示词模板：

【定公司】描述公司的主营业务。

【讲情形】描述和知识产权管理相关的商业背景和交易安排。

【定技术】明确公司的核心技术。

【定任务】明确需要由DeepSeek完成的工作任务。

【给目标】明确完成这项任务的具体目标。

提示词总结：A公司是国内一家新成立的固态锂电池研发和制造公司，主要客户是国内外新能源汽车制造商，有3～5年进军海外市场的中长期规划。关键核心技术是固态锂电池电解质材料研发。检索该领域的专利空白，以此为基础设计该公司的专利布局，形成"核心专利+改进专利+防御专利"的多层次保护网络。

▶ **摘录DeepSeek回复的原文如下：**

基于对全球固态锂电池专利态势的深度分析，结合A公司的技术定位与市场规划，建议从技术空白识别、核心专利构建、防御体系搭建三个维度进行专利布局设计，形成具有国际竞争力的保护网络，以下是具体方案。

一、技术空白识别与核心专利布局

1. 复合电解质体系突破

当前全球固态电解质研发聚焦于聚合物、氧化物、硫化物三大方向，但复合电解质（如聚合物或硫化物复合、氧化物或卤化物复合）领域仍存在技术空白。根据2024年全球专利分析，复合电解质相关专利申请量仅占电解质总申请量的12%，且多为基础配方专利，缺乏针对新能源汽车场景的性能优化专利。

建议方向：

（1）开发"聚合物基体+硫化物纳米填料"复合电解质，解决界面阻抗问题（可参考松下集团卤化物或氧化物复合专利技术，规避其权利要求范围）。

（2）申请"梯度复合电解质层结构"专利，通过多层材料组合提升电池循环稳定性。

2. 氧化物电解质工艺创新

氧化物电解质（如石榴石型LLZO）因高离子电导率备受关注，但现有专利多集中在材料成分（如Ta、Al掺杂）方面，制备工艺（如超快烧结技术）方面仍有技术空白。中国专利分析显示，氧化物电解质工艺改进类专利占比不足8%。

建议方向：

（1）开发"低温等离子体辅助烧结技术"，降低LLZO①陶瓷制备能耗（规避丰田高温烧结专利）。

（2）布局"柔性氧化物电解质膜"专利，解决脆性问题（可引用元能科技关于界面缓冲层的研究成果）。

二、改进专利与防御专利策略

（一）改进专利：技术延伸与场景适配

1.应用场景专利

围绕新能源汽车需求，针对电解质材料特性开发适配专利：

（1）"高低温循环性能优化配方"（引用湘财证券关于宽温域性能需求的分析）。

（2）"快充型固态电池电解质界面修饰技术"（结合南都电源干法电极专利，形成组合保护）。

2.制造工艺专利

布局低成本量产技术，构建技术壁垒：

（1）"卷对卷电解质薄膜连续制备设备"（规避三星湿法涂覆工艺专利）。

（2）"硫化物电解质无水合成系统"（引用瑞泰新材LiTFSI量产经验）。

（二）防御专利：构建技术护城河

1.外围技术覆盖

（1）正负极兼容性专利：申请"预锂化硅碳负极/硫化物电解质界面稳定剂"。

（2）封装技术专利：开发"双极堆叠封装结构"（引用全固态电池结构创新趋势）。

2.标准必要专利（SEP）储备

参与制定复合电解质行业标准，提前布局：

（1）"复合电解质离子电导率测试方法"。

（2）"固态电池热失控预警算法"（结合刘怀平代表提出的智能化制造建议）。

三、地域布局与风险防控

（一）地域优先级矩阵

---

① LLZO：锂电池固态电解质。

市场区域	布局策略	依据
中国	PCT进入与重点城市补贴政策利用	中国固态电池专利占全球36.7%，需巩固本土优势
欧洲	马德里体系覆盖与德国/法国单独申请	欧盟对固态电池补贴力度大，且硫化物专利壁垒较低
美国	优先申请临时专利与规避LGPS[①]核心专利	应对ITC 337调查[②]风险，参考宁德时代防御策略
日韩	联合研发与专利交叉许可	丰田/三星硫化物专利密集，需通过技术合作突破

（二）侵权风险防控

1. 自由实施（FTO）分析

使用DeepSeek专利数据库，针对硫化物电解质领域：

（1）设置警报关键词，如"Li6PS5Cl""硫银锗矿型""室温电导率>5mS/cm"。

（2）重点规避丰田专利US2023018（硫化物电解质制备工艺）。

2. 专利无效宣告预案

建立核心专利的"替代技术方案库"。例如，若核心专利"复合电解质层结构"被挑战，可快速启用"三维网络互穿结构"备选方案。

四、动态优化机制

1. 专利情报监控

（1）每月生成《固态电池Top10申请人技术动向报告》（引用中国信通院专利分析模型）。

（2）跟踪NEDO[③]联盟最新成果，预判日本技术路线演变。

2. 研发—IP联动

设立"IP嵌入研发流程"机制：每个技术节点须输出《可专利性评估表》。

案例：电解质掺杂实验同步生成"元素配比—电导率关系数据库"，用于专利申请支撑。

---

① LGPS：一种超前沿的固态电解质。

② 337调查，是指美国国际贸易委员会（United States International Trade Commission，简称USITC）根据美国《1930年关税法》（Tariff Act of 1930）第337节（简称"337条款"）及相关修正案进行的调查。

③ NEDO（The New Energy and Industrial Technology Development Organization）是日本新能源产业技术综合开发机构，成立于1980年，隶属于日本经济产业省，是日本最大的公立研究开发管理机构，致力于解决能源与环境问题并促进科技成果转化。

五、成本效益测算

项目	预算/万元	预期收益
核心专利布局（20件）	380	技术许可收入、融资估值提升（3～5倍ROI）
防御专利（50件）	220	降低侵权诉讼概率70%、增强产业链议价能力
国际申请费	150	海外市场准入资格、规避关税壁垒

【通过上述布局，A公司可在3年内实现以下目标】

（1）核心专利覆盖率：占据复合电解质细分领域60%以上高价值专利。

（2）风险防御指数：关键技术点形成3层以上专利包围网。

（3）商业转化路径：通过专利质押融资获取2亿～3亿元研发资金（参考赣锋锂业模式）。

建议优先启动复合电解质与制造工艺专利组合申请，同步建立与美国UL实验室、德国TÜV的检测认证合作，加速技术商业化进程。

（二）商标保护策略制定

假设A公司在积极推进专利布局设计的同时，也非常关注自有商标"纯绿"和"PureGreen"保护，并计划制定和执行"主商标+防御商标"的矩阵式保护策略。下面我们看看DeepSeek是如何帮助律师和法务制定公司商标保护策略的。

商标保护战略制定的提示词模板：

【定商标】明确公司的商标信息。

【定任务】明确需要由DeepSeek完成的工作任务。

【做限定】明确完成工作任务的具体要求或者标准。

提示词总结：A公司的自有商标是"纯绿"和"PureGreen"，制定A公司"主商标+防御商标"的矩阵式商标保护策略，并形成执行方案，要求步骤清晰，具备实操性，无须专业技术工具即可落地执行。

▶ **摘录DeepSeek回复的原文如下：**

以下是针对A公司"纯绿"和"PureGreen"商标的矩阵式保护策略及执行方案，无须专业工具即可落地执行，可分五步推进。

一、核心商标注册加固（第1～3个月）

1.国内基础注册

（1）必选类别：

类别	商品或服务范围	注册依据
9类	电池、电池组、储能装置	核心产品
35类	进出口代理、线上线下销售	渠道保护
37类	电池安装、维护服务	配套服务
42类	材料研发、技术检测	技术延伸

（2）防御性扩展：

字形变形：注册"纯綠"（繁体）、"chunlü"（拼音）。

行业关联：增加7类（电池生产设备）、12类（新能源汽车部件）。

2.海外优先布局

（1）目标市场：美、德、日（新能源汽车主要市场），以及印度、越南（制造基地转移风险区）。

（2）注册方式：

通过马德里体系覆盖欧美（费用节约40%）。

单独申请东南亚国家（规避抢注高发区）。

二、防御商标矩阵构建（持续更新）

1.近音形防御网

防御类型	注册示例	防护目标
中文近似	纯缘、淳绿、慝绿	防范拼音输入法错误
英文变体	PureGrenn、Pure-Green、PueGreen	拦截拼写错误抢注
组合防御	纯绿能源、PureGreen Power	防止行业关联词滥用

2.跨类防御布局

风险类别	注册范围	防御理由
1类	电解质化学制剂	防止上游原料商滥用
39类	储能设备运输	物流环节品牌保护
41类	新能源技术培训	防范教育机构搭便车

三、侵权监控执行方案制定

1. 低成本监测体系

（1）官方渠道。每月1日登录中国商标网（http://sbj.cnipa.gov.cn）→商标查询→输入"纯绿/PureGreen"进行近似检索。

（2）电商监控。每周在淘宝或亚马逊搜索"纯绿电池"及"PureGreen battery"，截图存证异常商品。

（3）媒体预警。设置Google快讯（关键词：纯绿/PureGreen+电池/侵权）。

2. 侵权分级应对

侵权级别	识别标准	应对措施
一级	相同商品使用相同商标	24小时内发律师函、平台投诉
二级	关联商品使用近似商标	公证购买、行政投诉
三级	跨类注册防御商标	提出异议（依据《商标法》第44条）

四、商标使用证据管理

1. 证据采集清单

证据类型	采集方式	频率
产品照片	带商标的产品实物及包装	每季度更新
销售凭证	发票注明商标名（如"PureGreen电池组"）	每月归档
宣传记录	展会照片及网络广告投放截图	即时保存

2. 证据固化流程

（1）打印电子证据→标注时间、地点、内容。

（2）装订成册→封面注明"商标使用证据第×册"。

（3）行政部统一保管（保存期不少于10年）。

五、国际抢注应对预案

1. 重点国家监测表

国家	监测方式	应对时限
美国	委托当地留学生查询USPTO数据库	发现后7日内行动

（续表）

国家	监测方式	应对时限
德国	通过EUIPO官网监测欧盟商标	发现后10日内行动
印度尼西亚	订阅该国知识产权周报	发现后15日内行动

2.抢注处理三步法

（1）异议阶段：提交中国在先使用证据（需经公证认证）。

（2）谈判阶段：通过WHOIS查询抢注者信息，协商回购（预算＜5万元）。

（3）诉讼阶段：依据《巴黎公约》主张恶意注册（需要准备2018年至今的使用证据链）。

【预算与成效预估】

项目	费用/万元	预期效果
国内注册	1.2（官费）	获得45类全保护
国际注册	4.8（马德里、单独申请）	覆盖8个主要国家
防御注册	0.6（附加类别）	构建20个防御商标
总投入	6.6	3年内降低侵权率80%

通过该方案，A公司可实现以下目标。

（1）核心商标保护：覆盖电池产业全链条。

（2）抢注防御：在主要市场形成3层商标护城河。

（3）维权效率：侵权处理周期缩短至15个工作日内。

（数据参考：宁德时代商标维权案例数据模型）

二、牵头做好公司知识产权风险管控

风险识别和管控在专利布局和商标战略的落地执行中发挥着不可或缺的作用。这既体现在静态的知识产权条款设计上，又体现在动态的风险预判和及时响应中。下面我们从知识产权保护条款设计、风险预判和处置两个方面展示DeepSeek如何帮助律师和法务做好相关工作。

（一）知识产权条款设计

目前，市场上涉及知识产权的研发类业务主要分为4类，即自研、委托开发、受托开发与合作开发。我们假设A公司的研发业务对这4类业务均有涉及，为了强化不同场景下对公司知识产权的保护力度，现需律师和法务一同对相应条款进行优化和完善。下面我们将展示DeepSeek如何快速生成知识产权保护示范条款，并将其作为律师和法务的对标对象，以修改A公司的知识产权条款。

1. 自研场景

在该场景下，知识产权保护的主要目的是对公司科研人员的职务发明创造行为与个人行为进行有效区隔，以解决其发明创造是否属于公司职务知识产权的问题。

自研场景下知识产权条款设计的提示词模板：

【定场景】明确条款设计背后的业务场景。

【定任务】明确需要由DeepSeek完成的工作任务。

【定目标】明确完成这项工作任务要实现的目标。

【做限定】明确完成工作任务的具体要求。

提示词总结：**在技术自研场景下，生成A公司知识产权保护最优条款，目的是有效区隔员工的职务发明和个人行为，可以给出2~3套备选方案。**

上述提示词模板统一适用于自研、委托开发、受托开发、合作开发4个不同场景，因此下文不重复展示委托开发、受托开发、合作开发3个场景的提示词模板，仅在这3个场景下做提示词总结。

▶ 摘录DeepSeek回复的原文如下：

以下是针对技术自研型企业设计的3套知识产权保护条款备选方案，均符合《专利法》《劳动合同法》等法律法规，可有效区隔职务发明与个人创新。

方案一：双轨申报制（侧重程序合规）

核心条款：

1. 职务发明认定标准

员工在职期间（含离职后1年内），凡涉及以下情形均视为职务发明：

（1）与公司现有或规划中的技术领域直接相关；

（2）使用了公司的实验设备、技术资料、研发经费；

（3）技术成果基于公司委派任务而产生。

2.个人发明申报机制

员工应在创意产生30日内提交《非职务发明申报表》,列明:

(1)研发时间(精确到小时段);

(2)使用资源清单(含设备型号、数据来源);

(3)第三方见证人信息。

公司知识产权委员会在15个工作日内完成审查并书面确认权属。

优势:权属认定流程清晰,降低事后纠纷发生概率。

适用场景:研发流程规范、具备专职IP管理团队的企业。

方案二:资源隔离条款(侧重物理区隔)

核心条款:

1.研发资源双轨制

(1)公司设备标注"职务研发专用"标识(如在实验仪器上贴橙色标签)。

(2)员工使用个人设备进行非职务研发需提前报备MAC地址/IP段。

2.时空区隔规则

职务发明认定默认包含:

(1)工作日标准工作时间(9:00—18:00);

(2)使用公司VPN访问技术数据库的时段。

员工需保留个人研发的完整时间日志(与考勤系统交叉验证)

优势:通过物理标识与数字痕迹实现权属可视化。

适用场景:硬件研发占比高、设备使用记录明确的企业。

方案三:权益交换协议(侧重激励相容)

核心条款:

1.职务发明奖励前置化

(1)按《专利法》规定标准的150%支付职务发明报酬(如发明专利授权后奖励5万元)。

(2)员工承诺放弃非职务发明主张权(需单独签署《创新权益让渡协议》)。

2.个人发明回购通道

(1)员工离职后2年内完成的、与公司技术领域相关的发明,公司享有优先受让权。

(2)定价机制:按该发明前3年预期收益的20%计算(需第三方评估机构背书)。

优势:通过经济杠杆降低权属争议,激励员工主动申报。

适用场景:高研发投入、需长期绑定核心人才的企业。

【司法实践参考】

腾讯案（2020粤03民终12345号）：法院认可"使用公司VPN访问代码库即视为职务行为"。

华为条款：要求员工签署《在职发明权属确认书》，明确"技术相关性"认定标准。

合规红线：根据《劳动合同法》第26条，完全剥夺员工非职务发明权的条款无效。

建议选择方案一作为基础框架，根据企业研发模式叠加方案二或方案三的条款模块，同时配套《研发日志管理制度》《实验设备使用登记规范》等操作细则。

2. 委托开发场景

在该场景下，需要解决的主要问题是A公司作为委托方，在支付研发费用的前提下，如何约定知识产权归属才能实现公司利益最大化。

提示词总结： 当A公司作为技术开发的委托方时，如何约定知识产权归属，对A公司最有利？分别给出两套备选方案。

▶ 摘录DeepSeek回复的原文如下：

以下是两套对委托方（A公司）较有利的知识产权归属条款设计方案，结合《民法典》第859条及司法实践，可在合法框架下最大化保护A公司权益。

方案一：完全权利归属条款

1.条款正文

"双方确认，受托方为履行本合同所产生的一切工作成果（包括但不限于技术方案、设计文档、源代码、实验数据及相关知识产权），无论是否最终被采用，其全部知识产权（含专利申请权、著作权、技术秘密等）均归A公司单独所有。受托方应在成果交付后5个工作日内签署全部权利转让文件，并不得保留任何副本。受托方仅可将上述成果用于非商业性案例展示，且需隐去核心参数。A公司支付的开发费用已包含知识产权转让对价。"

2.优势

（1）权属绝对控制。涵盖未采用成果，避免"废案衍生技术"风险。

（2）成本锁定。开发费包含转让对价，防止后续主张额外报酬。

（3）使用限制。禁止受托方商业利用，消除竞争隐患。

3.司法依据

（1）最高人民法院（2019）最高法知民终725号判决：认可"开发费包含知识产权转让"的约定有效性。

（2）《北京市高级人民法院关于审理技术合同纠纷案件若干问题的解答》第21条规定，支持委托方通过合同取得完整权利。

方案二：共有权与排他性控制条款

1.条款正文

"本合同项下技术成果的知识产权由双方共有，但A公司享有以下独占权利：

（1）全球范围内独占实施、许可、转让及质押的权利。

（2）单方决定专利申请地域、时机及权利要求范围。

（3）优先以公允价格受让受托方所持份额（如发生股权变更触发条款）。

受托方不得单独使用或向第三方许可该成果，且需配合A公司完成知识产权登记。双方后续改进技术归属于改进方单独所有。"

2.优势

（1）实质控制权。通过运营权独占实现权利支配。

（2）动态保护。阻断受托方后续改进技术的反向渗透。

（3）并购防御。股权变动时优先受让条款防止权利外流。

3.风险防控点

（1）补充约定"受托方股权或控制权变更视同违约"，防范并购导致的控制权流失。

（2）要求受托方核心研发人员签署《竞业禁止补充协议》。

【条款选用建议】

场景	优选方案	配套措施
核心技术开发	方案一	附加《技术成果交付验收标准》
长期战略合作	方案二	签订《技术成果共有管理细则》

注：两套方案均需配套《技术资料保密与返还协议》，约定受托方在合同终止后7日内销毁所有载体（含云端备份），并设置惩罚性违约金（建议不低于合同总金额的300%）。

3. 受托开发场景

在该场景下，需要解决的主要问题是A公司作为受托方，在提供人力资源和贡献脑力智慧的基础上，如何约定知识产权归属才能帮助公司保留更多的权利或者获得更大的灵活调整空间。

提示词总结： 当A公司作为技术开发的受托方时，如何约定知识产权归属，对A公司最有利？分别给出两套备选方案。

▶ 摘录DeepSeek回复的原文如下：

以下是两套对受托方（A公司）最有利的知识产权归属条款设计方案，结合《民法典》第859条及司法实践，可在合法范围内最大化保留技术控制权。

方案一：原始权属保留与排他许可条款

1. 条款正文

"本合同项下技术成果的知识产权（含专利申请权、著作权等）归A公司单独所有。委托方仅可在其主营业务范围内永久免费使用该成果，不得向第三方转让、许可或用于其他商业合作。A公司承诺不向委托方的直接竞争对手授权使用该技术。委托方对技术成果的改进需无偿回授A公司，且改进成果的知识产权归属A公司所有。"

2. 优势

（1）权属绝对保留。确保A公司对核心技术的完全控制。

（2）商业壁垒构建。通过排他性条款限制委托方的二次开发与扩散。

（3）改进成果反哺。形成技术迭代闭环。

3. 司法依据

（1）《最高人民法院关于审理技术合同纠纷案件适用法律若干问题的解释》第21条规定，认可"改进成果回授"条款的效力。

（2）（2021）沪73知民初789号判决：支持受托方保留知识产权但授予使用权。

方案二：动态权属分配条款

1. 条款正文

"技术成果的知识产权归属按以下规则确定：

（1）基础技术框架权归属A公司所有。

（2）针对委托方特定需求开发的定制化模块权属双方共有。

（3）A公司享有对共有知识产权的单方处置权（含转让、许可及质押），委托方需在实施前获得A公司书面同意。

双方对技术成果的改进成果归属改进方单独所有，但A公司对委托方的改进技术享有优先受让权（按独立第三方评估价的80%计算）。"

2. 优势

（1）分层确权。通过技术模块拆分实现权属精细化管理。

（2）商业主动权。保留核心框架控制权，降低技术外溢风险。

（3）优先收购权。锁定技术升级主导地位。

3. 风险防控点

（1）明确"基础技术框架"范围（建议以技术文档附件形式列明）。

（2）约定委托方违反处置条款的惩罚性赔偿（建议不低于技术评估值的3倍）。

【条款选用建议】

合作类型	优选方案	配套文件
通用技术开发	方案一	技术使用范围清单、竞业限制附录
定制化开发	方案二	技术模块权属划分表、优先受让权行权程序

注：两种方案均需附加《源代码托管协议》，约定将核心代码存放于双方共同指定的第三方托管平台（如中国信通院代码托管中心），设置A公司单方取回触发条件（如委托方破产、控制权变更等）。同时建议设置合同终止后5年的"技术冻结期"，禁止委托方开发同类技术（参考宁德时代与设备供应商协议条款）。

4. 合作开发场景

在该场景下，需要解决的主要问题是在存在技术壁垒和自身不足的情形下，A公司与第三方合作进行技术开发时，如何约定知识产权归属，既能最大限度地保护A公司的权益，又能建立长期稳定的合作共赢关系。

提示词总结：A公司与第三方公司合作开发技术成果，如何约定知识产权归属，既能最大限度地保护A公司的知识产权，又有利于双方形成长期稳定的战略合作关系？给出两套备选方案。

摘录DeepSeek回复的原文如下：

以下是两套兼顾知识产权保护与战略合作关系建立的方案，方案基于《民法典》第860条及技术合作司法实践，旨在平衡双方权益并促进长期合作。

方案一：分层确权与动态分配条款

1.条款正文

"（1）权属划分规则：

基础技术（定义见附件《技术清单》）知识产权归A公司单独所有。

合作开发新增技术成果由双方共有，但A公司优先享有以下权利：

单方决定专利申请地域、权利要求范围及维护方式；

独占实施权（含生产、销售、许可）；

以评估价70%优先受让合作方所持份额。

（2）使用授权机制：

A公司向合作方授予基础技术的非排他、不可转许可的永久使用权（限本合同约定领域）；

新增技术成果的合作方使用权需每年续签，且不得用于与A公司存在竞争的业务。

（3）改进技术处理：

各方独立改进技术归属改进方所有；

A公司对合作方的改进技术享有优先合作开发权（提前30日书面通知）。"

2.优势

（1）通过技术分层锁定核心资产控制权。

（2）动态权益分配保持合作吸引力。

（3）司法认可度高（参考最高法2021年技术合作纠纷指导案例）。

3.配套文件

（1）《技术模块权属清单》（明确基础技术范围）。

（2）《改进技术优先合作开发协议》。

方案二：期权式权属分配条款

1.条款正文

"（1）阶段性权属安排：

开发期内所有知识产权暂归A公司所有，合作方享有署名权。

技术成果商业化后，合作方可选择以下方式之一：

获得销售额3%的永久分成权（不取得知识产权）；

支付评估价50%后取得20%共有份额（限非核心模块）。

（2）合作延伸机制：

合作方在3年内未从事竞争业务，可自动获得下一代技术的优先开发权；

合作方连续2年采购量达标，其共有份额比例可上浮5%（上限30%）。

（3）争议预防条款：

设立技术指导委员会（A公司占2/3表决权）决策重大事项；

核心算法等敏感技术采用'黑箱封装'交付（合作方仅获API接口[①]）。"

2. 优势

（1）用商业化成果激励长期合作。

（2）通过期权机制平衡短期投入与长期收益。

（3）防止核心技术外泄（参考字节跳动对外合作模式）。

3. 配套措施

（1）《技术商业化里程碑认定标准》。

（2）《敏感技术封装交付规范》。

【司法实践支撑】

（1）分层确权有效性。（2022）最高法知民终132号案：认可"基础技术与新增成果"的权属划分模式。

（2）期权条款合法性。《上海市高级人民法院关于技术合同纠纷若干问题解答》第15条规定，支持附条件的权益分配约定。

【条款选用指南】

合作特点	优选方案	适用案例
技术主导型（A公司掌握基础技术）	方案一	芯片设计公司与制造厂合作
资源互补型（双方投入对等）	方案二	新能源车企与电池厂商联合研发

【实施要点】

（1）基础技术范围需用附件明确（建议细化至技术文档版本号）。

（2）设计合作方违约时的知识产权回转条款（如未达采购量则自动丧失共有权）。

（3）采用第三方技术托管（如将核心代码存放于工信部技术交易服务中心）。

---

① API接口：应用程序编程接口。

通过上述条款设计，A公司既能保护核心知识产权（某AI公司采用方案一后，核心算法侵权风险降低82%），又能通过权益共享机制提升合作黏性（某生物企业采用方案二后，合作续约率达91%）。

（二）风险预判和处置

律师和法务提前识别侵权风险和预判是否能够获得确权保护，可以有效降低公司在知识产权管理中的不确定性，避免费用支出。这里我们以技术自由实施分析和商标可注册性评估为例，展示DeepSeek如何帮助律师和法务尽可能早地发现和化解风险。

1. 技术自由实施分析

自由实施分析（free to operate，FTO）是指评估特定技术或产品的实施是否可能侵犯他人专利权，该分析的核心目标是识别潜在的侵权风险并提供解决方案。自由实施报告具有较高价值，一方面，可以为产品上市、市场拓展、融资并购等提供依据，特别是能帮助公司在IPO或进入海外市场时规避"专利狙击"；另一方面，在专利侵权诉讼中，该报告可以证明公司已尽合理注意义务，不是故意侵权，从而减轻处罚和赔偿责任。假设A公司拟就其核心专利布局中的"柔性氧化物电解质膜"进行自由实施分析，我们看看DeepSeek是如何帮助法务和律师快速推进工作的。

技术自由实施分析的提示词模板：

【明身份】明确公司信息。

【定技术】明确核心技术。

【定任务】明确需要由DeepSeek完成的工作任务。

【做限定】明确完成工作任务需要满足的标准和要求。

提示词总结：针对A公司的核心专利布局中的"柔性氧化物电解质膜"进行FTO分析，生成简洁明了、重点突出的FTO分析报告，还需针对发现的风险给出缓释建议。

▌ **摘录DeepSeek回复的原文如下：**

A公司"柔性氧化物电解质膜"FTO分析报告

分析范围：全球公开专利（中、美、欧、日、韩授权及审查中专利）。

技术特征：氧化物基体（LLZO体系）+柔性层状结构+界面修饰技术。

一、侵权风险识别

风险等级	专利号/申请人	权利要求覆盖范围	风险描述
高风险	US20230187654A1（丰田）	氧化物电解质膜弯曲半径≤5mm时的离子导率维持技术	与A公司样品测试数据（弯曲半径3mm，导率下降≤8%）高度重叠
中风险	CN114456789B（宁德时代）	氧化锆基电解质层间添加聚合物缓冲层	A公司技术方案包含类似缓冲层结构（材料不同）
潜在风险	EP4100124A1（三星）	多孔氧化物膜表面金属沉积工艺（步骤3~5）	与A公司制备工艺步骤存在60%相似度

二、风险缓释建议

1. 技术规避设计

针对US20230187654A1：

（1）调整柔性结构参数。将弯曲测试标准从"半径3mm"改为"厚度0.5mm下的180°折叠"。

（2）替换导率维持方案。采用表面纳米压纹替代丰田的晶界掺杂技术。

2. 专利无效预案

针对CN114456789B：

（1）检索现有技术。2018年论文*ACS Energy Letters*已公开氧化锆/聚合物复合结构（可作为无效证据）。

（2）主张区别特征。A公司使用聚酰亚胺替代宁德时代的PVDF材料。

3. 许可谈判策略

针对EP4100124A1：

（1）分析三星专利族。美国同族专利已因创造性不足部分无效。

（2）制定替代方案。开发气相沉积替代电镀工艺（需3个月验证周期）。

三、FTO结论与行动清单

风险等级	应对措施	时间节点
高风险	启动技术方案修改（研发部牵头）	2个月内完成验证
中风险	提交专利无效宣告请求（法务部主导）	3个月内立案
潜在风险	准备替代工艺技术储备（预研项目立项）	6个月内形成原型

【数据支持】

基于Derwent Innovation数据库检索（截至2023年9月），分析覆盖1243件相关专利。

本报告建议同步启动技术规避、专利无效和替代方案，预计可降低侵权风险概率至12%或更低（基准值为35%）。但需在3个月内完成第一轮技术方案修正并提交专利无效请求，以保障产品上市合规性。

2. 商标可注册性评估

商标的显著性、商业性和专有性共同构成了商标的基本特征。不论是公司还是设计机构，经常面临商标不具有"显著性"或者经检索商标与已注册商标类似而不具有"专有性"导致无法成功注册的问题。这对申请企业来说，实属吃力不讨好，也是法务和律师不愿看到的结果。下面我们看看DeepSeek如何帮助法务和律师最大限度地解决这一问题。

商标可注册性评估的提示词模板：

【明身份】明确公司信息。

【定商标】明确公司的核心商标。

【定任务】明确需要由DeepSeek完成的工作任务。

【做限定】明确完成工作任务需要满足的标准和要求。

提示词总结：就A公司的核心商标"PureGreen"进行商标可注册性分析，生成简洁明了的分析报告，同时针对发现的问题和风险给出缓释建议，建议应具有可操作性。

▶ **摘录DeepSeek回复的原文如下：**

A公司"PureGreen"商标可注册性分析报告

检索范围：中、美、欧、日、韩、东南亚（截至2023年10月公开数据）。

目标类别：第7类（电池生产设备）、第9类（电池产品）、第35类（销售服务）、第42类（技术研发）。

一、主要风险识别

风险类型	具体情形	影响类别	风险等级
文字近似	美国存在"PureGreene"商标（第9类），欧盟有"PureGrün"商标（第35类）	9/35类	高风险
缺乏显著性	"Pure Green"在电池行业被43家企业作为广告语使用	全类别	中风险

（续表）

风险类型	具体情形	影响类别	风险等级
跨类抢注	印度存在"PureGreen"商标（第1类，化学品）	7/42类	中风险
恶意抢注	越南有人申请"PureGreen"第9类商标注册（2023年7月申请）	9类	高风险

二、风险缓释可执行方案

1.文字近似风险应对

（1）修改方案（二选一）：

增加图形要素：设计PG字母与绿叶组合商标（与原文字商标联合申请）。

调整拼写：注册"Pur3Green"或"PureGreen+"（规避字形相似度＞60%的审查标准）。

（2）法律行动：

对美国"PureGreene"提出异议（引用其连续3年未使用记录）。

对欧盟"PureGrün"申请无效（基于德语"Grün"与"Green"的翻译等同性）。

2.显著性提升策略

（1）使用证据固化：

整理2020年至今的广告投放记录（需显示商标与产品直接关联）。

制作产品包装实拍图（体现商标在电池产品上的显著位置）。

提交用户认知调查报告（证明60%以上消费者将"PureGreen"与A公司唯一关联）。

（2）辅助注册：同步申请声音商标（如电池启动提示音），增强独特性。

3.跨国注册优化

重点国家方案

国家	策略	时间节点
美国	放弃第9类，改注"PureGreenBattery"（第9/7类组合）	1个月内
越南	通过异议程序主张恶意抢注（需提供2019年前的使用证据）	2个月内
印度	签订《商标共存协议》（限制对方在第1类的使用范围）	3个月内

三、注册路径建议

最优方案：

1.国内先行

立即提交"PureGreen+绿叶"组合商标（第7/9/35/42类）。

2.国际布局

（1）通过马德里体系注册主要国家（避开印度、越南）。

（2）单独提交美国"PureGreenBattery"文字商标。

3.监控机制

（1）设置关键词"PureGreen"+"电池"+"Battery"，全球监控。

（2）委托当地律所对高风险国家（越南、印尼）进行月度检索。

四、成本与成功率预估

措施	费用/万元	成功率	周期
国内组合商标注册	0.8	85%	8个月
美国文字商标异议	3.5	65%	14个月
越南抢注处理	2.2	75%	9个月
总预算	6.5	综合成功率78%	—

【附：关键数据参考】

文字近似检索结果：全球发现27件近似商标（其中12件处于有效状态）。

风险地图：东南亚地区抢注率同比上升37%（数据来源：WIPO 2023年报）。

本方案实施后，预计可使核心类别（第7/9类）商标注册成功率从52%提升至78%，建议优先启动国内组合商标申请及越南异议程序，同步准备美国市场替代方案。

三、坚定捍卫公司知识产权合法权益

当公司的知识产权受到侵害时，律师和法务可以尝试与侵权方进行协商，要求其停止侵权行为并赔偿损失；可以向相关行政机关举报侵权行为，要求其采取行政措施，如查扣侵权产品、责令侵权方停止侵权等；可以向人民法院提起民事诉讼，要求侵权方停止侵权行为并赔偿损失；还可以向公安机关举报情节严重的侵权行为，追究侵权方的刑事责任。

律师和法务通过实施以上单一或组合方法，可以为公司减少因侵权方的侵权行为带来的经济损失和声誉损害。以下我们仅从民事诉讼的角度切入，看看DeepSeek如何帮助律师和法务解决专利侵权诉讼中的固定侵权证据和分析诉讼成本与收益的问题。

（一）固定侵权证据

假设A公司的核心专利"低温等离子体辅助烧结技术"在中美两地市场同时受到侵害，公司管理层高度重视维权和维护公司市场声誉。法务和律师根据公司管理层的指示着手布局发起民事诉讼，积极应对国内外的侵权行为。在固定知识产权侵权证据时，急需一个比较详细的行动方案初稿供大家讨论，以求尽快达成一致行动意见。我们看看DeepSeek是如何帮助法务和律师快速生成行动方案初稿的。

固定专利侵权证据的提示词模板：

【讲情形】描述侵权的具体情形。

【定任务】明确需要由DeepSeek完成的工作任务。

【做限定】明确完成工作任务需要满足的标准和要求。

提示词总结：A公司的核心专利"低温等离子体辅助烧结技术"在中美两地市场受到了侵害，如何收集和固定相关的侵权证据？在此过程中存在哪些不确定性？如何应对这些不确定性？

▶ **摘录DeepSeek回复的原文如下：**

　　以下是A公司针对核心专利"低温等离子体辅助烧结技术"遭受侵害而在中美两地维权的证据收集策略及风险应对方案，同时结合两地司法实践提出可操作性建议。

一、中美两地证据收集标准化流程

（一）中国境内取证

1.侵权产品购买取证

步骤：

（1）通过公证处购买侵权产品（全程录像，记录卖家网店或实体店信息）。

（2）要求开具带税号的发票（注明产品型号、生产批号）。

（3）对产品外包装、内部结构进行拆解公证（重点拍摄烧结设备组件）。

2.生产工艺证据

方法：

（1）通过12315平台投诉获取企业生产许可信息。

（2）检索侵权方招聘信息（如"等离子烧结工程师"岗位要求）。

（3）购买侵权方设备操作手册（需含烧结温度曲线等参数）。

3.技术比对证据

实验室分析：委托中国科学院宁波材料所对侵权产品进行如下操作：

（1）烧结层电镜扫描（SEM）（对比晶粒尺寸分布）。

（2）等离子体能量光谱检测（匹配专利参数）。

（二）美国境内取证

1.证据开示程序

申请临时禁令冻结侵权方设备（依据《联邦民事诉讼规则》Rule 65）。

要求提供：

（1）设备采购合同（追溯零部件供应商）。

（2）生产日志（提取烧结工艺参数记录）。

2.技术逆向工程

委托UL实验室进行：

（1）等离子体功率波动测试（检测是否符合专利所述"±5%"波动范围）。

（2）烧结成品孔隙率检测（对比专利权利要求的"≤0.3%"标准）。

3.电子证据固化

（1）通过Meta数据抓取侵权方设备联网数据［需符合《电子通信隐私法》（ECPA）］。

（2）区块链存证：使用Factom链记录侵权产品电商页面快照。

二、关键风险点及应对策略

风险类型	具体表现	应对方案
技术比对争议	侵权方主张"等离子体功率调节方式不同"	提前进行权利要求分解（将专利拆解为15个以上技术特征点）； 委托美国技术专家证人出具对比报告
证据链断裂	侵权方销毁生产记录	申请证据保全令（《中华人民共和国民事诉讼法》第81条）； 通过供应链追溯，提取上游氩气供应商的采购数据
专利有效性挑战	侵权方提起专利无效宣告	准备3组现有技术抗辩包（含1998年日本公开特许公报）； 提前制定权利要求修改预案（限缩保护范围）

（续表）

风险类型	具体表现	应对方案
跨境执行障碍	中美证据互认困难	采用海牙认证统一公证文件格式； 依据《中美刑事司法协助协定》调取对方银行流水等关键证据

三、成本与时效优化方案

1. 针对中国市场

（1）行政查处。向地方市监局提交《专利侵权纠纷处理请求书》（15个工作日内立案）。

（2）赔偿计算。采用"侵权产品销量×专利贡献率（建议主张35%～50%）"模型。

2. 针对美国市场

（1）ITC 337调查。同步启动调查（6～15个月出结果，可快速禁止进口）。

（2）地方法院选择。优先选择德州东区法院（专利胜诉率为68%）。

3. 技术手段增效

（1）使用Patentcloud证据管理系统自动抓取侵权产品更新迭代信息。

（2）建立侵权特征比对数据库（录入200个以上烧结工艺参数对比点）。

四、典型风险案例与应对成效

1. 宁德时代与塔菲尔

通过公证购买以及SEM检测锁定晶界结构侵权，获赔2330万元。

2. 美国Thermo-Life案

利用供应链数据追溯，迫使被告支付专利使用费3.2亿美元。

3. 数据支撑

采用实验室检测与技术分解的维权方案，专利侵权胜诉率提升至76%（传统方式仅41%）。

【执行清单与时间表】

步骤	中国	美国	完成节点
证据固定	公证购买与拆解	证据开示申请	30日内
技术比对	SEM检测	UL实验室报告	60日内
法律行动	市监局投诉	ITC 337立案	90日内

通过该方案，A公司可在6个月内完成中美两地核心证据收集，预计降低技术比对争议风险42%，提高赔偿主张采纳率超过65%（参考2023年中美专利诉讼白皮书数据）。需特别注意在中国保留原始实验数据记录本（法院认可度高的直接证据），在美国重点获取设备操作日志等电子证据。

（二）分析诉讼成本与收益

为管理公司管理层预期及辅助管理层作出是否继续推进诉讼案件的决策，法务和律师还需要测算民事诉讼的成本与收益。一方面，需要评估民事诉讼需要支出的境内外律师费用和诉讼费用；另一方面，需要计算境内外的侵权损失及相应的赔偿金额。这两项工作需要耗费较多的时间和精力，还容易发生人为计算错误。下面，我们将展示DeepSeek如何帮助律师和法务快速形成一份工作初稿，以便进一步验证和优化。

专利侵权诉讼成本与收益分析的提示词模板：

【讲情形】明确工作任务相关的背景信息。

【定任务】明确需要由DeepSeek完成的工作任务。

【做限定】明确完成工作任务需要满足的标准或要求。

提示词总结：A公司需针对核心专利"低温等离子体辅助烧结技术"在中美两地市场的侵权损害，计算在两地分别提起民事诉讼的律师费、诉讼费、侵权损害赔偿金额等，以进行成本与收益分析，需给出计算逻辑和步骤，并就最终结果给出建议。

▶ **摘录DeepSeek回复的原文如下：**

以下是针对A公司在中美两地提起专利侵权诉讼的成本与收益分析框架，结合两地司法实践设计可操作的计算模型。

一、中国诉讼成本与收益分析

1. 成本计算

项目	计算逻辑	参数来源	金额估算（人民币）
律师费	分段计费： 前期取证：5万～8万元 一审：侵权标的额的3%～5% 二审：一审费用的70%	各省律师收费指导价	50万～80万元（按标的额1000万元计）

230

（续表）

项目	计算逻辑	参数来源	金额估算（人民币）
诉讼费	按标的额阶梯计算： 10万元以下：0.5% 10万～20万元：2% 20万～50万元：1.5% 50万～1000万元：1%	《诉讼费用交纳办法》	8.18万元（按标的额1000万元计）
鉴定费	技术特征比对+损失评估	司法鉴定机构报价	15万～25万元
总成本			73万～113万元

2. 赔偿收益计算

计算方式	公式	参数示例	金额估算（人民币）
侵权获利法	侵权产品销量×单位利润×专利贡献率	销量：50万台 利润：200元/台 贡献率：30%	50万×200×30%=3000万元
法定赔偿	法院酌定（≤500万元）	参考江苏高院2022年专利案均值	280万～450万元

3. 关键证据要求

（1）侵权方财务审计报告（可申请法院调查令调取）。

（2）行业协会出具的专利技术贡献率评估报告。

二、美国诉讼成本与收益分析

1. 成本计算

项目	计算逻辑	参数来源	金额估算（美元）
律师费	按小时计费： 资深合伙人：800～1200美元/小时 平均案件耗时：2000～4000小时	AIPLA统计报告	160万～480万美元
诉讼费	联邦法院立案费+其他杂费	28 U.S.C. § 1914	1000～5000美元
专家证人费	技术专家费+损害赔偿专家费	行业标准费率	50万～100万美元
证据开示	电子取证费+文件审阅费	Relativity平台报价	20万～50万美元
总成本			230万～635万美元

2.赔偿收益计算

计算方式	公式	参数示例	金额估算（美元）
合理许可费	行业标准费率×侵权销售额	费率：5% 销售额：2亿美元	2亿×5%=1000万美元
利润损失	原告损失销量×单位利润	销量：10万台 利润：500美元/台	10万×500=5000万美元
惩罚性赔偿	恶意侵权可判3倍赔偿	需证明恶意	可达1.5亿美元

3.关键证据要求

（1）侵权方内部邮件证明故意侵权（如规避设计讨论记录）。

（2）第三方市场分析报告（量化市场份额损失）。

三、成本与收益对比及决策建议

指标	中国诉讼	美国诉讼
成本中位数	93万元人民币	432.5万美元（≈3 100万元人民币）
赔偿中位数	1 600万元人民币	3 000万美元（≈2.1亿元人民币）
周期	1.5～3年	2～5年
执行难度	国内直接执行	需处理跨境执行（可申请承认判决）
胜诉率	65%（2022年专利民事案）	35%（德州东区法院数据）

策略建议：

1.优先启动中国诉讼

　　优势：成本低、周期短、执行便利。

　　操作：

（1）申请诉前禁令冻结侵权方账户（需提供30%保证金）。

（2）同步进行行政查处获取关键证据。

2.选择性启动美国诉讼

　　条件：侵权方在美销售额＞5000万美元且存在故意侵权证据。

　　优化：

（1）加入AIA（美国发明法案）快速审理程序（缩短至12个月）。

（2）采用风险代理（律师费按赔偿额的25%～40%收取）。

3. 成本控制措施

（1）在中国，申请诉讼费保全担保（降低预付金额）。

（2）在美国，采用Contingency Fee（无效果不付费）模式。

4. 和解窗口期

在中国取得胜诉判决后，以判决书为筹码推动全球和解。

合理要价区间：

（1）在中国，主张赔偿额的60%～80%。

（2）在美国，主张赔偿额的30%～50%。

四、敏感性分析

变量	中国诉讼结果波动	美国诉讼结果波动
销量下降10%	赔偿额减少300万元人民币	赔偿额减少300万美元
贡献率下调5%	赔偿额减少500万元人民币	赔偿额减少500万美元
败诉概率提升	损失93万元人民币成本	损失432万美元成本

【执行清单】

3日内：委托会计所审计侵权方天猫及亚马逊店铺销售数据。

7日内：向中国法院申请证据保全（查封财务账册）。

15日内：与美国律所签订风险代理协议（附最低保证金条款）。

通过该方案，预计综合维权净收益可达2700万～4.5亿元人民币，投资回报率（ROI）区间为1∶8～1∶75。建议优先确保中国诉讼速胜，形成判例威慑后，再评估美国诉讼的必要性。

第四节　融资和投资并购管理

一、法律尽职调查支持

业内普遍认为，法律尽职调查是律师和法务做好非诉业务必备的基本功，其工作原理和工作方法也广泛适用于非诉业务领域的不同业务板块。要说最为经典和最能展示尽职调查价值的业务场景，笔者认为，当属融资和投资并购交易中的尽职调查。法律尽职调查的目的是通过系统审查文件、实地考察、与多方沟通，把复杂的法律问题转化为可衡量的风险指标，为业务决策提供可靠的依据。法律尽职调查就像"风险探测器"和

"决策导航仪"，能帮助投融双方全面识别目标公司的潜在法律风险，避免因信息不对称而遭受损失。

由于融资和投资并购交易中的法律尽职调查的工作原理、方法、工具等具有一致性，我们以一个非上市公司的股权并购项目为例进行展示，相关工作原理、方法、工具也适用于融资项目。假设你是一名低年级律师或者法务新人，恰好碰上一个非上市公司股权并购项目准备启动，高年级律师或者你的直线上级法务安排你来做一些并购项目启动的准备工作。你之前没有接触和实操过非上市公司股权并购项目的法律尽职调查工作，因此你很担心自己因缺乏经验在领导和同事面前表现得太"菜"，同时又不想在工作过程中过多打扰高年级律师或者其他法务同事，那么你能从DeepSeek那里获得哪些帮助？DeepSeek又能帮助你高效解决哪些问题呢？

（一）快速了解非上市公司股权并购项目法律尽职调查的主要步骤

在进行法律尽职调查之前，应全面了解完整的法律尽职调查包括哪些主要步骤。对低年级律师和法务，特别是缺少法律尽职调查项目经验的新人来讲，快速了解法律尽职调查的主要步骤，有助于解决"我是谁""我在哪"和"要做什么"的问题。

快速了解法律尽职调查主要步骤的提示词模板：

【讲情形】描述项目的基本信息。

【定任务】明确需要由DeepSeek完成的工作任务。

提示词总结： 请DeepSeek生成非上市公司股权并购项目的法律尽职调查主要步骤。

经过审阅，DeepSeek的回复不存在明显的矛盾和漏洞。但是，你并不确定回复是否正确、有无重大遗漏。于是，你拿着基于DeepSeek回复内容生成的材料，征求高年级律师或者直线上级法务的意见，他们对此表示肯定："对的，没什么大问题。"然后，你有些兴奋地回到座位上。

▶ **摘录DeepSeek回复的原文如下：**

对非上市公司股权并购项目进行法律尽职调查，能够识别潜在风险，确保交易合法合规。法律尽职调查主要包括以下步骤。

一、前期准备与协议签署

1.签署保密协议

在启动调查前，收购方应与目标公司签署保密协议，明确保密义务及信息使用范围，确保目标公司敏感信息不外泄。

2.组建专业团队

通常由律师、会计师、财务顾问等组成尽职调查小组，分工协作。律师主要负责法律风险核查，会计师侧重财务审计，财务顾问负责评估商业价值。

二、资料收集与清单制定

1.制定尽职调查清单

根据交易需求，拟定涵盖公司基本信息、资产、负债、合同、诉讼等内容的清单，要求目标公司提供完整资料，包括公司章程、股东名册、财务报表、重大合同、知识产权证明等。

2.多渠道获取信息

（1）收集内部资料。目标公司提供的工商档案、董事会决议、劳动合同等。

（2）核实外部信息。通过政府登记机关（如市场监管局、税务局）、公开数据库（中国裁判文书网、中国执行信息公开网）及第三方（供应商、客户）验证信息的真实性。

三、现场调查与访谈

1.实地考察与文件查验

对目标公司资产（如不动产、设备）进行现场核查，确认权属及是否存在抵押、查封等情况。

2.管理层及员工访谈

通过与高管、关键部门员工沟通，了解公司实际运营状况、潜在债务（如未披露的担保）及劳动纠纷风险。

四、核心法律事项审查

1.公司基本情况与股权结构

（1）核查公司设立及历史沿革的合法性，确认股东出资是否到位、是否存在代持或质押。

（2）分析公司章程中的特殊条款（如优先购买权、反收购条款）对并购的影响。

2.资产与知识产权

（1）确认不动产、设备等资产的权属及权利负担（抵押、租赁）。

（2）评估专利、商标等知识产权的有效性及潜在纠纷。

3.债权债务与担保

（1）审查财务报表、审计报告，识别或有债务（如未决诉讼、环境责任）。

（2）通过央行征信报告核实债务及担保情况，排查隐性负债。

4.劳动与税务合规

（1）核查劳动合同签署、社保缴纳情况及是否存在集体劳动争议。

（2）查验完税凭证，确认是否存在欠税、滞纳金或税务处罚。

5.诉讼与行政处罚

通过裁判文书网、监管部门公示系统查询目标公司涉诉及行政处罚记录。

五、风险分析与报告出具

1.评估法律风险

综合分析调查结果，识别交易中的法律障碍（如股权瑕疵、重大债务），评估其对交易价格及后续整合的影响。

2.提出风险缓释建议

（1）建议交易结构优化（如分期付款、设置担保）。

（2）要求卖方出具承诺函，明确责任承担范围。

六、后续跟进与协议完善

1.补充调查与谈判

针对发现的问题，要求目标公司补充资料或调整交易条款（如修正价格、调整赔偿机制）。

2.设计并购协议条款

将尽职调查结果纳入协议，明确交割条件、违约责任及风险分配。

【总结】

法律尽职调查应覆盖公司全维度法律状态，通过系统化流程降低信息不对称风险。在实务中，可根据目标公司行业特性（如对制造业侧重资产核查，对科技企业关注知识产权）调整调查重点。法律尽职调查的最终目标是为交易决策提供可靠依据，确保并购顺利完成。

（二）深度拆解每个步骤的具体实施环节并进行风险提示

你看着DeepSeek生成的主要步骤，觉得这个回复不能作为法律尽职调查的执行依据。接着，你试着利用DeepSeek拆解每个步骤的实施环节，分析潜在风险并制定风险防控措施。

以步骤"二、资料收集与清单制定"为例，拆解法律尽职调查某一实施环节的提示词模板：

【定对象】明确需要拆解的步骤。

【定任务】明确需要DeepSeek完成的工作任务。

【最限定】明确完成工作任务需要满足的标准或者要求。

提示词总结： 拆解"二、资料收集与清单制定"的具体实施环节，分析实施过程中可能存在的风险，提示风险防控措施，以表格形式呈现。

▶ **摘录DeepSeek回复的原文如下：**

一、实施环节与风险防控表

实施环节	具体步骤	可能存在的风险	风险防控措施
1. 制定尽职调查清单	初步拟定清单框架（涵盖公司治理、资产、合同等）； 结合交易类型及行业特点调整内容； 与目标公司沟通，确认内容范围	清单遗漏关键领域（如知识产权）； 内容泛泛，针对性不足； 目标公司模糊资料边界	参考行业模板并细化清单； 引入专业团队审核； 要求书面确认内容范围
2. 收集内部资料	要求提供原始文件（章程、财务报表等）； 收集电子与纸质资料并存档	拖延或隐瞒关键资料； 资料不完整或被篡改； 电子资料格式混乱	协议明确提交资料时限及责任； 签署资料真实性承诺函； 统一资料接收标准（如PDF编号归档）
3. 核实外部信息	调取工商档案、查询公开数据库； 向第三方（银行、供应商）发函	公开信息与内部资料矛盾； 第三方反馈延迟或拒绝反馈； 信息获取成本不可控	交叉比对数据差异； 提前与第三方沟通； 优先获取关键信息（如抵押登记）
4. 资料整理与分类	按法律领域分类（公司治理、劳动者权益等）； 标注关键问题及待核事项	分类错误导致分析偏差； 缺乏文件关联性； 泄露敏感信息	制定标准化分类编码规则； 利用数字化工具建立索引； 签署保密协议并限制权限

二、风险防控补充说明

1. 动态调整机制

根据初步调查结果更新清单，补充遗漏资料。

2. 证据链完整性

对关键资料（如资产权属），应提供完整证据链（合同、发票、证书）。

3. 第三方验证

引入会计师事务所、评估机构复核存疑资料。

4.责任追溯条款

在并购协议中约定隐瞒资料的赔偿责任。

三、实务操作建议

1.工具支持

推荐使用云端尽职调查平台（如Datasite、Intralinks）。

2.时间管理

制订分阶段提交资料计划，避免后期集中处理。

3.沟通记录

留存邮件、会议纪要作为争议解决依据。

为了继续探索和细化实施环节，可以利用DeepSeek协助生成一份比较详细的尽职调查清单并进行自我更正和查漏补缺。

生成法律尽职调查资料清单的提示词模板：

【定任务】明确需要DeepSeek完成的工作任务。

【做限定】明确完成工作任务需要满足的条件或者标准。

提示词总结： 协助生成一份非上市公司股权并购项目的法律尽职调查清单，自动检查并更正可能存在的错误和疏漏，以表格形式呈现。

▶ **摘录DeepSeek回复的原文如下：**

以下是一份非上市公司股权并购项目的法律尽职调查清单，包含核心审查模块、核查文件及自动检查要点，以表格形式呈现。

非上市公司股权并购法律尽职调查清单

（自动检查错误与疏漏提示表）

模块	子项	核查文件、内容	自动检查要点	备注
1. 公司基本情况	1.1 主体资格	营业执照、组织机构代码证； 公司章程、设立及变更文件	证照是否在有效期内； 章程是否存在特殊条款（如反收购条款）	需与工商档案核对一致性
	1.2 历史沿革	历次增资、减资、股权转让协议； 股东会或董事会决议	股权变动是否完成工商登记； 股东出资是否实缴（验资报告）	关注代持、质押等未登记事项
2. 股权结构	2.1 股东信息	股东名册、出资证明书； 股东协议（如一致行动协议、对赌条款）	实际控制人是否与登记一致； 是否存在股权代持或纠纷	要求股东签署《声明与承诺函》
	2.2 股权限制	股权质押、冻结文件； 优先购买权、回购权条款	质押是否已登记（央行征信系统核查）； 优先权条款是否影响并购	需取得其他股东放弃优先权的书面声明
3. 资产与负债	3.1 核心资产	不动产产权证、动产清单； 知识产权证书（专利、商标等）	资产权属是否清晰； 是否存在抵押、租赁或共有	现场查验资产状态
	3.2 负债与担保	财务报表、审计报告； 借款合同、担保合同	或有负债（未决诉讼、环境责任）； 担保是否超公司章程限额	要求目标公司披露全部隐性债务
4. 重大合同	4.1 业务合同	采购、销售合同（前十大客户）； 借款、融资合同	合同是否存在违约条款； 合同履行是否依赖特定股东	评估合同变更或终止对并购的影响
	4.2 关联交易	关联方清单及交易协议； 关联交易公允性说明	是否履行内部审批程序； 是否存在利益输送风险	要求提供关联交易合规证明
5. 劳动与人事	5.1 员工情况	员工名册、劳动合同范本； 社保、公积金缴纳记录	合同签署率是否为100%； 是否存在欠缴社保、公积金的情况	抽查关键员工劳动合同

（续表）

模块	子项	核查文件、内容	自动检查要点	备注
6. 合规与诉讼	6.1 行政处罚	环保、税务、市场监管处罚决定书	处罚是否已整改；是否存在重大违法行为	核查监管部门公开信息
	6.2 诉讼仲裁	已决或未决案件清单、裁判文书；和解协议、执行情况	案件是否影响公司核心资产；或有负债是否充分披露	通过裁判文书网交叉验证
7. 其他	7.1 数据与网络安全	数据合规政策（如GDPR、个人信息保护）；网络安全等级保护认证	是否存在数据泄露风险；是否履行网络安全备案	适用于互联网、医疗等敏感行业
	7.2 特许资质	行业许可证（如食品经营许可）；资质有效期及续展条件	资质是否覆盖全部业务；续展是否存在障碍	需与业务规模匹配

1. 自动检查规则说明

（1）证照有效期。若营业执照剩余有效期＜6个月，标红提示"需提前办理续期"。

（2）股权质押。若质押登记比例＞50%，提示"可能影响控制权转移"。

（3）知识产权。若专利剩余有效期＜2年，提示"需评估技术延续性"。

（4）重大合同。若合同剩余履行期＞3年且无终止条款，提示"长期履约风险"。

（5）社保缴纳。若欠缴金额＞上年度净利润的5%，提示"潜在补缴责任"。

2. 错误与疏漏防控建议

（1）交叉验证。通过工商、税务、司法系统数据比对文件真实性。

（2）第三方确认。对关键资产（如不动产），委托专业机构实地核查。

（3）承诺兜底。要求卖方承诺"无未披露债务或纠纷"，并约定违约赔偿条款。

（4）动态更新。交割前重复检索公开信息，确保无新增风险。

【使用说明】

（1）将本清单导入Excel，利用"条件格式"功能设置自动检查提示。

（2）如有缺失文件，需标注"待补充"并追踪至提交。

（3）对最终结论，需与财务、业务尽调结果整合分析。

如需进一步细化某模块内容或生成定制化清单，可提供具体行业或交易背景信息。

根据尽调清单生成的实操经验，在DeepSeek的协助下，你很快就完成了其他实施环节和风险防范的细化工作。你带着工作成果找到高年级律师或者直线上级法务，征询他们的意见和建议。他们对你的成果再次表示肯定："干得不错，项目启动的准备工作做到这个程度就差不多了。"同时，他们也提示你，进入尽职调查的实施阶段后，资料审核工作将会消耗大量的时间和人力。在需要进行交叉核对或者穿透审查的情况下，往往会因为难以发现尽调材料之间的关联性或者项目时效要求非常紧迫而引发遗漏和误判。

（三）针对尽职调查中的疑难复杂任务和事项提供高效协助

你在第四个步骤"核心法律事项审查"上停留了许久。尽管项目还未启动，但你决定提前做好准备。

高效处理尽职调查中疑难复杂任务和事项的提示词模板：

【定步骤】明确需要分析的尽调步骤。

【定任务】明确需要由DeepSeek完成的工作任务。

【给目标】明确该项工作任务需要达到的目的或者实现的目标。

提示词总结：针对第四个步骤"核心法律事项审查"，给出实操性建议，目的是确保该步骤高效完成并且不发生重大错误或者遗漏。

▶ 摘录DeepSeek回复的原文如下：

以下为针对核心法律事项审查的高效实操建议。该实操建议兼顾效率与风险防控，且能避免重大错误或遗漏。

核心法律事项审查实操建议表

（按优先级与风险等级排序）

审查重点	高效核查方法	关键风险点	防遗漏措施
1. 股权结构与股东权利	交叉核对：股东名册、工商档案、股东协议； 访谈确认：与股东、管理层核实代持、质押等未登记事项； 可视化工具：绘制股权结构图并标注权利限制（如优先权、回购权）	未披露的代持关系； 股权质押、冻结未登记； 章程特殊条款阻碍并购（如一票否决权）	要求股东签署《股权无瑕疵承诺函》； 核查央行征信系统股权质押登记； 律师团队复核章程条款

（续表）

审查重点	高效核查方法	关键风险点	防遗漏措施
2. 资产权属与负担	权证比对：资产清单、产权证书或发票； 现场标记：实地拍照并记录编号； 第三方验证：委托评估机构核查不动产抵押登记	资产权属不清（如借名登记）； 隐形权利负担（如租赁权、抵押权）； 知识产权失效	要求卖方提供资产权属证明链（合同、付款凭证、证书）； 通过国家知识产权局官网核查专利状态
3. 重大债务与担保	穿透审计：比对财务报表、银行流水、合同； 央行征信报告：调取企业信用报告，核查担保记录； 公开检索：通过中国裁判文书网查未决诉讼导致的或有债务	隐性债务（如抽屉协议）； 担保超限（违反公司章程）； 关联方债务未披露	要求财务顾问提供债务分析报告； 银行函证确认担保余额； 卖方出具《债务完全披露声明》
4. 劳动与税务合规	抽样检查：随机抽取20%员工的劳动合同、社保记录； 系统筛查：税务申报系统截图、完税凭证； 部门核查：向社保局、税务局申请合规证明	未足额缴纳社保、公积金； 竞业限制条款缺失； 历史欠税滞纳金	计算社保欠缴金额并评估补缴责任； 要求税务部门出具无违规证明； 审查核心员工竞业协议
5. 诉讼与行政处罚	三网联动：中国裁判文书网、中国执行信息公开网、信用中国网； 访谈预警：询问管理层未披露的政府调查或投诉； 行业风险库：比对同类企业高频处罚点（如环保、消防）	未决诉讼未披露； 行政处罚未整改； 行业资质失效	要求卖方提供《无未披露诉讼承诺书》； 核查处罚整改通知书； 登录监管部门官网验证资质有效性

一、效率提升技巧

1. 标准化工具包

（1）使用尽调清单模板（Excel自动标红缺失项）。

（2）建立法律问题数据库（按行业预判高频风险，如制造业环保合规、科技公司IP纠纷）。

2. 团队分工协作

（1）分模块同步推进（如A组查股权、资产，B组查合同、诉讼）。

（2）每日汇总"风险线索"，集中讨论并决策。

3. 技术工具辅助

（1）OCR扫描。快速提取合同关键条款（如违约条款、期限）。

（2）AI检索。使用法律AI工具（如Alpha、威科）批量检索关联案件。

4. 重点突破原则

（1）优先审查高风险领域（如股权代持、核心资产权属、大额对外担保）。

（2）对小额或低风险问题（如单笔小额合同违约），留待后期处理。

二、错误防控底线

1. "三不可"原则

（1）不可仅依赖文件，必须交叉验证（如合同与付款凭证比对）。

（2）不可跳过现场，对核心资产必须实地查验。

（3）不可替代承诺，卖方声明不能替代证据（如口头保证"无债务"，需银行函证）。

2. 复核机制

（1）建立"三级复核"流程，即"经办人自查—团队律师互查—合伙人终审"。

（2）对关键结论（如股权无瑕疵、资产无负担）要求书面确认。

3. 留痕管理

（1）将所有核查步骤记录于尽调工作底稿（含时间、方法、结论）中。

（2）对存疑问题，标注"待跟进"并追踪至解决。

【实务案例参考】

1. 股权代持风险

某并购案中，律师未访谈实际控制人，仅凭工商登记信息确认股权结构，后因代持纠纷导致交易失败。

改进方案：股东访谈全程录音，并要求代持人签署《股权权属确认书》。

2. 隐性债务遗漏

某公司隐瞒关联方担保，律师尽调时未调取央行征信报告，交割后买方承担巨额清偿责任。

改进方案：将征信报告核查列为必选项，由律师亲自登录央行系统下载。

通过以上方法，可在2~3周内完成核心法律审查，并确保重大风险100%覆盖。建议结合项目实际，动态调整优先级与资源分配。

随后，你带着工作成果找到高年级律师或者直线上级法务征求意见和建议，他们对你的工作成果和积极的工作态度均给予充分肯定。通过以上实操，在DeepSeek的协助下，你已经做好了深度参与这个非上市公司股权并购项目法律尽职调查的准备。

二、融资管理

企业融资主要包括股权融资、债权融资和混合融资。在股权融资中，律师和公司法务应紧密配合并承担多项职责，具体包括：①项目接洽沟通。了解交易背景，设计交易结构。②法律尽职调查。通过审查文件、访谈人员、查询信息等方式发现潜在的法律风险。③制定尽调问题方案。拟定和优化交易文件条款，重点关注股权架构、公司控制权、业绩承诺、对赌条款等关键内容。④参与商业谈判。确保交易文件的权利与义务设置合理，保障委托方融资目标实现。⑤跟踪交割。这里我们主要以律师视角展示DeepSeek是如何协助推动股权融资的。

（一）交易结构设计

假设委托方A公司有股权融资和海外上市的中长期计划，律师经与A公司管理层沟通后，了解到核心交易背景信息包括：A公司是国内一家A股上市公司的并表子公司；A公司的主营业务是机动车核心配件的设计、制造和销售；A公司握有多项正在申请和已获权利证书的发明专利；A公司的主要客户是其并表的上级母公司；A公司计划完成2轮融资后在中国香港上市。律师根据以上信息，可以利用DeepSeek快速设计出A公司A轮融资的交易结构。

设计交易结构的提示词模板：

【定公司】明确项目涉及的公司。

【讲情形】描述交易背景和项目信息。

【明身份】明确你在这项工作任务中扮演的角色。

【定任务】明确需要由DeepSeek处理的工作任务。

【给目标】明确该项工作任务的目的。

提示词总结： 委托方A公司有股权融资和海外上市的中长期计划，以下是交易背景的核心信息：A公司是国内一家A股上市公司的并表子公司；A公司的主营业务是机动车核心配件的设计、制造和销售；A公司握有多项正在申请和已获权利证书的发明专利；A公司的主要客户是其并表的上级母公司；A公司计划完成2轮融资后在中国香港上市。基于以上交易背景信息，从委托方融资项目律师的角度，至少设计3套A公司A轮融资的交易结构设计方案，供公司管理层讨论。

▶ **摘录DeepSeek回复的原文如下：**

根据A公司的背景和上市目标，结合境内监管环境和香港上市要求，提供以下3套有针对性的交易结构设计方案。

方案一：红筹架构分层融资（VIE与股权控制）

1.核心结构

（1）在开曼群岛设立上市主体（SPV），通过香港壳公司全资控股境内外商独资企业（WFOE）。

（2）通过协议控制（VIE）实现A公司并表，保留核心专利在WFOE名下。

（3）A轮投资者认购开曼SPV优先股，将资金通过FDI路径注入境内运营实体。

2.特殊条款设计

（1）设置员工持股计划（ESOP）预留池（15%），兼容未来高管股权激励。

（2）设置境内专利反向许可协议，规避技术出口管制风险。

（3）关联交易比例承诺条款（要求3年内降低至70%以下）。

3.合规要点

（1）需办理37号文外汇登记（创始人个人）。

（2）通过网信办数据出境安全评估（若涉及生产数据跨境）。

（3）母公司A股公告披露关联交易架构。

方案二：境内股权重组与跨境换股

1.核心结构

（1）将A公司拆分为技术研发（持有专利）与生产制造两个实体。

（2）引入战略投资直接增资研发公司（估值溢价可达5~8倍）。

（3）同步设立境外平行基金，通过合格境外有限合伙人（QFLP）注资境内主体。

（4）设计可转债条款，约定其在B轮融资时自动转为境外股权。

2.税务优化设计

（1）研发公司适用15%高新企业所得税优惠。

（2）生产制造公司保留在母公司体系内，享受增值税即征即退政策。

（3）在跨境换股阶段，采用特殊性税务处理。

3.法律保障措施

（1）如需专利作价入股，需完成国资评估备案（若母公司含国有成分）。

（2）设置优先清算权（1.5倍回报），保护A轮投资者。

（3）强制制定跟售权条款（Drag-along），确保退出通道。

方案三：混合架构与业务分拆

1.核心结构

（1）成立海外知识产权控股公司（BVI），承接核心专利海外使用权。

（2）境内运营实体与BVI公司签订独家授权协议（收取特许权使用费）。

（3）A轮融资分两部分。

　　境内：人民币基金增资生产主体（投后估值12～15倍PE）。

　　境外：美元基金认购BVI公司可转换优先股（附带认股权证）。

2. 上市衔接设计

（1）境内利润通过服务费、特许权费实现跨境合规转移。

（2）保留VIE架构转换空间，设置镜像股权结构。

（3）设置对赌条款，若3年内未启动上市，触发股权回购（8%年息）。

3. 监管风险缓释

（1）专利海外授权需完成技术出口登记。

（2）关联交易定价采用预约定价安排（APA）。

（3）设置外汇风险对冲机制（NDF合约）。

【方案对比分析表】

维度	方案一	方案二	方案三
合规复杂度	高（需多部门审批）	中（以境内重组为主）	较高（需跨境资金协同）
估值弹性	最高（离岸估值体系）	中等（分拆溢价）	高（双重估值体系）
上市时间	24～36个月	30～42个月	24～30个月
税务成本	15%～18%（资本利得税）	10%～12%（境内重组优惠）	18%～22%（跨境支付成本）
控制权风险	存在VIE政策风险	母公司保留控股权	双重控制结构

【建议公司结合以下要素决策】

（1）母公司对控制权的掌握程度要求。

（2）当前关联交易占比的整改可行性。

（3）核心专利的商业化应用场景的独立性。

（4）对外汇管制政策的动态预判。

注：具体条款需根据尽调结果调整，应同步启动专利FTO分析及关联交易合规审查。

上述交易结构设计方案为律师带来了许多启发。经与A公司管理层进一步沟通后，律师了解到：A公司并不在母公司核心子公司名单中，故母公司对A公司控制权的掌握程度要求不高；母公司和A公司管理层最关心的是估值弹性和上市时间两个核心要素。基于此，A公司选择方案一"红筹架构分层融资（VIE与股权控制）"，并要求律师尽快细化方案，形成融资计划和行事历。经过多轮沟通和反复修改，A公司管理层最终确定了公司A轮融资的整体交易结构和融资计划。

（二）交易文件拟定

完成对A公司的全面尽调后，除了关联交易这一事项，律师并未发现其他可能摧毁整个交易的实质性重大风险。对其他需要向投资人披露的风险事项，A公司管理层同意向投资人如实披露。基于此，A公司指示项目律师尽快起草相关的融资交易文件。

1. 生成交易文件概览

红筹架构分层融资（VIE与股权控制）涉及复杂的交易文件，为了做到心中有数，同时方便向A公司管理层直观展示交易文件体系，需要生成交易文件概览。

生成融资交易文件概览的提示词模板：

【定任务】明确需要由DeepSeek完成的工作任务。

【做限定】描述工作任务需要满足的要求和标准。

提示词总结：明确实施方案一需要拟定和签署的所有交易文件，针对每一个交易文件给出简要说明，以表格形式呈现，不要有遗漏。

▶ **摘录DeepSeek回复的原文如下：**

以下是实施方案一"红筹架构分层融资（VIE与股权控制）"所需拟定的核心交易文件清单及说明，按交易环节分类整理。

方案一交易文件清单表

文件类别	文件名称	核心内容说明
境外架构设立文件	1. 开曼SPV《股东协议》	明确创始人和A轮投资者的股权比例、优先权（优先清算、反稀释）、董事会席位分配等
	2.《优先股认购协议》	规定A轮投资者认购开曼SPV优先股的定价、交割条件、赎回条款
	3. 中国香港壳公司《股权转让协议》	确立开曼SPV对中国香港壳公司的100%控股关系

（续表）

文件类别	文件名称	核心内容说明
境内架构控制文件	4. WFOE《外商投资企业批准证书》	商务部门批准设立外商独资企业的行政许可文件
	5. WFOE《公司章程》	规定WFOE的治理结构、股东权利（香港壳公司作为唯一股东）
	6. VIE协议包（含以下子协议）：	
	6.1《独家技术咨询与服务协议》	WFOE向A公司独家提供技术咨询服务，A公司支付服务费（用于利润转移）
	6.2《股权质押协议》	A公司股东将其股权质押给WFOE，作为履行VIE协议的担保
	6.3《委托投票权协议》	A公司股东授权WFOE指定代表行使股东会表决权
	6.4《独家资产运营管理协议》	WFOE全面管理A公司的资产和业务，收取管理费
	6.5《贷款协议》	WFOE向A公司提供借款，约定高息条款（强化控制权）
	7.《专利反向许可协议》	WFOE将核心专利反向授权给A公司使用，约定使用范围、费用及违约收回机制
资金流动文件	8.《外汇登记凭证》（37号文）	创始人完成境外投资外汇登记的证明文件
	9. FDI《增资协议》	香港壳公司向WFOE增资的资金用途、验资程序约定
	10.《跨境服务费定价协议》	确定WFOE向A公司收取技术服务费的定价模型（符合转移定价规则）
合规承诺文件	11.《关联交易比例承诺函》	A公司承诺3年内将母公司关联交易占比降至70%以下
	12.《数据出境安全评估报告》	网信办对将生产数据传输至WFOE的合规性审查结论
	13.《母公司董事会决议》	A股上市公司母公司批准VIE架构及关联交易的内部决策文件
补充保障文件	14.《ESOP股权激励计划》	预留15%期权池的行权条件、归属时间表及税务处理方案
	15.《母公司担保函》	母公司对A公司履行VIE协议项下付款义务的连带责任提供担保
	16.《法律意见书》（中国、中国香港、开曼）	三方律师分别出具架构合法性、外汇合规性及上市可行性的法律意见
	17.《专利技术进出口登记证书》	商务部门批准专利授权跨境使用的备案文件（如需）

【关键文件说明】

（1）VIE协议包。需在境内公证处办理强制执行公证，确保协议可执行性。

（2）外汇登记。创始人需在资金出境前30日完成37号文登记，否则构成违规。

（3）ESOP计划。需在开曼SPV层面设置预留股份，与境内劳动关系脱钩。

（4）法律意见书。香港律师需重点论证《股权质押协议》在普通法下的有效性。

【潜在遗漏风险提示】

（1）若母公司含国有股权，需增加《国有资产评估备案表》（专利作价环节）。

（2）如涉及敏感行业（如汽车零部件），需办理《境外投资备案》（ODI）。

（3）香港壳公司需出具《税务居民身份证明》，以享受5%的股息预提税优惠。

注：在实际操作中，需根据尽调发现的关联方借款、隐性债务等情况补充《债务清偿协议》等文件。

2. 草拟交易文件初稿

如果律师需要根据项目实际起草交易文件，利用DeepSeek可以大幅度提升工作效率。

草拟某一具体交易文件的提示词模板：

【定任务】明确需要由DeepSeek完成的工作任务。

【做限定】描述交易文件的主要内容或者主要目的。

提示词总结：*针对交易文件"15《母公司担保函》"生成文件初稿，该文件主要规定母公司对A公司履行VIE协议项下的付款义务承担连带担保责任。*

对交易文件清单表中的其他协议和文件，也可以通过DeepSeek快速生成初稿，以供律师进一步审核和完善。鉴于前文中已有起草合同条款的展示和操作说明，这里不再重复"合同管理"的内容。

▶ **摘录DeepSeek回复的原文如下：**

母公司担保函（初稿）

致：[WFOE名称]（以下简称"债权人"）

由：[母公司名称]（以下简称"担保人"）

日期：[填入日期]

担保人依据中国法律合法设立并有效存续的A股上市公司，持有[A公司名称]（以下简称"债务人"）[××]%的股权。

债务人与债权人已签署VIE协议包（定义见下文），约定债务人需履行包括但不限于支付技术咨询费、管理费、借款本息等付款义务（统称"被担保债务"）。

担保人自愿为债务人履行被担保债务提供不可撤销的连带责任保证担保。

一、担保条款

第一条 担保范围

担保人承诺对债务人在VIE协议包项下的所有付款义务承担连带保证责任，包括：

（1）《独家技术咨询与服务协议》约定的服务费及违约金。

（2）《贷款协议》项下的本金、利息及逾期罚息。

（3）《独家资产运营管理协议》产生的管理费。

（4）因债务人违约导致的损害赔偿、诉讼费用及实现债权的合理开支。

第二条 担保性质

（1）本担保为不可撤销、无条件的连带责任保证，债权人有权直接要求担保人履行债务，无须先行追索债务人。

（2）担保人放弃对债权人行使担保权的任何抗辩（包括但不限于先诉抗辩权）。

第三条 担保期间

自本函签署之日起生效，持续至以下较晚者：

（1）被担保债务全部清偿完毕。

（2）VIE协议包终止后满[2]年。

第四条 担保人承诺

（1）担保人已取得签署本函所需全部内部授权（包括董事会及股东大会决议），并已履行A股上市公司对外担保的信息披露义务；

（2）担保期间不进行可能损害债权人利益的资产转移、债务重组等行为；

（3）发生债务人违约时，担保人应在收到债权人书面通知后[5]个工作日内足额偿付。

第五条 违约责任

担保人未及时履行担保义务的，应每日按未偿付金额的0.05%缴纳滞纳金，直至实际清偿日止。

二、法律适用与争议解决

（1）本函适用中国法律；

（2）因本函产生的争议，双方同意提交[中国国际经济贸易仲裁委员会（CIETAC）]仲裁解决，仲裁地为[北京]，仲裁裁决为终局。

三、签署页

担保人：［母公司名称］

法定代表人（签字）：＿＿＿＿＿＿＿＿＿＿＿＿

公章：

日期：＿＿＿＿＿＿＿＿＿＿＿＿＿＿＿＿＿＿

债权人确认：［WFOE名称］

授权代表（签字）：＿＿＿＿＿＿＿＿＿＿＿＿

公章：

日期：＿＿＿＿＿＿＿＿＿＿＿＿＿＿＿＿＿＿

四、附件清单

（1）担保人董事会及股东大会关于本担保的决议（加盖公章）。

（2）VIE协议包目录及签署页复印件。

（3）担保人最新营业执照副本。

【使用说明】

（1）合规审查。担保人需确保本担保已按《上市公司监管指引第8号——上市公司对外担保》履行公告及股东大会程序。

（2）跨境衔接。若债权人涉及外资成分，需同步办理《跨境担保外汇登记》（中国人民银行28号文）。

（3）风险提示。本函需与《股权质押协议》协同执行，债权人可同时主张质押权与担保权。

注：需根据具体交易条款及法律顾问意见对本初稿进行修订，并办理公证手续，以增强执行力。

（三）协助谈判签约

在商业谈判中，投融双方关注的交易文件内容一般可以分为两类：一类是经济性条款，核心在于规定投资的经济收益如何计算、分配以及保障，主要关注投资的经济价值和回报机制，直接影响投资者和企业的经济利益；另一类是控制性条款，核心在于分配企业控制权，确保投资者在公司治理结构中拥有一定的权力，以保护其投资利益和降低投资风险，主要关注投资者在公司治理中的地位和权力。律师会协助融资方进行商业谈判，并根据商谈结果修改核心交易文件，直至投融双方达成一致。

1.快速检索经济性条款和控制性条款

作为融资方律师，需要了解主要的经济性条款和控制性条款，以便为后续拟定和审核交易文件打下基础。

快速检索经济性和控制性条款的提示词模板：

【讲情形】描述项目背景或者具体情形。

【定任务】明确需要由DeepSeek完成的工作任务。

【做限定】明确完成工作需要满足的条件或者标准。

提示词总结：列出A公司A轮融资时，融资方和投资人关心的经济性条款和控制性条款，以表格形式展示，需要有条款内容的简要说明，无须列出条款内容。

▌ **摘录DeepSeek回复的原文如下：**

以下是A公司A轮融资中，融资方（A公司及其创始人）和投资人关心的经济性条款与控制性条款分类及简要说明，以表格形式呈现。

A轮融资核心条款分类表

条款类别	条款名称	核心关注点说明
	直接影响投资人收益和融资方财务权益的条款	
	1. 估值条款	确定投前/投后估值、投资人入股价格及持股比例
	2. 清算优先权	公司清算时投资人优先于普通股股东获得回报的倍数（如1倍或2倍）及是否参与剩余分配
	3. 反稀释条款	后续融资估值低于A轮时，投资人股权比例的保护机制（完全棘轮或加权平均）
经济性条款	4. 股息权	优先股股东是否享有固定股息分配权（通常与上市/回购挂钩）
	5. 回购权	未在约定时间上市时，投资人要求公司/创始人按约定价格回购股份的权利
	6. 跟投权	投资人参与未来融资以维持持股比例的权利
	7. 优先认购权	公司发行新股时，投资人的优先认购权（按比例或超额认购）

（续表）

条款类别	条款名称	核心关注点说明
控制性条款	影响公司治理、决策权和投资人监督权的条款	
	1. 董事会席位	投资人在董事会中的席位数量及提名权
	2. 保护性条款	须经投资人批准的重大事项（如增资、并购、章程修改、关联交易等）
	3. 领售权（drag-along）	多数投资人同意出售公司时，强制其他股东跟随出售的权利
	4. 创始人限制条款	创始人股权锁定期、竞业禁止、全职服务要求及离职回购机制
	5. 信息权	投资人获取公司财务报表、业务进展等信息的频率和范围
	6. 最惠国待遇	确保后续融资中投资人享有不低于新投资人的优先权
	7. ESOP预留池	期权池的规模（如15%）及授予对象、行权条件
	8. 关联交易限制	对A公司与母公司关联交易的比例、定价机制及独立性的约束

一、条款关键博弈点

1. 经济性条款

（1）投资人关注清算优先权倍数（是否参与分配）和反稀释强度（完全棘轮对创始人更不利）。

（2）融资方需限制回购权触发条件（如上市期限设定）和股息支付条件（避免现金流压力）。

2. 控制性条款

（1）投资人要求保护性条款覆盖范围（如核心业务变更需经双方一致同意）。

（2）融资方需争取创始人控制权保留（如董事会席位比例、领售权触发阈值）。

3. 行业特殊性

因A公司关联交易占比较高，需特别设计关联交易限制条款（如逐年降比、第三方公允定价）。

二、条款优先级建议

优先级	投资人关注	融资方关注
高	清算优先权、反稀释条款	估值条款、创始人限制条款
中	领售权、董事会席位	保护性条款范围、回购权
低	股息权、信息权	跟投权、ESOP预留池

注：在实际谈判中，需结合公司发展阶段、行业竞争格局及投资人战略诉求调整条款权重。

交易双方谈判，应确保交易文件的权利与义务条款设置合理，以保障委托方实现融资目标。

2. 就投融双方的关注点给出示范条款和谈判策略

以投融双方交锋比较激烈的股东回购权为例生成示范条款，提示词模板：

【讲情形】明确工作任务相关的背景信息。

【定任务】明确需要由DeepSeek完成的工作任务。

提示词总结： 结合项目特点，针对股东回购权给出示范条款。

▍**摘录DeepSeek回复的原文如下：**

股东回购权示范条款（结合A公司项目特点）

第一条 回购触发事件

在以下任一情形发生时，A轮投资人有权要求义务人回购其持有的全部或部分股权。

1. 上市失败

公司未在投资交割后[48个月]内完成香港联交所主板上市。

2. 业绩对赌未达标

经审计，连续两个会计年度营业收入复合增长率低于[30%]（关联交易收入需按第三方公允值折算）。

3. 控制权变更

创始人团队合计持股比例低于[50%]或丧失董事会多数席位。

4. 重大违约

公司或创始人实质性违反VIE协议、关联交易限制承诺或专利授权协议。

5. 政策风险

境内监管部门认定VIE架构违法，且[6个月]内未完成合规整改。

6. 关联交易失控

向母公司销售占比未按承诺降至[70%]以下，且未取得投资人书面豁免。

第二条 回购义务人

回购责任按以下顺序承担。

1. 创始人连带责任

创始人以个人财产承担首要回购义务。

2. 开曼SPV补充责任

公司（开曼SPV）以可分配利润补充回购。

3. 母公司担保责任

母公司按担保函承担差额补足义务（若境内资金出境受阻）。

第三条 回购价格

回购价格按以下较高者确定。

1. 本金加溢价

投资本金+[8%]年化单利（若部分业绩达标，年化单利可降至[6%]）。

2. 公允价值

回购时，公司最近一轮投后估值的[80%]对应股权价值。

第四条 支付方式与时限

1. 货币选择

优先以美元支付（境外执行），若外汇管制限制，则境内以人民币支付（汇率采用跨境支付当日央行中间价）。

2. 分期条款

超过[500万美元]部分可分[2]期，首期支付比例不低于[60%]。

3. 行权期限

义务人需在收到书面通知后[90日]内完成支付，逾期未付部分按[0.05%]/日计收滞纳金。

第五条 优先权保障

1. 优先受偿顺序

A轮投资人回购权优先于后续轮次投资人及普通股股东。

2. 资产质押联动

创始人所持开曼SPV股权需质押给投资人，作为回购履约担保。

3. 资金出境备案

若需境内资金跨境支付，母公司应协助完成ODI补登记。

第六条 免责情形

以下情况可豁免回购义务。

1. 不可抗力

因战争、外汇管制等导致上市推迟，可延长[12个月]。

2. 政策利好

境内监管开放VIE架构企业直接境外上市，视为已满足上市条件。

3. 投资人过错

例如，因投资人故意阻挠上市进程导致上市失败。

第七条 争议解决

1. 管辖法律

管辖法律为开曼群岛法律（SPV层面）及中国法律（境内担保部分）。

2. 仲裁机构

如有争议，提交香港国际仲裁中心（HKIAC）仲裁，仲裁语言为英文。

【条款设计要点说明】

1. 红筹架构适配

（1）明确开曼SPV与境内实体的责任衔接，设置美元/人民币双路径支付机制。

（2）要求创始人境外持股平台（BVI公司）股权质押，规避跨境执行障碍。

2. 关联交易约束

（1）将关联交易占比整改纳入触发条件，且按"第三方公允价值"折算业绩，防止财务操纵。

（2）母公司担保责任与《VIE协议包》中的关联交易承诺形成闭环。

3. 专利风险覆盖

（1）在"重大违约"中纳入专利授权协议的履行瑕疵（如WFOE不当收回授权）。

（2）回购价格设置"公允价值"选项，防止专利失效导致的估值塌缩。

4. 投资人退出保障

（1）允许部分回购（如仅要求回购业绩未达标对应的股权比例部分）。

（2）滞纳金利率高于境内借贷利率上限（现行LPR的4倍为15.4%），形成履约压力。

注：本条款需与《股东协议》《公司章程》及《母公司担保函》联动修订，并取得开曼律师对回购权效力的合规意见。

经与公司管理层讨论，上述回购条款可以作为融资方与投资人谈判的初步参考。这时还需要律师给出谈判策略，以使融资方在与投资人谈判时有所依循。

生成谈判策略的提示词模板：

【定条款】明确需要谈判的具体条款。

【明身份】明确你在该项工作任务中扮演的角色。

【定任务】明确需要由DeepSeek完成的工作任务。

【做限定】明确完成工作任务需要满足的条件或者标准。

提示词总结：针对上述回购条款，你作为律师，为A公司与投资人谈判制定策略，要求清晰、明确、简洁。

▶ 摘录DeepSeek回复的原文如下：

A轮回购权条款谈判策略

一、谈判核心目标

1.限制触发情形

压缩回购触发事件范围，避免过度严苛的条件。

2.降低履约成本

控制回购价格上限，优化支付方式，减轻现金流压力。

3.分散履约责任

避免创始人个人无限连带责任，优先由公司主体承担。

二、分项条款谈判策略

条款	投资人诉求	A公司应对策略
触发事件	扩大触发范围（如单年度业绩未达标即触发）	1. 仅保留核心触发事件（上市失败+重大违约） 2. 延长上市期限至60个月，增加缓冲期 3. 关联交易占比触发值从70%放宽至80%
回购义务人	创始人承担首要责任	1. 优先由开曼SPV以公司资产承担 2. 创始人责任限额（如不超过持股价值的150%） 3. 要求母公司同步提供担保
回购价格	本金+8%年化单利/公允价值孰高	1. 固定利率降至6%（参考LPR 4倍上限） 2. 公允价值条款增加"扣除非关联交易估值"调整项 3. 分期付款首期比例降至50%

（续表）

条款	投资人诉求	A公司应对策略
支付方式	美元一次性支付	1. 允许人民币境内支付（汇率锁定） 2. 大额款项分3期（每期间隔6个月） 3. 滞纳金利率降至0.03%/日
免责情形	严格限定豁免条件	1. 明确"不可抗力"定义（含监管政策突变） 2. 增加"投资人过错"豁免情形（如阻挠上市材料提交）

三、优先级排序与让步逻辑

优先级	条款	底线	可交换筹码
高	创始人责任限额	个人资产不超持股价值的200%	接受更高利率（7%）或延长上市期
高	关联交易触发比例	不低于75%	承诺引入第三方客户（提供意向协议）
中	回购利率	不超8%（单利）	允许投资人在B轮享有优先认购权
低	支付分期期数	接受2期支付	提前释放部分质押股权

四、替代方案准备

1. 对赌转化条款

若触发回购但资金不足，允许投资人将债权转为下一轮融资优先股（转股价按B轮估值的80%计算）。

2. 阶梯利率设计

按上市延迟时长分段计息（如24个月以内为8%，24～36个月为6%）。

3. 资产质押置换

以境内专利替代创始人股权作为担保物（需办理跨境质押登记）。

五、法律风险提示

1. 外汇合规

若以人民币支付，需同步签署《跨境担保协议》并完成外管局备案。

2. 母公司担保效力

确保母公司担保程序符合A股上市公司对外担保规则（公告+股东大会）。

3. 司法冲突预防

明确开曼SPV回购条款与境内担保文件适用法律衔接（建议香港仲裁）。

六、沟通话术要点

1. 强调共赢

"回购权是投资人的退出保障,但过度严苛的条款可能导致公司估值受损,反而不利于后续融资。"

2. 数据支撑

"行业平均上市周期为54个月(附第三方数据),建议将上市期限调整至更合理的区间。"

3. 风险对冲

"明确创始人责任限额可确保团队稳定性,这与投资人的长期利益一致。"

注:谈判全程需同步修订条款清单并标注争议点,每轮谈判后出具《条款修订对比表》,以供决策层快速确认。

(四)交割跟踪反馈

1. 快速生成交割清单

交易文件签署后,律师需要对交割条件的达成情况进行跟踪反馈,以推动投融双方按期完成各交割事项,从而顺利完成项目交割。交割清单的价值在于两个方面:一方面,系统梳理和直观展示实现交割需要达成的所有条件,避免发生重大遗漏;另一方面,可以有效追踪各项交割条件的达成情况,及时提示可能延迟交割的风险并作出应对,最大限度保障按期交割。

生成交割事项清单的提示词模板:

【讲情形】描述工作任务相关的背景和信息。

【定任务】明确需要由DeepSeek完成的工作任务。

【给目标】明确工作任务目标。

提示词总结:根据已有的项目信息和交易文件信息,拟定交割事项清单,以便让律师帮助融资方公司跟踪交割事项。

▶ **摘录DeepSeek回复的原文如下:**

A轮融资交割事项清单

(供律师跟踪反馈使用,按优先级排序)

一、公司内部事项

事项	负责方	文件要求	截止日期	状态
1. 股东会、董事会决议通过融资方案	A公司董事会	决议文件（中英文版，公证）	[日期]	☐
2. 公司章程修订（新增优先股条款）	公司秘书	修订后章程（开曼SPV及WFOE）	[日期]	☐
3. 股东名册更新（记录A轮投资者）	开曼SPV注册代理	股东名册（加盖注册代理章）	[日期]	☐

二、投资人相关事项

事项	负责方	文件要求	截止日期	状态
4. 投资人资金到位确认	投资人财务	资金到账凭证（境外账户流水）	[日期]	☐
5.《股东协议》签署	各方律师	最终签署协议（电子签与纸质签）	[日期]	☐
6. 优先股股权登记（开曼SPV）	开曼SPV注册代理	股权证书、登记册更新证明	[日期]	☐

三、政府审批与登记

事项	负责方	文件要求	截止日期	状态
7. 外汇登记（37号文）	外管局	37号文登记凭证	[日期]	☐
8. FDI外商投资企业变更登记（WFOE）	地方商务局	新营业执照与批准证书	[日期]	☐
9. 跨境担保外汇登记（母公司担保）	外管局	跨境担保登记表（银行盖章）	[日期]	☐
10. 数据出境安全评估（网信办）	网络安全部门	《数据出境安全评估通过通知书》	[日期]	☐
11. 专利跨境许可备案（商务部）	知识产权局	《技术进出口合同登记证书》	[日期]	☐

四、协议与控制文件

事项	负责方	文件要求	截止日期	状态
12. VIE协议包签署及公证	境内律师	公证处出具的公证书（含协议原件）	[日期]	□
13.《母公司担保函》董事会决议	母公司董事会	决议文件（附A股公告截图）	[日期]	□
14. 股权质押登记（创始人BVI公司）	香港律师	质押协议与开曼SPV股东名册备注	[日期]	□

五、资金与账户

事项	负责方	文件要求	截止日期	状态
15. WFOE资本金账户开立	境内银行	开户许可证与外汇局核准件	[日期]	□
16. FDI资金入账结汇	财务团队	结汇水单与税务备案表	[日期]	□
17. 上市主体（开曼SPV）银行账户激活	开曼银行	账户激活确认函	[日期]	□

六、后续义务

事项	负责方	文件要求	截止日期	状态
18. ESOP计划设立（开曼SPV层面）	股权激励顾问	ESOP管理协议与期权授予协议	[日期]	□
19. 关联交易整改计划提交	A公司管理层	《关联交易比例降低方案》（附第三方客户清单）	[日期]	□
20. 上市辅导协议签署	保荐机构	上市服务协议（香港律师审阅）	[日期]	□

【注意事项】

1. 合规性核查

（1）确保VIE协议与《外商投资法》无冲突（需境内律师出具合规备忘录）。

（2）验证外汇登记与资金路径匹配（避免"混同出资"风险）。

2. 时间节点

（1）政府审批事项（如37号文登记）需至少预留20个工作日。

（2）资金交割前需取得所有控制文件的公证与备案回执。

3. 文件存档

（1）单独标注需提交香港联交所的证明文件（如开曼SPV合规证明）。

（2）保留跨境支付凭证原件，供未来税务稽查使用。

【交割完成标准】

（1）取得所有政府审批文件的原件。

（2）投资人资金全额到账并完成结汇。

（3）股东名册、质押登记等公示性文件更新完毕。

（4）律师团队出具《交割条件成就确认书》。

注：本清单需每48小时更新一次，同步发送至公司管理层、投资人代表及三方中介邮箱。

2. 针对交割清单中的各交割事项给出审查建议和要点

律师还需审核和判断各交割事项的达成情况。

判断某交割事项是否达成的提示词模板：

【明身份】明确你在这项工作任务中的具体角色。

【定任务】明确需要由DeepSeek完成的工作任务。

【做限定】明确完成工作任务需要满足的标准或者要求。

提示词总结： 针对交割事项清单中的第13项是否达成给出审核要点和交付物清单。

按照这一方法，律师可以快速获得每一个交割事项的审核要点及交付物清单，特别是在发生错误或者存在风险时，可以快速获取化解风险的办法与措施。这一方法既能提高工作效率，又能改善工作质量。

▌摘录DeepSeek回复的原文如下：

交割事项中第13项的审核要点及交付物清单

事项名称：《母公司担保函》（以下简称《担保函》）董事会决议

审核目标：确认母公司（A股上市公司）出具担保函的内部决策程序合法有效，且符合上市公司监管规则。

一、核心审核要点

1. 决策程序合规性

（1）审批层级：

① 根据母公司的《公司章程》及《上市公司监管指引第8号》，核查担保金额

是否触发股东大会审批门槛（通常担保金额为净资产的10%或绝对值超5000万元需经股东大会批准）。

② 验证董事会决议中列明的担保金额与担保函是否一致。

（2）表决程序：

① 确认董事会出席人数符合章程要求（通常需过半数董事出席）。

② 关联董事回避情况（若母公司为A公司控股股东，需排除关联董事表决）。

2. 公告披露合规性

（1）披露时限：

① 核查董事会决议通过后2个交易日内是否在指定媒体（如巨潮资讯网）公告。

② 核查公告内容是否完整披露担保对象、金额、期限及风险提示。

（2）内容一致性：

对比公告文本与担保函核心条款（担保范围、责任形式）是否存在冲突。

3. 文件有效性

（1）签署形式：

① 董事会决议需加盖母公司公章，并有法定代表人签字。

② 若为传签决议，需注明"传签方式符合公司章程第[××]条"。

（2）时效性：

① 决议日期不得早于担保函签署日。

② 担保有效期覆盖VIE协议履行期（至少至上市后1年）。

二、必查交付物清单

交付物	审核标准
1. 母公司董事会决议原件	列明担保对象（A公司）、金额（或比例）、担保方式（连带责任）；附表决结果（赞成或反对票数）
2. 股东大会决议（如需）	若担保金额超章程限额，需提供股东大会决议及公证文件
3. 上市公司公告截图	公告编号、披露时间、内容与董事会决议一致；包含深交所或上交所审核通过标识
4. 公司章程（担保条款）	重点标注对外担保审批权限条款（董事会、股东大会分级标准）
5. 法律意见书	由母公司律师出具，确认担保程序合法有效

三、风险预警及应对

风险类型	应对措施
程序瑕疵	若发现未经股东大会审批的越权担保，需要求母公司补充召开股东大会或调整担保金额
披露遗漏	立即补发更正公告，并向交易所提交书面说明
条款冲突	修订担保函中的责任范围，与董事会决议表述保持一致

四、审核结论模板

经核查，母公司[名称]已针对为A公司提供连带责任担保事项履行以下程序：

（1）于[日期]召开第[××]届董事会第[××]次会议，审议通过《关于为子公司提供担保的议案》，表决结果为[赞成×票，反对×票，弃权×票]。

（2）于[日期]在[指定媒体]发布《对外担保公告》（公告编号：[×××]），披露内容与决议一致。

（3）担保金额未超过公司章程规定的董事会权限，无须股东大会批准（或已取得股东大会决议，见附件）。

综上，母公司出具担保函的决策程序合法有效，符合《公司法》《上市公司监管指引第8号》及公司章程规定。

五、操作指引

1. 交叉验证

依据董事会决议日期、公告日期、担保函签署日期绘制时间轴，确保顺序合规。

2. 留痕管理

要求母公司提供董事会会议通知、签到表、表决票等过程性文件备查。

3. 监管衔接

同步核查母公司最近3年对外担保台账，排除违规担保历史导致的连带风险。

注：若母公司含国有股权，需额外核查《企业国有资产法》要求的国资监管审批程序。

三、投资并购管理

融资和投资并购就像一枚硬币的两面，从工作技能和工作经验的角度看，两者可以相互验证、相互促进。前文展示了DeepSeek如何帮助律师和法务处理融资法律事务，下面我们将以非上市公司股权并购项目为例，看看DeepSeek如何协助律师和法务推动投资并购项目。这里主要选择业绩对赌和交割后整合这两项重点内容进行展示。

（一）业绩对赌安排

尽调进展得非常顺利，项目很快进入商业谈判环节。在谈判后期，投融双方卡在是否进行业务对赌以及如何进行业绩对赌上。目标公司是一家初创的创新药企业，创业团队和科研技术都属一流，但没有现金流。投资方是一家中小型精品私募公司，在创新药研发这个细分赛道上经验非常丰富。这天，合伙人律师召集项目律师团队开会，简要地向大家同步项目进展，并强调业绩对赌和绑定目标公司核心团队是甲方的明确要求，现在唯一的问题是如何推进。鉴于你在法律尽职调查中的突出表现，合伙人律师安排你尽快整理一份业绩对赌条款的检索报告，目标是找到市场上与目标公司较为匹配的业绩对赌条款。

1. 快速掌握主流业绩对赌方式

快速了解主流业绩对赌方式的提示词模板：

【定任务】明确需要由DeepSeek完成的工作任务。

【讲情形】明确工作任务需要满足的条件或者标准。

提示词总结：检索并给出市场上针对股权并购投资项目的主流业绩对赌条款。

▶ 摘录DeepSeek回复的原文如下：

在股权并购或投资项目中，业绩对赌（valuation adjustment mechanism, VAM）是一种常见的风险控制机制，旨在通过约定未来业绩目标或特定事件触发条件来平衡投资方与目标公司原股东（或管理层）之间的投资风险与收益。下面介绍市场上主流的业绩对赌条款类型及关键内容。

一、主流的业绩对赌条款类型

1. 财务指标对赌

（1）核心指标：净利润（net profit）、营业收入（revenue）、息税折旧摊销前利润（EBITDA）、毛利率（gross margin）等。

（2）常见形式：

业绩承诺：原股东承诺目标公司未来×年（通常为3～5年）累计或年度财务指标达到约定值。

动态调整：根据实际完成情况动态调整估值或股权比例（如未达标则补偿股份或现金）。

2. 上市对赌（IPO对赌）

触发条件：约定目标公司在特定期限内完成IPO（如未上市则触发回购或

补偿）。

补偿方式：原股东按约定利率（如年化8%~15%）回购投资方股权，或调整估值。

3. 非财务指标对赌

用户增长：如日活跃用户（DAU）、月活跃用户（MAU）、付费用户数等。

市场份额：约定在特定市场达到一定占有率。

技术、产品里程碑：如新药研发进度、产品量产时间、专利获取等。

4. 估值调整对赌

双向对赌：若超额完成业绩，投资方给予原股东奖励（如额外股权或现金）；若未完成业绩，原股东补偿投资方。

单向对赌：仅约定未达标的补偿机制。

二、常见的补偿机制

1. 现金补偿

公式示例：补偿金额=（承诺净利润−实际净利润）×投资方持股比例。

适用场景：现金流充足的公司，但对原股东来说，短期资金压力较大。

2. 股权补偿（股份调整）

操作方式：原股东无偿或低价向投资方转让股份，以补偿估值差额。

示例：若净利润未达承诺值的80%，原股东按差额比例转让股权。

3. 回购权（put option）

触发条件：如业绩不达标或公司未如期上市，投资方有权要求原股东按"本金+利息"回购股份。

利率：通常为8%~15%的年化收益率。

4. 优先清算权

在目标公司清算时，投资方可优先于原股东获得一定倍数（如1.5~2倍）的投资本金返还。

三、条款设计的关键点

1. 合理性验证

业绩目标需基于行业均值、历史数据及增长潜力，以避免脱离实际，导致对赌失败（如"俏江南"案因激进对赌导致原公司所有人失去控制权）。

2. 法律合规性

中国《全国法院民商事审判工作会议纪要》规定，与公司对赌可能因损害债权人利益而无效，但与股东对赌通常有效。

需避免"明股实债"嫌疑,确保条款不违反《公司法》。

3. 风险缓冲设计

容忍区间:设置业绩达标缓冲带(如完成率为90%～110%时不触发补偿)。

分期考核:分年度考核而非累计考核,降低单一年度波动影响。

4. 退出路径绑定

对赌条款与IPO、并购等退出方式挂钩,明确时间表及触发条件。

四、典型案例参考

1. 蒙牛乳业与摩根士丹利(成功案例)

蒙牛管理层与投资方约定2003—2006年复合增长率不低于50%,超额完成目标后投资方奖励股权,推动蒙牛上市。

2. 永乐电器与摩根士丹利(失败案例)

因业绩未达对赌要求,永乐电器被迫与国美合并,原股东失去控制权。

3. 华谊兄弟收购东阳美拉(影视行业对赌)

冯小刚承诺5年累计净利润6.74亿元,如未完成则以现金补足。

五、趋势与注意事项

1. 灵活性增强

近年来,对赌条款更多采用分层补偿、动态调整机制,旨在降低"一刀切"风险。

2. ESG[①]对赌兴起

部分投资协议纳入环保、社会责任等非财务指标。

3. 争议解决

明确仲裁、诉讼管辖地,避免因条款模糊引发纠纷。

2. 给出适配的业绩对赌条款

DeepSeek给出的回复中似乎并不包含"核心研发团队稳定性"这个关键性因素,另外行业匹配度也不高。

给出适配的业绩对赌条款的提示词模板:

【讲情形】明确投资人和目标公司的基本信息。

【定任务】明确需要由DeepSeek完成的工作任务。

---

① 环境、社会和公司治理又称为ESG(environmental, social and governance),是环境(environmental)、社会(social)和治理(governance)的简称,即从环境、社会和公司治理3个维度评估企业经营的可持续性与对社会价值观念的影响。

【做限定】明确工作任务需要满足的条件或者标准。

提示词总结：投资方是一家中小型私募基金公司，目标公司是一家初创的创新药企业，生成3条业绩对赌条款，对赌事项中需包含保持目标公司核心研发团队稳定。

▶ **摘录DeepSeek回复的原文如下：**

以下是针对中小型私募基金公司（投资方）与初创的创新药企业（目标公司）设计的3条包含保持核心研发团队稳定的业绩对赌条款示例，条款结合财务与非财务指标，并注重法律合规性与可操作性。

条款一：研发里程碑与团队稳定性双向对赌

（一）对赌事项

1. 研发里程碑

目标公司需在投资后3年内至少完成1项创新药品种的Ⅱ期临床试验，并提交新药临床试验申请（IND）。

2. 团队稳定性

核心研发团队成员（明确列出名单，如首席科学家、核心技术人员等）在职率需保持≥90%，且无关键人员（如研发总监）主动离职。

（二）补偿机制

1. 未达标情形

若研发里程碑节点未完成，或核心研发团队成员在职率＜90%，原股东按投资方持股比例无偿转让5%～10%的股权作为补偿。

若关键人员离职，额外触发投资方优先清算权（1.5倍本金返还）。

2. 超额完成奖励

若提前完成里程碑节点且团队稳定，投资方释放2%期权池用于激励核心研发团队。

条款二：商业化收入与团队绑定对赌

（一）对赌事项

1. 收入目标

投资后第2年起，目标公司年商业化收入（含技术授权、合作开发分成）需达到5000万元。

2. 团队绑定

核心研发团队成员需签署3年竞业禁止协议，且在职期间不得从事同类药物研发。

创始人及核心研发团队成员需质押20%个人股权，团队稳定期满后逐步解禁。

（二）补偿机制

1.若收入未达目标的80%或核心成员违反竞业协议

原股东按差额比例以现金补偿（如差额每少10%，补偿投资金额的5%）。

质押股权由投资方优先处置。

2.若收入目标超额达成

投资方追加投资时给予估值上浮10%的优惠。

条款三：IPO对赌与团队持续服务条款

（一）对赌事项

1.上市时间

目标公司需在投资后5年内完成科创板或港股18A上市。

2.团队服务期

创始人及核心研发团队成员需承诺持续服务至上市后满2年。

上市前，核心研发团队成员股权归属按4年分期解锁（每年25%）。

（二）补偿机制

1.若未如期上市或核心研发团队成员提前离职

原股东按"本金+10%年化利息"回购投资方股权。

已离职成员未解锁股权由投资方代持。

2.若提前上市且团队稳定

投资方放弃回购权，并支持管理层实施股权激励。

【条款设计要点说明】

1.核心研发团队定义

需在协议附件中明确列出核心研发团队成员的姓名、职位及替代人选标准，避免产生争议。

2.缓冲机制

允许核心研发团队成员自然流失率≤10%（如退休、健康原因），不触发补偿。

研发里程碑可分段考核（如考核Ⅱ期临床试验分阶段完成度）。

3.法律合规

竞业协议需符合《劳动合同法》的规定，补偿金额与范围合理。

股权质押及回购条款需与股东（而非公司）签订，规避《全国法院民商事审判工作纪要》中列出的风险。

【适用场景建议】

条款一：适合技术风险高的早期药企，绑定研发进度与团队稳定性。

条款二：适合已初步规划商业化路径的企业，平衡收入与人才保留。

条款三：适合中后期Pre-IPO项目，强化上市预期与团队长期绑定。

3. 生成适配条款的谈判策略

综合考虑目标公司的实际情况，你也认为业绩对赌条款一的适配度最高。为了进一步做好工作，你想制定一个沟通策略，以帮助合伙人律师更好地与甲方沟通并说服其采用条款一来与目标公司谈判。

制定适配对赌条款一的谈判策略的提示词模板：

【定条款】明确需要谈判的具体条款。

【明身份】明确你在工作任务中的角色及对方的角色。

【定任务】明确需要由DeepSeek完成的工作任务。

提示词总结：针对条款一，帮助合伙人律师制定与投资方基金公司负责人沟通的策略，并明确实施方法。

▌**摘录DeepSeek回复的原文如下：**

以下是针对"条款一：研发里程碑与团队稳定性双向对赌"的沟通策略及具体方法，该策略及方法有助于合伙人律师与投资方基金公司负责人高效沟通，达成共识。

一、沟通目标

1. 核心诉求

（1）确保投资方理解条款设计的双向风险共担逻辑（研发风险与团队稳定性绑定）。

（2）消除投资方对"初创药企风险高"的顾虑，展现条款对双方利益的平衡。

2. 底线维护

（1）避免针对目标公司的过度惩罚性条款（如股权补偿比例过高）。

（2）保持缓冲机制中的合理缓冲空间（如自然离职率）。

二、分阶段沟通策略

阶段1：前期准备（建立专业信任）

1. 数据支撑

（1）整理行业对标案例（如创新药企Ⅱ期临床试验平均周期、成功率）。

（2）提供目标公司核心研发团队成员背景资料（如首席科学家的学术成果、既往项目经验），证明团队稳定性与研发能力正相关。

2. 法律合规预判

引用《全国法院民商事审判工作会议纪要》及类似判例，说明条款设计已规避"与公司对赌无效"风险（补偿责任主体为原股东，非目标公司）。

3. 沟通话术示例

"根据我们对2022年A股生物医药企业对赌条款的统计，80%的条款将团队稳定性与研发里程碑绑定，且股权补偿比例集中在5%～8%。条款一的设计对标了行业安全阈值，同时我们已通过××案例验证了法律可行性。"

阶段2：条款解析（聚焦投资方利益）

1. 拆分条款逻辑

研发里程碑：强调Ⅱ期临床试验是"估值跃升点"，完成即可触发下一轮融资或并购机会。

团队稳定性：将核心研发团队定义为"核心资产"，其稳定性直接影响研发成功率（如某药企首席科学家离职导致企业估值下跌40%）。

2. 补偿机制合理性

说明"股权补偿比例集中在5%～10%"的依据（如未达标时企业估值下降幅度模拟测算）。

解释"优先清算权1.5倍本金"的行业普遍性（避免投资方要求更高倍数）。

3. 沟通话术示例

"如果核心研发团队成员流失率超过10%，根据历史数据，企业估值可能缩水30%以上。我们设置5%～10%的股权补偿，实际是让原股东承担了主要风险，而非由投资方完全兜底。"

阶段3：风险应对（预判投资方质疑）

1. 潜在质疑点预判

质疑1："若原股东无力支付股权补偿怎么办？"

回应：约定补偿股权由第三方托管机构冻结，或转化为分期现金支付。

质疑2："如何定义'主动离职'？若投资方挖走核心研发团队成员是否免责？"

回应：在协议中明确"主动离职"排除投资方干预的情形，并设置争议仲裁条款。

2. 案例对比法

列举蒙牛对赌成功案例（团队稳定+超额完成），对比俏江南失败案例（条款过于刚性），说明本条款的平衡性。

3. 沟通话术示例

"我们参考了蒙牛的对赌设计，允许核心研发团队有低于10%的自然流失缓冲，这与药企研发长周期、高波动的特性相匹配。如果条款过于严苛，反而可能导致团队为短期目标牺牲长期战略，具体可参考当年永乐电器被迫出售的案例。"

阶段4：利益平衡（增加柔性条件）

1. 交换条件提议

若投资方坚持提高股权补偿比例，可要求对方开放后续融资优先跟投权或降低回购利率。

2. 动态调整机制

提议对赌期间每年进行一次"条款复审"，根据研发进展适度调整里程碑节点。

3. 沟通话术示例

"我们可以接受将股权补偿上限从10%提高到12%，但需要投资方在下一轮融资中给予目标公司估值不低于本轮的优先认购权。这种设计既能保护您的风险敞口，也能避免对目标公司后续融资造成压力。"

阶段5：收尾与确认（明确执行路径）

1. 可视化呈现

绘制条款执行流程图，标注关键节点（如"Ⅱ期临床试验启动后第24个月考核""核心研发团队离职率每季度核查"）。

2. 分层沟通

对基金公司风控部门：强调条款的法律闭环（如股权质押登记、仲裁管辖地约定）。

对基金负责人：聚焦条款的退出收益放大效应（如"若提前完成里程碑节点，企业估值可翻倍"）。

3. 沟通话术示例

"这是条款一的落地路径图，您可以看到，对所有的补偿触发条件，都需要双方指定的第三方CRO机构出具研发进度报告，以确保客观性。我们建议优先选择香港国际仲裁中心作为争议解决机构，兼顾效率与中立性。"

三、注意事项

1. 避免过度承诺

不承诺"100%达成对赌"，而是强调条款为"风险分配方案"。

2.情绪管理

若对方态度强硬，可暂时搁置争议点，转而推动对其他条款达成共识，迂回解决前期问题。

3.底线声明

明确告知如果"核心研发团队成员在职率低于80%"或"股权补偿超过15%"，目标公司无法接受，可能终止交易。

通过以上策略，律师可将复杂的法律条款转化为投资方关注的商业利益语言，同时为目标公司争取灵活空间，有助于促成双方签署风险可控、激励相容的协议。

合伙人律师带着你整理的业绩对赌推荐条款，按照之前彩排过的沟通话术与投资方基金公司进行深入沟通，基金公司决定按照条款一和相应的沟通策略与目标公司沟通。经过几轮谈判，目标公司接受了业绩对赌条款一的安排，最终双方在股权投资协议中达成如下对赌条款：

"第20条 研发里程碑与团队稳定性双向对赌条款

20.1 对赌事项

20.1.1 研发里程碑：目标公司需在投资后3年内至少完成1项创新药品种的Ⅱ期临床试验，并提交新药临床试验申请（IND）。

20.1.2 团队稳定性：核心研发团队成员（名单详见股权投资协议附件6）在职率需≥90%，且无关键人员（名单详见股权投资协议附件7）主动离职。

20.2 补偿机制

20.2.1 未达标情形：

20.2.1.1 若研发里程碑节点未完成，或核心研发团队成员在职率<90%，原股东按投资方持股比例无偿转让8%股权作为补偿。

20.2.1.2 若关键人员离职，额外触发投资方优先清算权（原股东按1.5倍本金向投资方返还投资）。

20.2.2 超额完成奖励：

若目标公司提前完成里程碑节点且团队稳定，投资方释放3%期权池用于激励核心团队。"

4.一步生成对赌条款履行情况监控方案

项目顺利完成交割，对对赌条款履行情况的监控，自然也交由你来完成，你现在需要制定条款履行情况监控方案。

生成对赌条款履行情况监控方案的提示词模板：

【定条款】明确需要监控的具体条款。

【定任务】明确需要由DeepSeek完成的工作任务。

【给目标】明确该项工作任务的目标。

【做限定】明确完成工作任务需要达到的条件或者标准。

提示词总结：根据以下条款，生成条款履行情况监控方案。方案应方便实操和追踪，并进行可视化。

（注：需粘贴投融双方在股权投资协议中达成一致的对赌条款）

▍**摘录DeepSeek回复的原文如下：**

以下是为股权投资协议中"第20条 研发里程碑与团队稳定性双向对赌条款"设计的全流程监控方案，旨在确保条款履行可量化、可操作。

一、监控框架设计

1. 监控维度与指标

监控维度	关键指标	数据来源	检查频率
研发里程碑	II期临床试验阶段完成率/%	内部研发管理系统、第三方CRO报告	季度
	IND提交状态（是或否）	药监局或监管机构官网、目标公司申报文件	实时
团队稳定性	核心研发团队成员在职率/%	人力资源系统、劳动合同变更记录	月度
	关键人员离职状态（姓名、离职原因）	离职协议、董事会决议	即时
补偿触发	股权补偿比例计算	财务系统、股东名册	事件触发
	优先清算金额测算	投资协议条款、本金及利息计算公式	事件触发

二、具体监控方案

（一）研发里程碑监控

步骤1：拆解临床试验节点

将II期临床试验拆分为4个可追踪的子阶段（例）。

子阶段1：临床试验方案确定（0～6个月）。

子阶段2：患者入组完成（6～12个月）。

子阶段3：中期数据分析达标（12～24个月）。

子阶段4：最终报告提交并申请IND（24～36个月）。

步骤2：数据采集与验证

内部数据：通过项目管理工具（如Jira、Asana）实时同步研发进度，自动生成进度报告。

外部验证：每季度由独立第三方CRO机构出具阶段验收报告，确认数据真实性。

IND提交追踪：设置药监局网站关键词监控（如公司名称+IND），触发自动通知。

【可视化工具】

甘特图：动态展示各子阶段计划与实际完成时间对比。

进度仪表盘：用百分比环形图显示整体完成率（如当前完成65%）。

（二）团队稳定性监控

步骤1：定义核心研发团队成员名单

在HR系统中标记附件6（核心研发团队成员）与附件7（关键人员），设置离职审批双重确认流程（需投资方观察员签字）。

步骤2：离职风险预警

主动监控：每月导出核心研发团队成员在职名单，计算离职率的公式为

$$离职率=（期初人数-当前在职人数）/期初人数\times100\%$$

被动预警：关键人员提交离职申请时，自动触发邮件通知投资方代表及法律顾问。

步骤3：离职原因核查

要求所有离职人员签署离职声明书，明确是否属于"主动离职"（定义见协议第20.1.2条）。

争议处理：若离职原因存疑（如被投资方挖角），启动第三方劳动仲裁机构调查。

【可视化工具】

热力图：按季度展示各部门、岗位离职率分布情况。

人员状态看板：用红、黄、绿三色标记关键人员在职状态（绿：在职；黄：预警；红：已离职）。

（三）补偿机制执行监控

触发条件判断表：

触发情形	判断标准	执行动作
研发里程碑节点未完成	36个月后未取得IND批件	原股东8%股权冻结并办理过户
核心研发团队成员离职率≥10%	累计离职率突破阈值（月度数据连续3次）	启动股权补偿流程

（续表）

触发情形	判断标准	执行动作
关键人员主动离职	附件7名单中任一人员非被动离职	计算1.5倍本金返还金额，发送回购要求函
提前完成里程碑节点且团队稳定	IND提交早于36个月且离职率≤5%	释放3%期权池，修订股权激励计划

以下为执行流程。

1. 自动提醒

在条款到期前6个月，系统自动推送倒计时提醒至双方管理层。

2. 补偿计算

财务团队根据公式生成补偿方案（如"8%股权=投资方持股比例×公司最新估值×8%"）。

3. 法律执行

股权过户需经股东大会决议并办理工商变更登记；优先清算需启动债权确认程序。

【可视化工具】

时间轴预警：在管理后台标注关键时间节点（如"剩余6个月""最后期限"）。

补偿模拟器：输入变量（如实际完成月数、离职人数），自动生成补偿结果。

三、监控系统搭建建议

1. 工具推荐

研发监控：Jira（项目管理）、Veeva Vault（临床数据管理）。

团队监控：BambooHR（人力资源系统）、Power BI（可视化分析）。

合规存档：DocuSign（电子签章）、区块链存证平台（防止数据篡改）。

2. 报告模板

月度简报：包含"临床试验进度""团队离职率趋势""剩余时间或资金消耗"3个部分，用红绿灯标识风险等级。

季度深度报告：附第三方CRO验证结论、核心研发团队成员访谈摘要及补偿预案。

3. 权限管理

投资方权限：仅可查看汇总数据及风险预警，不可访问目标公司敏感信息

（如患者数据）。

数据隔离：核心研发团队成员名单、IND申报细节等加密存储，需双重认证才能访问。

四、风险升级机制

风险等级	判定标准	应对措施
黄色预警	单个季度进度延迟≥30%	召开临时联席会议，调整资源分配
橙色预警	连续2次离职率≥8%	要求原股东增加股权质押担保
红色预警	关键人员离职+进度延迟≥50%	启动提前清算谈判或协议修订

通过该方案，投资方与目标公司可实时掌握对赌条款履行情况，快速响应风险，同时通过可视化工具降低沟通成本，确保争议发生时留有完整证据链。

5. 快速验证和修改监控方案中某项具体监控执行措施的可行性

你对"若离职原因存疑（如被投资方挖角），启动第三方劳动仲裁机构调查"这条执行措施的可执行性产生了疑虑，需要对其进行验证。

快速验证和解决监控方案中疑似错误和风险点的提示词模板：

【定对象】明确需要验证的具体内容。

【定任务】明确需要由DeepSeek完成的工作任务。

【做限定】明确完成工作任务需要满足的条件或者标准。

提示词总结：验证上述方案中的措施"争议解决：若离职原因存疑（如被投资方挖角），启动第三方劳动仲裁机构调查"的可执行性，给出简化的修改意见，要求重点突出，建议可行。

▶ **摘录DeepSeek回复的原文如下：**

原方案争议处理措施的问题分析

一、原方案中"启动第三方劳动仲裁机构调查"存在的执行障碍

1. 法律权限不足

劳动仲裁机构的主要职能是裁决劳动争议（如工资、解雇纠纷），无职权调查员工离职是否涉及投资方干预，且无法强制取证。

2.调查效率低下

劳动仲裁程序通常需数月，可能延误对赌条款执行时效。

即使仲裁机构认定员工离职涉及投资方干预，也难以将认定结果直接作为股权补偿或触发清算权的依据。

二、简化修改建议（突出重点和可行性）

1.事前预防：协议中嵌入"禁止干扰条款"

1）修改内容

在投资协议中增加条款："投资方及其关联方承诺，在投资存续期内不得直接或间接招募、聘用目标公司核心研发团队成员（名单见附件6、7），否则视为'关键人员主动离职'情形，直接触发补偿机制。"

2）优势

（1）降低争议风险。直接禁止投资方干预团队稳定性，减少离职原因争议。

（2）明确触发条件。一旦投资方违规挖角，无须调查即可启动补偿。

2.简化争议处理：举证责任倒置与第三方专家鉴定

1）修改内容

在投资协议中增加条款："若原股东主张核心人员离职系投资方干预所致，投资方需自证未实施干扰行为；若双方无法达成一致，应共同委托一家双方认可的第三方人力资源调查机构（如Kroll、Control Risks）在15日内出具调查报告，费用由举证失败方承担。报告结论作为补偿机制执行的唯一依据。"

2）优势

（1）加速流程。15日期限，专业机构介入，避免仲裁程序冗长。

（2）降低举证难度。将"投资方无过错"的举证责任转移至投资方。

3.违约金替代复杂调查（备选方案）

1）修改内容

在投资协议中增加条款："若核心团队关键人员离职，无论原因为何，原股东均需按该人员过往年薪的3倍向投资方支付违约金；但若原股东能证明离职系投资方主动挖角所致，违约金由投资方承担。"

2）优势

（1）彻底规避调查。通过经济杠杆替代原因认定，提高执行效率。

（2）双向约束。对投资方形成威慑，降低其恶意挖角动机。

三、实操要点总结

修改方向	核心措施	适用场景
最优方案	协议加入"禁止干扰条款"与举证责任倒置	投资方接受较高约束力
次优方案	以违约金替代调查	双方希望快速解决争议

四、选择建议

若投资方谈判地位较弱，优先采用方案1（禁止干扰条款），从源头杜绝争议。

若双方互信度低且追求效率，可采用方案3（违约金机制），但需合理设定金额（参考行业竞业赔偿标准）。

【附：操作流程图（简化版）】

核心人员离职

↓

原股东主张投资方干预

↓

投资方自证未干预（提供邮件、合同等证据）

↓

若证据不足→共同委托第三方机构调查→报告结论→触发补偿

↓

若投资方拒绝配合→默认触发补偿

通过以上修改，可大幅降低调查程序复杂性，同时通过设计协议条款将风险分配明确化，避免陷入法律取证困境。

因员工离职原因存疑而发生争议时，投融双方应如何处理？由于双方并未在投资协议中约定解决这类问题的方案，根据项目实际情况，你建议选择"简化争议处理：举证责任倒置与第三方专家鉴定"，并向合伙人律师汇报。很快基金公司和目标公司就该项内容达成一致意见并形成约束双方的法律备忘录。

（二）交割后整合推进

交割后的整合工作至关重要。一方面，需要保持公司经营团队稳定，避免人员变动导致业务中断；另一方面，需要投资方导入资源、管理方法和商业机会，优化目标公司运营管理，提效降本，推动公司业务发展，增强市场竞争力。

在交割后的整合工作中，律师会帮助投资人提升交割后目标公司的经营管理能力和业绩表现。

提出整合建议和措施的提示词模板：

【讲情形】描述项目相关的背景信息。

【定任务】明确需要由DeepSeek完成的工作任务。

【做限定】明确完成工作任务需要满足的标准或者条件。

提示词总结：根据以上项目信息和业绩对赌条款，针对项目律师如何帮助投资人提升交割后目标公司的经营管理能力和业绩表现，提出切实可行的建议，并细化执行方案。

▶ **摘录DeepSeek回复的原文如下：**

以下是针对创新药企投后管理的律师实务建议及执行方案，旨在帮助投资人提升目标公司的经营管理能力与业绩表现，同时确保对赌条款（研发里程碑与团队稳定性）顺利履行。

一、治理结构优化：嵌入投资人影响力

（一）董事会控制权设计

1.条款建议

在股东协议中约定："投资人委派1名具备医药行业经验的董事，进入目标公司董事会，对研发预算、核心人员任免、重大合作事项享有一票否决权。

设立技术委员会（投资人提名1名外部专家），每季度审核临床试验方案与进度。"

2.执行方案

交割后30日内完成董事会改组，同步签署《董事会议事规则》。

从投资人资源库中筛选技术委员会成员（如跨国药企前研发总监、知名医学院教授）。

（二）关键岗位派驻

1.条款建议

约定投资人可向目标公司派驻以下人员。

财务总监：监督资金使用情况，确保研发投入占比不低于60%。

人力资源业务伙伴（HRBP）：协助设计核心团队绩效考核与留任计划（retention plan）。

2.执行方案

优先从投资组合公司中抽调有生物医药背景的人员作为派驻人员,降低磨合成本。

派驻人员薪酬由目标公司承担50%,投资人承担50%(避免目标公司抵触)。

二、研发加速:资源嫁接与流程管控

(一)CRO/CDMO资源导入

1.条款建议

在协议中附加"优先合作权"条款:"目标公司需优先使用投资人指定的合同研究组织(CRO)或研发生产外包平台(CDMO),确保临床试验效率。"

2.执行方案

投资人利用行业资源谈判打包折扣价(如通过投资组合公司集中采购)。

设置CRO合作KPI,如患者入组速度、数据达标率。如未完成KPI,则更换服务商。

(二)研发节点动态监控

1.执行方案

使用AI临床试验管理系统(如Medidata),自动抓取入组率、不良反应数据,生成风险预警。

每季度召开三方(目标公司、投资人、CRO)会议,审核偏差并调整方案。

三、核心团队绑定:长效激励与风险隔离

(一)股权激励计划升级

1.条款建议

(1)将协议中"3%期权池"设计为分层解锁:

30%在提交IND后解锁;

40%在Ⅱ期临床试验完成后解锁;

30%在核心研发团队成员服务满5年后解锁。

(2)增加回购条款:"若成员主动离职,需以1元价格返还已解锁期权。"

2.执行方案

委托第三方股权管理平台(如Carta)自动化处理行权、税务申报。

每年举办期权说明会,用可视化工具展示潜在收益(如"若IPO估值达50亿元,期权价值=×××")。

(二)竞业限制与离职缓冲

1.条款建议

核心研发团队成员离职后,竞业禁止期从2年延长至3年,补偿金标准提高至离职前年薪的200%。

设置离职交接期，关键人员离职需提前6个月通知，并完成知识转移（如实验数据交接清单签字存档）。

2.执行方案

使用区块链存证平台（如Factom）记录交接过程，作为未来解决争议的证据。

投资人HRBP每季度与核心研发团队成员进行一对一职业规划访谈，提前识别其离职倾向。

四、业绩提升：商业化能力补强

提前布局专利与业务拓展（BD）。

执行方案：

（1）投资人引入知识产权律师团队，3个月内完成：核心化合物专利的FTO（自由实施）检索，堵住侵权漏洞；申请PCT国际专利，覆盖欧美主要市场。

（2）组建BD小组（投资人、目标公司、行业顾问），每半年对接潜在并购方或授权合作方（如辉瑞、恒瑞）。

五、风险闭环：对赌条款与退出联动

（一）对赌与退出权挂钩

条款建议：

若目标公司提前6个月完成研发里程碑节点，投资人承诺："优先领投下一轮融资，或启动并购退出程序（将对赌奖励转化为更高估值倍数）。"

（二）回购权保障

执行方案：

要求原股东提前质押境内房产或境外金融资产（如港股股票），作为回购履约担保。

若触发回购，优先以质押资产折价抵偿，剩余部分分期支付（年利率上浮3%）。

通过上述方案，律师可帮助投资人从治理控制、资源赋能、风险对冲3个层面提升目标公司的管理能力，将被动对赌转化为主动创造价值，最大限度保障投资人利益。

第五节　破产管理人工作辅助

　　2024年，全国涉及破产的相关案件达103 551件，较5年前增长约140.6%，覆盖55 268家企业和109万债权人[①]。大量"僵尸企业"[②]为无财产、无人员、无场所的"三无企业"。上海破产法庭公布的数据显示，2024年，在上海地区审结的破产案件中，"三无企业"占比达30%[③]。不断攀升的案件量使破产管理人面临巨大的结案压力，大量案件兼具事务烦琐和流程、文书标准化的特征，符合DeepSeek的应用条件。

　　目前，在我国具备破产案件管理人资质的专业机构中，有63.87%为律师事务所[④]，上海地区这一数据更是高达77.78%[⑤]。破产案件管理人不仅需要掌握相关的法律专业知识，还需要具备财务分析与管理、资产评估与处置、商业思维等综合能力。DeepSeek可以为破产案件管理人提供高效、标准化的解决方案。

一、生成标准化文书

（一）提示词模板

　　【明身份】你是法院指定的……公司破产清算/强制清算案件管理人/清算组。

　　【定任务】你要以……为模板，拟定/撰写……。

　　【讲背景】结合受理裁定书和指定管理人/清算组决定书、工商内档……的内容。

　　【给目标】该文件发送对象是……，目的是……。

　　【做限定】格式要与模板一致，同时符合《企业破产法》及其司法解释、《公司法》及其司法解释等相关法律规定，以及《……工作指引》的相关规定。

　　提示词总结： **你是法院指定的……公司破产清算/强制清算案件管理人/清算组，你**

---

　　① 无破有数. 2024年度全国破产行业大数据报告[EB/OL]. https://mp.weixin.qq.com/s?__biz=Mzk0NTg-3MDQ2Nw==&mid=2247485633&idx=1&sn=97b17f5de860b2d9429025b3427e780e&chksm=c2e0728574afbb73f-530c52adb4ff7d1b1ec5c6d4f3f4342ed3aa2772dbce7fe28c2b2943301#rd, 2025–01–22/2025–5–12.

　　② 僵尸企业是指已停产、半停产、连年亏损、资不抵债，主要靠政府补贴和银行续贷维持生存和经营的企业。

　　③ 上海破产法庭. 2024年度审理数据[EB/OL]. https://mp.weixin.qq.com/s/y6-cy4b5ZiQEsLXxPUiXVA 2025–04–09/2025–5–12.

　　④ 无破有数. 中国规模(分支机构数)最大100家破产管理机构暨中国破产管理人数据报告[EB/OL]. https://mp.weixin.qq.com/s?__biz=Mzk0NTg3MDQ2Nw==&mid=2247490039&idx=1&sn=102284bcb5e9c661d-4d7ce6201634eae&chksm=c23e104306b1db8663094bc8f8f4ac5d3b7a4e7a3031ae9567770f5cc622ca7ba2174f6ab-cf7#rd, 2025–04–02/2025–5–12.

　　⑤ 上海高院. 上海高院、市司法局关于上海市高级人民法院企业破产案件管理人名册（2022年）的公告[EB/OL]. https://mp.weixin.qq.com/s/uVqdU0qZYYJ27QzSLrpe0g, 2022–11–21/2025–5–12.

要以……为模板，拟定/撰写……，结合受理裁定书和指定管理人/清算组决定书、工商内档……的内容，该文件发送对象是……，目的是……，格式要与模板一致，同时符合《企业破产法》及其司法解释、《公司法》及其司法解释等相关法律规定，以及《……工作指引》的相关规定。

（二）实操案例

案例1：生成接管通知书

【明身份】你是法院指定的A公司强制清算案件清算组。

【定任务】你要以发送移交义务人的通知书为模板，拟定一份接管通知书。

【讲背景】结合受理裁定书和指定清算组决定书的内容。

【给目标】该文件发送对象是A公司的法定代表人，目的是告知其公司已进入强制清算程序，并要求其移交公司经营资料。

【做限定】格式要与模板一致，同时符合《公司法》及其司法解释等相关法律规定，以及《上海市破产管理人协会强制清算案件清算组工作指引(试行)》的相关规定。

提示词总结： 你是法院指定的A公司强制清算案件清算组，你要以发送移交义务人的通知书为模板，拟定一份接管通知书，结合受理裁定书和指定清算组决定书的内容，该文件发送对象是A公司的法定代表人，目的是告知其公司已进入强制清算程序，并要求其移交公司经营资料，格式要与模板一致，同时符合《公司法》及其司法解释等相关法律规定，以及《上海市破产管理人协会强制清算案件清算组工作指引(试行)》的相关规定。

取消"联网搜索"功能，仅保留"深度思考"，将模板、受理裁定书和指定清算组决定书拖动到指定区域自动上传，然后输入提示词。

▶ **摘录DeepSeek回复的原文如下：**

上海A有限公司清算组

接管通知书

案号：（2025）沪03强清×××号

上海A有限公司法定代表人陈××：

上海A有限公司因营业期限届满被依法吊销营业执照，该吊销营业执照的理由属于《中华人民共和国公司法》第一百八十条规定的法定解散事由。上海市第三中级人民法院根据股东上海B有限公司的申请，于2025年2月26日作出（2025）沪03强清×××号民事裁定书，裁定受理对上海A有限公司的强制清算申请，并于同日作出（2025）沪03强清×××号决定书，指定上海C律师事务所组成清算组，依法履行清算职责。

根据工商登记信息及法院查明事实，你系上海A有限公司的现任法定代表人、董事长。依照《中华人民共和国公司法》第一百八十三条、《最高人民法院关于适用〈中华人民共和国公司法〉若干问题的规定（二）》第八条等规定，现通知你履行以下义务。

1. 立即移交公司财产、印章、账册、文书资料及其他经营文件，包括但不限于：

公司全部资产清单及权属证明；

财务账簿、会计凭证、银行流水、税务申报材料；

公司章程、股东会决议、合同协议、诉讼仲裁文件；

公司印章（公章、财务章、法人章等）；

职工名册、工资支付记录及社会保险缴纳凭证。

2. 配合清算组完成以下工作：

如实说明公司财产状况、债权债务情况及资产流向；

提供尚未履行完毕的合同清单及履行进展；

协助清算组接管公司经营场所、设备及其他实物资产。

3. 禁止实施下列行为：

隐匿、转移、毁损公司财产或账册；

对个别债权人进行清偿（法律规定的例外情形除外）；

抽逃出资或虚构债务；

以明显不合理价格交易资产或放弃债权。

4. 异议与责任：

若对本通知内容有异议，应自收到本通知之日起7日内向清算组提交书面异议及相关证据。逾期未移交或未如实配合的，清算组将依法向人民法院申请强制措施，并追究你未履行清算义务的法律责任，包括但不限于赔偿损失、承担连带清偿责任等。

特此通知。

上海A有限公司清算组

2025年3月1日

附：

1.（2025）沪03强清×××号受理裁定书复印件；

2.（2025）沪03强清×××号指定清算组决定书复印件；

3. 清算组信息：

地址：上海市××区××路××号 上海C律师事务所；

联系人：×××；电话：×××××××××××

4. 法律依据条文摘要：

根据《公司法》第一百八十三条的规定，公司解散后应成立清算组，逾期未成立的，人民法院可指定清算组。

根据《公司法司法解释（二）》第八条的规定，清算组有权接管公司财产、账册及资料，法定代表人负有配合义务。

根据《上海市破产管理人协会强制清算案件清算组工作指引（试行）》第十条的规定，清算组应全面接管公司财产并督促义务人履行移交职责。

在模板的基础上，生成文书时可自动代入裁定书和决定书中的案号、企业名称、法定代表人姓名、案件受理日期和指定清算组日期、被指定为清算组的律师事务所名称等信息。破产清算、强制清算案件的管理人/清算组在履职过程中涉及大量标准化文书，DeepSeek的赋能大幅提升了文书制作效率。但需注意，在使用生成的文书前应当仔细复核校对，比如，上述生成的文书中有一处较为明显的错误，决定书通常晚于受理裁定书出具之日，但在上述文书中，决定书与裁定书"同日"作出，因此需要手动予以修正。

案例2：撰写工作报告中的企业基本信息与历史沿革

【明身份】你是法院指定的A公司破产清算案件管理人。

【定任务】你需要撰写管理人工作报告中的债务人工商信息部分。

【讲背景】以工商内档为依据。

【给目标】文书内容包括企业基本信息、股权结构，以及公司设立、变更等历史沿革。

提示词总结：你是法院指定的A公司破产清算案件管理人，你要依据工商内档，撰写管理人工作报告中的债务人工商信息部分，内容包括企业基本信息、股权结构，以及公司设立、变更等历史沿革。

取消"联网搜索"功能，仅保留"深度思考"，上传工商内档，然后输入提示词。

摘录DeepSeek回复的原文如下：

管理人工作报告——债务人工商信息部分

一、企业基本信息

1.企业名称：上海A有限公司（曾用名：上海A公司）

2.统一社会信用代码/注册号：×××××××××××××

3.住所：上海市××区××路××号（曾住所：上海市××区××路××号）

4.法定代表人：陈××（历任法定代表人：×××）

5.注册资本：500万元人民币

6.企业类型：有限责任公司（国内合资）

7.经营范围：×××××××

8.成立日期：199×年××月××日

9.营业期限：原经营期限至202×年×月止（实际于200×年因未申报年检被吊销营业执照）

二、股权结构

截至199×年改制完成后的股权结构：

股东名称	出资金额	出资比例	出资方式
上海B有限公司	450万元	90%	货币出资
上海C有限公司	50万元	10%	货币出资

说明：

公司原为上海B有限公司全资子公司，199×年经改制引入上海C有限公司，股权比例变更为90%：10%。

出资经上海D审计事务所验资确认。

三、历史沿革

1.设立阶段（199×年）

199×年××月××日，上海A公司由上海B有限公司独资设立，初始名称为"上海A公司"，注册资本为500万元，住所为上海市××区××路××号，法定代表人为×××。

经营范围包括房地产开发、物业管理、建材销售等。

2.名称变更（199×年）

199×年×月，经上海市工商行政管理局核准，企业名称变更为"上海A有限公司"。

3.股权改制（199×年）

199×年×月，公司改制为有限责任公司，引入上海C有限公司作为股东，股权比例调整为90%：10%。

修订公司章程，设立董事会及监事会，陈××任董事长及法定代表人。

4.行政处罚及终止（200×年）

200×年，因未按规定申报年检，被上海市工商行政管理局吊销营业执照。

四、附注

1.重要文件索引

（1）企业名称变更核准通知书。

（2）股份转让合同。

（3）验资报告。

（4）行政处罚决定书。

2.特别说明

公司经营场所曾租赁于上海E公司，租赁期限至199×年×月。

200×年营业执照吊销后未办理注销登记，企业状态为"吊销，未注销"。

DeepSeek可以准确地识别工商内档中的信息，并根据提示词的要求完成债务人工商信息部分的文书撰写工作。在撰写管理人工作报告、企业清算报告中的一些整合类信息时，可以尝试提供模板和相关资料，让DeepSeek辅助完成。

二、银行流水分析

（一）提示词模板

【明身份】你是破产清算会计师。

【定任务】你要分析银行流水，提取其中的异常交易记录/流向关联方的交易记录。

【讲背景】异常交易是无实际业务背景的大额转账或提现、循环交易等，关联方为……。

【给目标】按照"交易日期""摘要""交易金额""对方账号""对方户名""备注"列表。（注：按照银行流水实际内容编辑）

【做限定】如果有字数限制，可以分批次发送文件。当我输入"下一段"的时候，即可分析并发送下一段内容。

　　提示词总结：你是破产清算会计师。你要分析银行流水，提取其中的异常交易记录/流向关联方的交易记录。异常交易是无实际业务背景的大额转账或提现、循环交易等，关联方为……。按照"交易日期""摘要""交易金额""对方账号""对方户名""备注"列表。如果有字数限制，可以分批次发送文件。当我输入"下一段"的时候，即可分析并发送下一段内容。

（二）实操案例

案例1：异常交易分析

　　【明身份】你是破产清算会计师。

　　【定任务】你要分析银行流水，提取其中的异常交易记录。

　　【讲背景】异常交易是无实际业务背景的大额转账或提现、循环交易等。

　　【给目标】按照"交易日期""摘要""交易金额""对方账号""对方户名""备注"列表。

　　【做限定】如果有字数限制，可以分批次发送文件。当我输入"下一段"的时候，即可分析并发送下一段内容。

　　提示词总结：你是破产清算会计师。你要分析银行流水，提取其中的异常交易记录。异常交易是无实际业务背景的大额转账或提现、循环交易等，关联方为……。按照"交易日期""摘要""交易金额""对方账号""对方户名""备注"列表。如果字数限制，可以分批次发送文件。当我输入"下一段"的时候，即可分析并发送下一段内容。

　　取消"联网搜索"功能，仅保留"深度思考"，上传银行流水，然后输入提示词。

▶ **摘录DeepSeek回复的原文如下：**

异常交易记录（序号1～100）

交易日期	摘要	交易金额/元	对方账号	对方户名	备注	异常原因
2019-03-13	跨行POS消费	100 000		A公司	A公司	单日大额POS消费，未明确业务背景，且同日两笔消费累计187 645.6元
2019-03-13	跨行POS消费	87 645.6		A公司	A公司	同上
2019-03-14	跨行自助转出	10 000	×××	××银行	资金转账至个人账户，用途未明确

（续表）

交易日期	摘要	交易金额/元	对方账号	对方户名	备注	异常原因
2019-05-21	自定义	200 000		×××	转账	大额资金转账至个人账户，未说明业务背景
2020-02-24	自定义	200 000		×××	转账	大额资金转账至同一人账户，可能与资金挪用相关
2020-04-30	自定义	350		×××	转账	频繁小额资金转账至个人账户，需核实是否为工资或合理用途
2020-05-01	网络转账	205 535		B公司	水电费12月、2月、房款5月等	多笔大额资金转账至同一公司，备注分散，需核实业务真实性
2020-05-30	网络转账	277 500		C公司	服务费01、03、04	大额服务费支付，未明确服务内容，可能涉及虚假交易
2020-05-31	网络转账	187 264.83		B公司	房租03上、房租06	大额房租支付，需核实租赁合同与实际业务关联性

【关键异常点总结】

1. 频繁大额转账至个人账户

多笔转账无明确业务背景，可能涉及股东或高管占用资金。

2. 大额POS消费与转账至非关联企业

如多笔转账至A公司、C公司，需核查合同与业务实质。

3. 分散备注的大额支付

如B公司的多笔转账备注分散（水电费、房款、房租），可能掩盖真实用途。

请回复"下一段"继续分析后续交易。

只需输入"下一段"，DeepSeek就会继续发送对交易记录（序号101~200）的分析结果。

摘录DeepSeek回复的原文如下：

异常交易记录（序号101～200）

交易日期	摘要	交易金额/元	对方账号	对方户名	备注	异常原因
2020-06-21	网络转账	208 991.67		B公司	7月商铺租赁费、物业费；3月下商铺租赁费等	单笔大额资金支付至同一公司，备注中多项目混合，可能掩盖真实用途
2020-07-09	网络转账	237 746		D公司	内部转账	大额资金内部转账，需核实是否为正常业务调拨或关联方占用资金
2020-07-20	网络转账	169 067.34		B公司	8月商铺租赁费、物业费；4月上商铺租赁费	大额资金重复支付至同一公司，租赁费异常集中，需核查合同真实性
2020-07-20	网络转账	236 500		×××	往来款、归还借款	大额资金频繁转入个人账户，用途模糊，可能涉及股东借款或资金挪用
2020-07-21	自定义	112 556.25		个贷系统平账专户A户	收回贷款本息	大额贷款回收与账户余额波动不符，需核查贷款合同与还款记录
2020-08-18	网络转账	100 000		×××	往来款	单笔大额资金转账至同一账户，无明确业务支持，风险较高
2020-08-21	网络转账	816 532		×××	往来款	大额资金转账至个人账户，用途未说明，需紧急核查资金流向
2020-08-21	网络转账	152 937.21		E公司	货款06	大额货款支付，未附具体订单或合同信息，可能涉及虚假交易
2020-08-26	网络转账	287 744.75		××	借款	大额借款转至个人账户，未提供借款协议或利息约定，存在违规风险

【关键异常点总结】

1.高频大额个人转账

累计超300万元转入同一账户，用途模糊，需核实是否为股东占用资金或违规借贷。

2.重复支付至B公司

多笔大额租赁费支付，备注混杂，需核查租赁合同、物业单据及实际业务匹配性。

3.内部资金调拨异常

与关联公司（D公司）的大额转账未明确业务背景，可能掩盖真实资金用途。

请回复"下一段"继续分析后续交易（序号201～300）。

这份银行流水的数据非常多，借助DeepSeek可以快速分析和锁定其中的异常交易记录，从而大幅提高管理人在前期数据分析环节的工作效率。管理人可以根据分析归纳的异常点，确定有关公司货币资金的下一步工作方向。在上述案例中，依据前200条流水记录的分析结果，可以推测下一步工作包括核实公司与股东之间的资金往来；核查公司与B公司之间的租赁合同；核查公司与A公司、C公司、关联公司D公司和供应商E公司等之间的业务合同；核查公司账户大额资金用于偿还个贷的合规性问题。

案例2：可疑关联交易分析

【明身份】你是破产清算会计师。

【定任务】你要分析银行流水，提取其中流向关联方的交易记录。

【讲背景】关联方为×××。

【给目标】按照"交易日期""摘要""交易金额""对方账号""对方户名""备注"列表。

【做限定】如果有字数限制，可以分批次发送文件，当我输入"下一段"的时候，即可分析并发送下一段内容。

提示词总结：*你是破产清算会计师，你要分析银行流水，提取其中流向关联方的交易记录（关联方为×××），按照"交易日期""摘要""交易金额""对方账号""对方户名""备注"列表。如果有字数限制，可以分批次发送文件，当我输入"下一段"的时候，即可分析并发送下一段内容。*

取消"联网搜索"功能，仅保留"深度思考"，上传银行流水，然后输入提示词。

摘录DeepSeek回复的原文如下：

流向关联方（×××）的交易记录（部分）

交易日期	摘要	交易金额/元	对方账号	对方户名	备注
2019−05−21	自定义	2000		×××	转账
2019−07−19	自定义	1000		×××	转账
2019−08−19	自定义	862		×××	转账
2019−09−16	自定义	900		×××	转账
2019−10−16	自定义	972		×××	转账
2019−11−15	自定义	2000		×××	转账
2019−12−21	自定义	900		×××	转账
2020−02−24	自定义	200 000		×××	转账
2020−04−30	自定义	350		×××	转账
2020−05−02	自定义	1		×××	转账

【其他关联方】

在提供的流水记录中，未发现以下关联方的交易记录：

××

××××

如需继续分析其他批次的交易记录，请回复"下一段"。

当银行流水中的异常交易记录较多时，律师可以对异常问题进行分类，针对某一类具体问题进行专项分析。上述案例是针对关联交易进行的专项分析。

三、辅助制定重整方案

（一）提示词模板

【明身份】你是破产重整案管理人。

【定任务】你要根据债权表和资产表中的数据进行模拟清算或调整清偿方案，将所有担保债权人的清偿比例上调××%，将所有普通债权人的清偿比例上调至××%。

【讲背景】假设货币资金可全额用于清偿，其他财产拍卖××次，按评估价值的××折回款后，在清偿或重整条件下，货币资金可全额用于清偿，其他财产均按评估价值的××折回款并用于清偿。

【给目标】测算各债权人组别的受偿金额、清偿比例，以及将在×轮次拍卖后的结果作为综合受偿金额和综合受偿比例的假设前提，预测重整条件下重整投资人应投入的重整资金。

【做限定】符合《破产法》的相关规定及债权表的清偿顺序。

提示词总结：你是破产重整案管理人。你要根据债权表和资产表中的数据进行模拟清算或调整清偿方案，将所有担保债权人的清偿比例上调××%，将所有普通债权人的清偿比例上调至××%。假设货币资金可全额用于清偿，其他财产拍卖××次，按评估价值的××折回款后，在清偿或重整条件下，货币资金可全额用于清偿，其他财产均按评估价值的××折回款并用于清偿。测算各债权人组别的受偿金额、清偿比例，以及将在×轮次拍卖后的结果作为综合受偿金额和综合受偿比例的假设前提，预测重整条件下重整投资人应投入的重整资金。

（二）实操案例

案例1：模拟清算

【明身份】你是破产重整案管理人。

【定任务】你要根据债权表和资产表中的数据进行模拟清算。

【讲背景】假设货币资金可全额用于清偿，其他财产均按评估价值的8折回款并用于清偿。

【给目标】测算各债权人组别的受偿金额和清偿比例。

【做限定】要符合《破产法》的相关规定及债权表的清偿顺序。

提示词总结：你是破产重整案管理人。你要根据债权表和资产表中的数据进行模拟清算。假设货币资金可全额用于清偿，其他财产均按评估价值的8折回款并用于清偿。测算各债权人组别的受偿金额和清偿比例，要符合《破产法》的相关规定及债权表的清偿顺序。

取消"联网搜索"功能，仅保留"深度思考"，上传脱敏后的债权表及资产表，然后输入提示词。

摘录DeepSeek回复的原文如下：

各债权人组别受偿金额及清偿比例

担保债权组别

一、受偿金额

1. 债权人A

受偿金额：39 557 023.2元

清偿比例：50.61%（39 557 023.2/78 170 254.45）

2. 债权人B

受偿金额：30 371 033.28元

清偿比例：15.34%（30 371 033.28/197 915 443.91）

3. 债权人C

受偿金额：64 182 099.2元

清偿比例：27.66%（64 182 099.2/232 053 133.33）

4. 债权人D

受偿金额：55 938 984元

清偿比例：33.36%（55 938 984/167 693 317.81）

二、清偿顺序

第一顺序：职工债权

债权人E

受偿金额：51 882 085.45元

清偿比例：100%（全额清偿）

第二顺序：社会保险费用

债权人F

受偿金额：51 236 521.42元

清偿比例：100%（全额清偿）

第三顺序：普通债权

普通债权人（含担保未清偿部分）

总债权金额：2 305 916 989.93元

可用清偿资金：61 072 587.19元

清偿比例：2.65%（61 072 587.19/2 305 916 989.93）

三、清算结果总结

债权组别	受偿金额/元	清偿比例
担保债权A	39 557 023.2	50.61%
担保债权B	30 371 033.28	15.34%
担保债权C	64 182 099.2	27.66%
担保债权D	55 938 984	33.36%
职工债权E	51 882 085.45	100%
社会保险费用F	51 236 521.42	100%
普通债权	61 072 587.19	2.65%

四、计算依据

1. 资产变现

货币资金全额清偿（62 920.4元）。

其他资产按评估价值的80%变现，总变现金额为353 240 333.74元。

2. 清偿顺序

担保债权优先以对应担保财产变现价值受偿，未足额部分转为普通债权。

职工债权和社会保险费用全额清偿。

剩余资金按比例分配给普通债权（含担保未清偿部分）。

3. 普通债权计算

总普通债权=原普通债权（1 820 133 980.11）+担保未清偿部分（485 783 009.82）=2 305 916 989.93（元）。

注：以上计算基于《破产法》规定的清偿顺序，假设资产变现无其他费用，且数据无误。

在分析结果中，4个担保债权人的受偿金额和清偿比例都是以担保财产评估价值的80%受偿后的结果，剩余未受偿部分转为普通债权的，仅列出普通债权组的清偿比例为2.65%。我们还想获得担保债权人的总受偿金额和综合受偿比例。

摘录DeepSeek回复的原文如下：

各担保债权人总受偿金额及清偿比例

一、计算公式

担保财产变现金额=担保财产评估价值×80%

担保部分受偿金额=min(担保财产变现金额，认定金额)

若担保财产变现金额≥认定金额，则全额清偿，无剩余部分。

若担保财产变现金额＜认定金额，则剩余部分转为普通债权。

普通债权受偿金额=剩余部分×2.65%

总受偿金额=担保部分受偿金额+普通债权受偿金额

总清偿比例=总受偿金额/认定金额

二、具体计算

债权人	认定金额/元	担保财产评估价值/元	担保部分受偿金额/元	剩余部分/元（认定金额−担保变现）	普通债权受偿金额/元（剩余部分×2.65%）	总受偿金额/元	总清偿比例
A	78 170 254.45	49 446 279	39 557 023.20	1 023 249.23	1 023 249.23	40 580 272.43	51.91%
B	197 915 443.91	37 963 791.6	30 371 033.28	4 439 926.88	4 439 926.88	34 810 960.16	17.59%
C	232 053 133.33	80 227 624	64 182 099.20	4 448 582.41	4 448 582.41	68 630 681.61	29.58%
D	167 693 317.81	69 923 730	55 938 984	2 961 489.85	2 961 489.85	58 900 473.85	35.13%

三、结果总结

债权人	总受偿金额/元	总清偿比例
A	40 580 272.43	51.91%
B	34 810 960.16	17.59%
C	68 630 681.61	29.58%
D	58 900 473.85	35.13%

四、计算说明

1.担保变现金额

严格按评估价值的80%计算（如债权人A：49 446 279×0.8=39 557 023.2）。

2．剩余部分

当担保变现金额不足以覆盖认定金额时，差额转为普通债权（如债权人B：197 915 443.91−30 371 033.28＝167 544 410.63）。

3．普通债权受偿

剩余部分按2.65%比例清偿（如债权人C：167 871 034.13×0.0265＝4 448 582.41）。

4．总清偿比例

最终受偿金额与原始债权金额的比率（如债权人D：58 900 473.85/167 693 317.81≈35.13%）。

五、关键结论

1．担保债权人A

因担保财产变现覆盖率较高（50.61%），叠加普通债权部分后，总清偿比例提升至51.91%。

2．担保债权人B

因担保财产评估价值较低（仅占债权的15.34%），即使以普通债权部分补充，总清偿比例仍为17.59%，显著低于其他担保债权人。

所有担保债权人的总清偿比例均高于其初始担保部分的清偿比例，体现了剩余债权通过普通债权分配的补充作用。

注：在计算过程中，四舍五入可能导致细微误差，但整体逻辑符合《破产法》规定的清偿顺序。

经验算，上述测算结果准确，这是各项条件较为理想的模拟清算结果。在实务中，破产财产处置受到很多复杂因素的影响，有时无法在第一次拍卖时就以评估价值的70%～80%回款，往往要经历多次降价处置，处置周期也会因此拖长。在制订重整计划时，管理人还要引入更多现实因素来调整提示词中的变量，也可以让DeepSeek预测处置周期，使模拟清算结果能够尽量客观地反映现状下的清算结果。

案例2：清偿方案调整及重整资金测算

【明身份】你是破产重整案管理人。

【定任务】你要调整清偿方案，将所有普通债权人的清偿比例上调至6%，将所有担保债权人的清偿比例比模拟清算的综合清偿率上调30%。

【讲背景】假设在重整条件下，货币资金可全额用于清偿，固定资产、设备按评估价值的7折回款并用于清偿（用不动产担保重整投资产生的债权，故不动产处置价款不计入破产财产）。

【给目标】测算各债权人组别受偿金额和清偿比例，以及重整条件下重整投资人应至少投入多少重整资金。

提示词总结： 你是破产重整案管理人。你要调整清偿方案，将所有普通债权人的清偿比例上调至6%，将所有担保债权人的清偿比例比模拟清算的综合清偿率上调30%。假设在重整条件下，货币资金可全额用于清偿，固定资产、设备按评估价值的7折回款并用于清偿（用不动产担保重整投资产生的债权，故不动产处置价款不计入破产财产）。测算各债权人组别的受偿金额和清偿比例，以及重整条件下重整投资人应至少投入多少重整资金。

▶ 摘录DeepSeek回复的原文如下：

调整后的清偿方案及计算结果

一、资产变现与可用资金

1.货币资金

全额清偿，金额为62 920.4元（取自资产表）。

2.固定资产与设备变现（按评估价值的70%）

固定资产评估价值：170 492 941.9×0.7=119 345 059.33（元）

设备评估价值：119 415 673.2×0.7=83 590 971.24（元）

变现总金额：119 345 059.33+83 590 971.24=202 936 030.57（元）

3.不动产

用于担保重整投资，不处置，其价值不计入破产财产。

4.总可用资金

62 920.4+202 936 030.57=202 998 950.97（元）

二、优先债权清偿

职工债权（E）：51 882 085.45元（全额清偿，比例为100%）。

社会保险费用（F）：51 236 521.42元（全额清偿，比例为100%）。

优先债权合计：103,118,606.87元

剩余可用资金：202,998,950.97-103,118,606.87=99,880,344.10（元）

三、担保债权人受偿计算

根据模拟清算结果，综合清偿率上调30%：

债权人	模拟清算综合清偿率	调整后清偿率（×1.3）	担保部分受偿金额/元	认定金额/元	需分配金额/元
A	51.91%	67.48%	39 557 023.2	78 170 254.45	52 735 158.06
B	17.59%	22.87%	30 371 033.28	197 915 443.91	45 262 537.71
C	29.58%	38.45%	64 182 099.2	232 053 133.33	89 234 299.13
D	35.13%	45.67%	55 938 984	167 693 317.81	76 582 437.14
合计					263 814 432.04

四、普通债权计算

1. 原普通债权（G）

原普通债权（G）为1 820 133 980.11元（取自债权表）。

2. 担保未受偿部分

　　A：78 170 254.45-（49 446 279×70%）=43 557 940.15（元）

　　B：197 915 443.91-（37 963 791.6×70%）=171 330 856.79（元）

　　C：232 053 133.33-（80 227 624×70%）=175 893 916.73（元）

　　D：167 693 317.81-（69 923 730×70%）=118 746 716.81（元）

担保转普通总额：43 557 940.15+171 330 856.79+175 893 916.73+118 746 716.81=509 529 430.48（元）

3. 总普通债权

1 820 133 980.11+509 529 430.48=2 329 663 410.59（元）

4. 普通债权需分配

2 329 663 410.59×6%=139 779 804.64（元）

五、资金缺口与重整投资人投入

1. 总需资金

　　担保债权人：263 814 432.04元

　　普通债权人：139 779 804.64元

　　合计：263 814 432.04+139 779 804.64=403 594 236.68（元）

2. 资金缺口

403 594 236.68-99 880 344.10=303 713 892.58（元）

重整投资人需至少投入

303 713 892.58元

六、各债权人组别受偿比例

债权组别	受偿金额/元	清偿比例
职工债权（E）	51 882 085.45	100%
社保费用（F）	51 236 521.42	100%
担保债权人A	52 735 158.06	67.48%
担保债权人B	45 262 537.71	22.87%
担保债权人C	89 234 299.13	38.45%
担保债权人D	76 582 437.14	45.67%
普通债权人	139 779 804.64	6%

七、法律依据与操作说明

1. 清偿顺序

优先债权全额清偿后，剩余资金按比例分配（《破产法》第113条）。

2. 担保债权调整

因担保财产部分变现，未覆盖债权按调整后比例清偿，需投资人补足缺口。

3. 合规性

重整计划需经债权人会议表决，确保公平性（《破产法》第87条）。

八、总结

指标	金额/元
资产变现总额	202 998 950.97
优先债权清偿	103 118 606.87
总需分配资金	403 594 236.68
投资人需投入	303 713 892.58

注：

（1）担保债权人清偿率基于模拟清算结果上调30%（如债权人A：从51.91%调至67.48%）。

（2）普通债权清偿比例固定为6%，担保未覆盖部分纳入普通债权池分配。

（3）在计算过程中，四舍五入可能导致细微误差，实际执行时应以法院批准的重整计划为准。

以上答案仅为初步回复，管理人可以进一步对DeepSeek输出的内容查缺补漏，结合实际情况调整各项变量；也可以增加重整条件，这样可以得到更多的重整方案。

| 下 篇 |

DeepSeek在法律行业应用的主要风险与应对措施

第六章
技术可靠性与数据准确性风险

第一节　技术可靠性风险

一、高并发场景故障风险

在法律行业应用中，DeepSeek需要处理大量并发请求，尤其是在案件分析、合同审查等场景中，用户可能同时提交多个复杂的查询任务，也可能为了分析案件、梳理证据上传大量资料。因此，高并发场景下系统崩溃的风险不容忽视。例如，服务器资源不足、网络拥塞、数据库压力过大以及缓存失效等。这些风险都可能导致系统无法正常运行，从而影响用户体验。DeepSeek在2025年爆火时，就经常出现无法正常运行、无法回复用户问题的情况。

对上述问题，用户可以采取转换进入接口的方式来处理，即用户不仅可以通过官网链接、App直接访问DeepSeek，还可以通过第三方通道使用DeepSeek。DeepSeek第三方通道包括但不限于国家超算平台（网页）、硅基流动（网页、API）、阿里百炼（API）、火山引擎（API）、秘塔AI搜索（网页）等。除了上述接口，现在有越来越多的平台接入DeepSeek，因此，用户亦可通过其他平台（例如腾讯元宝）的入口使用DeepSeek，从而避免高并发场景故障。

二、算法透明度与可控性风险

在法律行业中，DeepSeek作为基于强化学习训练的大语言模型，其推理过程具有高度的复杂性且难以完全解释，这种"黑箱"[①]特性可能导致不可控的输出偏差。由于模型的决策逻辑依赖于概率拟合而非确定性规则，可能会出现伦理偏差（如性别歧视或地域偏见）。若训练数据包含隐性偏见（如司法判例中的历史歧视），模型可能会放大这些偏差。当输入信息模糊时（如用户提问表述不清），模型很可能倾向于生成看似合理但实际错误的回答。模型的黑箱特性导致无法追溯决策依据（如为何推荐某条法规），若将其直接应用于需要严格可解释性的场景，黑箱逻辑可能导致严重后果。

---

① 黑箱理论，是指对特定的系统开展研究时，人们把系统作为一个看不透的黑色箱子，研究中不涉及系统内部的结构和相互关系，仅从其输入输出的特点了解该系统规律，用黑箱方法得到对系统规律的认识。

因此，在使用DeepSeek时，建议点击"深度思考"，重点关注深度思考的逻辑推理，根据其逻辑推理进行进一步验证，避免黑箱算法带来的不可控性。

第二节　数据准确性风险

一、数据时效性不足风险

在法律服务领域，数据时效性具有特殊重要性。然而在实际运用DeepSeek时，我们发现DeepSeek的数据更新存在延迟。即使用户点击了"联网搜索"，也会因为关键词或者数据库导致一些较新的法律法规、国家标准等被忽略。例如，笔者在应用DeepSeek时发现，由于跨境数据流动政策更新滞后，问题回复存在误差。

【实操示例】

为了解我国数据跨境监管的最新规定及监管逻辑，向DeepSeek提问："请梳理与数据出境相关的法律法规、政策性文件及国家标准等并输出表格。另外，请对不同数据种类、不同情况下不同数据出境的合规路径做系统梳理。"

> ▌ 摘录DeepSeek回复的原文如下：

一、数据出境相关法律法规、政策性文件及国家标准梳理

以下为截至2025年5月中国数据出境领域的主要法律法规、政策文件及国家标准总结表。

类型	名称	发布日期/实施日期	核心内容
法律	《网络安全法》	2017年6月1日	首次明确数据本地化存储原则，要求关键信息基础设施运营者的个人信息和重要数据在境内存储，确需出境的，需通过安全评估
	《数据安全法》	2021年9月1日	提出数据分类分级保护制度，明确重要数据出境需通过安全评估，并规定数据出口管制措施
	《个人信息保护法》	2021年11月1日	规定个人信息出境的三种合规路径，即安全评估、保护认证、标准合同，强调跨境需履行告知和单独同意义务

（续表）

类型	名称	发布日期/实施日期	核心内容
行政法规	《网络数据安全管理条例》	2025年1月1日	细化数据跨境安全管理要求，明确重要数据和个人信息的出境监管框架
部门规章	《数据出境安全评估办法》	2022年9月1日	明确四类需申报安全评估的情形（如重要数据出境、CIIO处理个人信息等），规定评估流程、有效期（原为2年，2024年修订后延长至3年）及申报材料要求
部门规章	《个人信息出境标准合同办法》	2023年6月1日	规范标准合同适用条件（如非CIIO处理不满100万人个人信息）、备案要求及合同内容，禁止拆分以规避安全评估
部门规章	《促进和规范数据跨境流动规定》	2024年3月22日	优化豁免情形（如国际贸易不含个人信息/重要数据可免申报），延长安全评估有效期至3年，明确自贸试验区可制定负面清单，负面清单外数据免申报
国家标准	《数据安全技术 数据分类分级规则》（GB/T 43697—2024）	2024年	提供数据分类分级方法，附录G《重要数据识别指南》为重要数据的判定提供技术依据
国家标准	《信息安全技术 个人信息跨境处理活动安全认证规范》（实践指南）	2022年6月24日	规定认证适用场景（如跨国集团内部传输）、认证程序及持续监督要求
政策指南	《数据出境安全评估申报指南（第一版）》	2022年8月31日	细化申报流程和材料要求，如需提交自评估报告、法律文件等
政策指南	《粤港澳大湾区跨境个人信息保护要求（征求意见稿）》	2023年11月	针对大湾区特点，提出跨境认证要求及数据保护措施（如日志留存3年、最小授权访问控制）

二、不同种类数据及场景的合规路径梳理

（一）重要数据出境

1.唯一合规路径

必须通过国家网信部门组织的数据出境安全评估。

2.豁免情形

未被相关部门或地区明确告知为重要数据的，无须申报。

自贸试验区负面清单外的数据可免申报。

（二）个人信息出境

1.合规路径选择依据

主体类型：是否属于关键信息基础设施运营者（CIIO）。

数据规模：累计出境个人信息数量（如100万人以上需安全评估）。

数据敏感性：是否涉及敏感个人信息（1万人以上需安全评估）。

2.具体路径

情形	合规路径
CIIO处理个人信息或重要数据	强制申报安全评估
非CIIO累计出境≥100万人个人信息或≥1万人敏感信息	强制申报安全评估
非CIIO累计出境10万～100万人个人信息或<1万人敏感信息	可选：签订标准合同备案或通过保护认证
累计出境<10万人非敏感个人信息	豁免申报（需符合《促进和规范数据跨境流动规定》豁免情形，如国际贸易、紧急情况等）
自贸试验区内提供负面清单外数据	免申报、免合同、免认证

3.特殊场景

跨国集团：可合并申报安全评估或认证，集团内认证通过后可免单独签约。

大湾区跨境：通过认证机制实现合规，需满足日志留存、最小授权等要求。

（三）一般数据出境

不涉及个人信息或重要数据的一般数据可自由跨境，如国际贸易、学术合作中的非敏感数据。

（四）豁免情形汇总

免申报情形包括：

数据过境且未引入境内数据。

为应对紧急情况，保护生命财产安全。

自贸试验区负面清单外数据。

三、合规路径实施要点

安全评估：有效期3年，可申请延期。

标准合同：需备案，且禁止拆分以规避评估。

保护认证：需通过第三方机构认证，重点关注管理体系和技术措施。

更多细节可参考国家网信办官网（www.cac.gov.cn）及地方自贸试验区政策文件。

上述回复相对完善和准确，我们也可以检索到2025年4月网信办发布的数据出境安全管理政策问答，但是上述回复依然存在数据时效性问题。例如，2024年3月22日，国家网信办已发布《数据出境安全评估申报指南（第二版）》和《个人信息出境标准合同备案指南（第二版）》，但上述回复依据的政策是已经失效的《数据出境安全评估申报指南（第一版）》，并且遗漏了《个人信息出境标准合同备案指南（第二版）》。

根据目前的实操结果可知，DeepSeek在法律领域无法毫无遗漏且准确地梳理数据（即使相关法律法规的发布时间在其可以梳理的数据时间范围内），但是DeepSeek可以提供较为宽泛的视野，协助律师针对相关问题做进一步研究和探索。因此，建议用户在运用DeepSeek时，进行多轮复核和进一步检索，避免直接使用存在时效性问题的答案，影响专业性。

二、生成虚假信息风险

DeepSeek作为基于Transformer架构的大语言模型，在自然语言处理方面表现优异，但仍存在"幻觉"现象，即模型倾向于生成看似合理但实际不存在的内容。在法律行业应用DeepSeek的过程中，虚假信息生成幻觉主要体现为虚构法条及案例、案例引用错误等情形，具体包括生成不存在的法律法规及文件、杜撰某法规的条款编号和内容、混淆地方性法规的适用地域范围、将某一案件的裁判要点张冠李戴、错误标注某指导案例的生效时间、混淆类似案由的不同判例要旨等。

DeepSeek刚面世时，编撰法规和案例的情况较为严重，有一些案例甚至非常明显，比如案号或者法条序号为"1、2、3、4"的案例。因此用户一定要对检索出来的结果进行真实性验证，例如通过中国裁判文书网、北大法宝、威科先行等法规案例库进行检索验证，切不可直接在正式文件中引用检索结果。随着用户对DeepSeek的使用和反馈，DeepSeek也在不断调整和更新。笔者在撰写本书初期及尾期，通过不断测试发现，在2025年5月，DeepSeek的检索结果相较于2025年1月更加客观和真实，编撰案例的问题有所改善。

例如，用户想要通过DeepSeek检索和整理最高人民法院、最高人民检察院、上海高级人民法院关于"买家飞丢无人机后，通过申请无人机随心换保险以骗取新无人机，因此被判为诈骗罪"的案例。在2025年初，DeepSeek可能会编撰一些最高人民法院、最高人民检察院、上海高级人民法院发布的案例，但在2025年5月1日后，DeepSeek会较为客观地表述"目前公开信息中暂未找到最高人民法院、最高人民检察院或上海市高级人民法院直接发布的典型案例或指导性案例"。

▌ 摘录DeepSeek回复的原文如下：

　　根据您的要求，我检索了"买家飞丢无人机后，通过申请随心换保险以骗取新无人机，因此被判为诈骗罪"的案例，但目前公开信息中暂未找到最高人民法院、最高人民检察院或上海市高级人民法院直接发布的典型案例或指导性案例。以下为现有公开资料中可查到的相关案例及法律分析，供您参考。

　　一、武汉翁某诈骗案（2024年）

　　1.案情概述

　　武汉翁某利用大疆DJI　Care"随心换"服务，长期通过二手平台出售有飞丢保障的无人机，通过谎报飞丢无人机骗取新机，涉案金额巨大。法院认定，翁某的行为构成诈骗罪，判处有期徒刑10年，罚金5万元。

　　2.法律依据

　　《刑法》第266条："数额特别巨大或者有其他特别严重情节的，处10年以上有期徒刑或者无期徒刑，并处罚金或者没收财产。"

　　法院观点：翁某利用保险服务漏洞，虚构保险标的，主观恶意明显，涉案金额达"数额特别巨大"标准，故从重处罚。

　　3.生效时间

　　2024年6月（判决时间）。

　　4.案例公开链接

　　[网易新闻](https://www.163.com/dy/article/J6ARK1LR0553D9GP.html)

　　[搜狐新闻](https://www.sohu.com/a/790877812_121291727)

　　二、扬州丁某诈骗案（2019年）

　　1.案情概述

　　丁某伪造无人机机器码，向大疆寄送空壳或配件以骗取新机，累计诈骗12台无人机，案值12万元。法院以诈骗罪起诉丁某，并追缴赃款。

　　2.法律依据

　　《刑法》第266条："数额巨大或者有其他严重情节的，处3年以上10年以下有期徒刑，并处罚金。"

　　法院观点：丁某利用快递审核漏洞，虚构标的骗取财物，构成诈骗罪。

　　3.生效时间

　　2019年（具体判决时间未公开）。

4. 案例公开链接

[扬州发布](https://www.yznews.cn/p/790498.html)

三、法律分析与裁判要点

1. 诈骗手段认定

虚构保险标的（如谎报无人机飞丢）或伪造机器码，均被认定为"虚构事实、隐瞒真相"的诈骗行为。

若骗保金额超过50万元，可能适用"数额特别巨大"标准，量刑可超10年。

2. 牵连犯处理

若骗保行为涉及伪造证件或破坏财产（如故意毁坏无人机），可能构成数罪并罚。

3. 地域标准差异

"数额特别巨大"的具体金额标准由地方高院根据经济水平制定（如上海地区为50万元以上）。

四、高级法院案例缺失说明

目前，在公开渠道中，最高院、最高检及上海高院尚未发布关于无人机保险诈骗的指导性案例，可能有如下原因。

1. 案件层级

现有案例多由基层或中级法院审理，未进入高级法院程序。

2. 公开限制

部分判决书因涉敏感信息或商业秘密未公开。

3. 新兴领域

无人机保险诈骗属于新兴犯罪类型，司法实践积累尚且不足。

五、建议进一步检索途径

1. 中国裁判文书网

访问中国裁判文书网(https://wenshu.court.gov.cn)，以"无人机诈骗""保险诈骗"为关键词。

2. 地方高院公报

关注上海高院发布的典型案例汇编或司法文件。

3. 行业报告

大疆公司官网或保险行业白皮书可能提及相关案例。

如需更详细的案号或判决书原文，建议通过上述途径进一步查询。

第七章
数据安全与知识产权风险

第一节 数据安全风险

一、个人信息、商业秘密、国家秘密的泄露

法律行业涉及的数据较为敏感，案件情况不同，相关材料及信息可能属于不同的数据类型。从业务类型来说，部分民事案件可能涉及自然人的姓名、年龄、身份证号、医疗记录等信息，这些信息是个人信息，有些是敏感个人信息。（《中华人民共和国个人信息保护法》第二十八条第一款规定："敏感个人信息是一旦泄露或者非法使用，容易导致自然人的人格尊严受到侵害或者人身、财产安全受到危害的个人信息，包括生物识别、宗教信仰、特定身份、医疗健康、金融账户、行踪轨迹等信息，以及不满十四周岁未成年人的个人信息。"）

部分商事案件涉及公司或者组织的核心商务条款、并购协议核心条款、知识产权战略文档等，这些信息很可能被认定属于商业秘密。（《中华人民共和国反不正当竞争法》第九条第四款规定："本法所称的商业秘密，是指不为公众所知悉、具有商业价值并经权利人采取相应保密措施的技术信息、经营信息等商业信息。"）

部分诉讼案件，尤其是相关刑事案卷中未公开审理的案件细节、证人信息等，可能被认定属于国家秘密。（《中华人民共和国保守国家秘密法》第二条规定："国家秘密是指关系国家安全和利益，依照法定程序确定，在一定时间内只限一定范围的人员知悉的事项。"）

因此，法律从业者在应用DeepSeek时，如果没有进行脱敏处理（将涉及个人信息、商业秘密、国家秘密的材料进行脱敏），便直接向非本地化部署的DeepSeek上传相关材料，让DeepSeek直接进行分析，相当于将个人信息、商业秘密、国家秘密作为训练语料进行公开，存在泄露个人隐私、泄露商业秘密以及泄露国家秘密的风险。

为了解决这一问题，部分公司、律师事务所、司法机关会将DeepSeek进行本地化部署，确保上传的材料仅在组织内部进行分析，不会作为公共语料进行公开。这种做法使得个人信息、商业秘密、国家秘密泄露风险在一定程度上得到控制。

二、网络安全风险

在应用DeepSeek的过程中，可能会遭遇各类网络安全问题，包括针对DeepSeek大模

型本身的攻击。例如，DeepSeek遭受DDos攻击。DDoS攻击是DoS攻击的一种扩展，即多个攻击源同时向目标发送请求。相较于DoS攻击，DDoS攻击的威力更大，因为它利用分布在不同地理位置的多台计算机联合发起攻击，导致防御更加困难。DDoS攻击会影响云计算的所有层级，包括IaaS、PaaS和SaaS，可以由内部或外部发起。

除此之外，还有攻击DeepSeek本地化部署工具的风险。例如，某些DeepSeek本地化部署工具会被木马病毒捆绑，用户安装部署DeepSeek时，病毒会释放多个恶意软件，导致部署工具遭到网络攻击。另外，即使公司、律师事务所、司法机关对DeepSeek进行本地化部署，也不意味着没有任何信息泄露风险及其他网络安全风险。例如，在上传材料时，DeepSeek本地化部署实施网络可能面临被攻击的困扰。

第二节 知识产权风险

DeepSeek作为一款先进的生成式人工智能工具，其在法律行业的应用为法律行业从业者带来了诸多便利，但同时也引发了与知识产权相关的法律风险，具体体现在训练语料及生成内容方面。

一、训练语料的知识产权风险

在国内外均有人工智能企业因训练语料的知识产权侵权引发纠纷的案例。例如，在《纽约时报》起诉OpenAI案（开发ChatGPT的公司）中，《纽约时报》对OpenAI以及微软提起诉讼，指控后者未经授权使用该报版权内容训练ChatGPT模型，并在ChatGPT产品中呈现给用户。目前，对训练语料的使用到底是知识产权侵权还是合理使用，业界尚没有定论。

又如，2024年8月16日，中国知网向秘塔科技发送了一份长达28页的侵权告知函，指控其未经许可抓取并展示知网的学术文献题录（含标题、作者、期刊信息等）及摘要数据，要求秘塔立即断开链接并停止相关服务。秘塔回应称，其"学术"板块仅收录摘要和题录，用户需通过跳转链接至来源网站获取全文，符合学术规范且未侵犯知网权益。但为避免争议，秘塔宣布停止收录知网数据，转而与万方等其他数据库合作。中国政法大学版权法教授刘文杰认为，提供摘要有助于知识传播与发现，不应轻易被视为侵犯著作权[①]。

---

① 南方都市报. [EB/OL](2024-08-16)[2025-05-29]. https://m.mp.oeeee.com/a/BAAFRD000020240816987104. html.

二、生成内容的知识产权风险

直接使用DeepSeek生成的文章或者作品可能存在侵犯著作权等争议。例如，在"奥特曼案"中，原告A公司是"奥特曼"系列作品的著作权人独占性授权的权利人，被告B公司经营的网站通过调用第三方提供的大模型服务向充值会员有偿提供AI绘画服务。会员输入涉及"奥特曼"的提示词后，B公司经营的网站可以生成"奥特曼"形象图片，供会员查看及下载。A公司诉请法院认定B公司侵犯其著作权，要求B公司将奥特曼物料从其训练数据集中删除，并承担相应损失赔偿责任。

经审理，法院判决如下：第一，B公司侵犯原告的复制权、改编权，应立即停止侵权行为。停止侵权的具体程度应达到"用户正常使用与奥特曼相关的提示词，不能生成与案涉奥特曼作品实质性相似的图片"。第二，关于原告要求被告将案涉奥特曼物料从其训练数据集中删除，因被告并未实际进行模型训练行为，本院对该项诉请不予支持。"第三，关于损失赔偿的请求，法院认为被告没有依据《生成式人工智能服务管理暂行办法》《互联网信息服务深度合成管理规定》等规定采取建立举报机制、提示潜在风险、进行显著标识等行动，具有过错，故而裁定1万元赔偿。

根据（2019）粤0305民初14010号案例，原告腾讯公司主张AI软件生成的文章构成作品。广东省深圳市南山区人民法院从文章的外在表现形式与生成过程来分析，认为"Dreamwriter软件的自动运行并非无缘无故或具有自我意识，其自动运行的方式体现了原告的选择，也是由Dreamwriter软件这一技术本身的特性所决定的……从涉案文章的生成过程来分析，该文章的表现形式是由原告主创团队相关人员个性化的安排与选择所决定的，其表现形式并非唯一，具有一定的独创性。"法院最终认定腾讯公司主张的文章构成《著作权法》所保护的作品。

在中国的司法实践中，DeepSeek等AI生成内容的知识产权问题一直被重点关注。一方面，如果用户在指令提交过程中提供了具体到表达的指示，并且最终影响了DeepSeek的表达内容，操纵其形成了符合自己创作想法的内容，内容具有独创性且表现形式并非有限的，可将其判定为作品，受《著作权法》保护；另一方面，如果DeepSeek生成的内容侵犯了原著作权人，将涉及知识产权侵权问题。

第八章
展望未来

第一节　DeepSeek的未来发展

随着人工智能技术的不断发展，DeepSeek作为法律领域的重要应用工具，其功能的提升对于推动法律行业的智能化转型至关重要。未来，DeepSeek的功能提升将主要集中在以下几个关键方向。

一、增强自然语言理解能力

自然语言处理（natural language processing，NLP）是人工智能的核心技术之一，其核心任务是使机器能够理解人类语言。在法律领域，NLP的重要性不言而喻。法律文本的复杂性在于其高度的专业性和逻辑性，具体体现为法律文本不仅包含大量专业术语，还涉及复杂的法律逻辑和多义性表达。例如，"合理期限""善意第三人"等术语在不同情境下可能有不同的含义；法律文本中可能涉及复杂的法律逻辑，如条件句、因果关系等。这对NLP模型的理解能力提出了极高要求。DeepSeek需要进一步提升对法律专业术语和复杂法律文本的理解能力，尤其是在处理跨境法律文本时，DeepSeek需要准确地理解不同法域的语言差异和法律概念的多样性。例如，DeepSeek在分析欧盟《通用数据保护条例》（GDPR）与中国《个人信息保护法》的条款差异时，应能精准识别两者在法律术语和适用范围上的细微差别。

我们认为，增强自然语言理解能力有如下几个实现路径。

（1）通过引入多语言法律文本数据集，对DeepSeek进行多语言模型训练，提升其对不同语言法律文本的理解能力。例如，结合中英文法律案例库，训练模型识别不同语言中的法律术语和逻辑结构。多语言模型训练需要解决的关键问题是语言之间的对齐和转换。通过机器翻译技术和跨语言嵌入技术，可以将不同语言的法律文本映射到同一语义空间，从而实现跨语言的理解和生成。

（2）通过构建法律知识图谱，将法律概念、条款、案例等信息进行结构化关联，帮助DeepSeek更好地理解法律文本中的语义关系。例如，通过知识图谱，DeepSeek可以快速识别某一法律概念在不同法域中的对应关系。在构建法律知识图谱的过程中，需要收集大量的法律文本数据，并通过自然语言处理技术提取实体、关系和事件，再通过数据库存储这些结构化信息，以便DeepSeek在处理法律文本时能够快速查询和推理。

（3）采用上下文感知技术，使DeepSeek能够根据法律文本的上下文信息，准确理解语义。例如，在分析合同条款时，DeepSeek可以根据合同的整体结构和条款之间的逻辑关系，判断某一条款的具体含义。上下文理解增强可以通过注意力机制和长短期记忆网络（long short-term memory，LSTM）来实现，注意力机制可以帮助模型聚焦于文本中的关键信息，而LSTM可以捕捉文本中的长期依赖关系。

二、提升多模态数据分析能力

法律案件中往往涉及多种类型的数据，如文本、图像、音频等。目前，DeepSeek主要处理文本数据，在多模态数据分析方面的能力相对薄弱。随着法律实践复杂性的增加，多模态数据分析对于DeepSeek全面理解案件具有重要意义。

多模态数据分析的核心任务是将不同模态的数据进行融合和分析。不同模态的数据具有不同的特征和处理方式。例如，对文本数据，可以通过自然语言处理技术进行分析；对图像数据，可以通过计算机视觉技术进行分析。多模态数据分析的挑战在于如何有效地融合这些数据，以使模型更全面地理解案件。

例如，在建设工程纠纷中，除了合同文本，还可能涉及工程图纸、施工照片、监理报告等多模态数据。DeepSeek需要综合分析这些数据，构建完整的证据链，为案件处理提供支持。又如，在处理知识产权侵权案件时，DeepSeek需要分析侵权产品的图片、视频以及相关技术文档，判断侵权行为的性质和程度。

我们认为，提升多模态数据分析能力有如下几个实现路径。

（1）开发多模态数据融合技术，对文本、图像、音频等数据进行统一处理和分析。例如，通过特征提取和融合算法，将不同模态的数据转化为统一的特征向量，进行综合分析。多模态数据融合可以通过多种技术来实现，如多模态注意力机制和多模态生成对抗网络（generative adversarial networks，GAN）。多模态注意力机制可以帮助模型聚焦于不同模态中的关键信息，而GAN可以生成更逼真的多模态数据，用于模型训练。

（2）扩展DeepSeek的深度学习模型，使其能够处理多模态数据。例如，采用卷积神经网络（convolutional neural network，CNN）处理图像数据，采用循环神经网络（recurrent neural network，RNN）处理文本数据，并将两者结合进行综合分析。深度学习模型的扩展需要解决的关键问题是如何平衡模型的复杂性和计算效率。通过模型压缩和优化技术，可以在不降低模型性能的前提下，提高模型计算效率。

（3）建立跨模态检索和关联机制，使DeepSeek能够根据一种模态的数据，快速检索和关联其他模态的相关数据。例如，在分析侵权产品图片时，DeepSeek可以快速检索相关的技术文档和专利信息。跨模态检索可以通过嵌入空间对齐和语义相似度计算来实现，通过将不同模态的数据映射到同一嵌入空间，可以实现高效的跨模态检索。

三、加强数据安全与隐私保护

法律数据可能涉及当事人的隐私和商业秘密，一旦泄露，可能造成严重后果。随着法律行业对数据安全和隐私保护的要求越来越高，DeepSeek在数据存储、传输和使用过程中需要采取更严格的安全措施。

如何确保数据安全与实施隐私保护是人工智能应用中需要解决的关键问题。法律数据的敏感性要求DeepSeek必须采取严格的安全措施，确保数据的保密性、完整性和可用性。数据安全与隐私保护的技术手段包括加密技术、访问控制、数据匿名化等。

例如，在存储法律数据时，DeepSeek需要采用加密技术，确保数据的安全性，同时还需要建立严格的数据访问控制机制，确保只有授权用户才能访问敏感数据。又如，在处理涉及个人隐私的数据时，DeepSeek需要对数据进行去标识化或匿名化处理，以保护当事人的隐私。

我们认为，加强数据安全与隐私保护有如下几个实现路径。

（1）采用端到端加密技术，使数据在存储和传输过程中始终保持加密状态。例如，通过对称加密和非对称加密技术，确保数据的保密性和完整性。对称加密技术如高级加密标准（advanced encryption standard，AES）算法可以快速加密大量数据，而非对称加密技术如非对称加密算法（RSA algorithm）可以用于安全的密钥交换。

（2）建立基于角色的访问控制机制，确保数据访问的合法性和安全性。例如，通过用户身份认证和授权管理，控制不同用户对数据的访问权限。访问控制机制可以通过身份认证系统和权限管理系统来实现，该机制可以确保只有授权用户才能访问敏感数据。

（3）定期进行数据安全和隐私保护的合规性检查，确保DeepSeek符合相关法律法规的要求。例如，通过内部审计和第三方评估，检查数据安全措施的有效性。

第二节　AI赋能法律服务的趋势与挑战

一、AI技术在法律服务行业的潜力

AI技术在法律服务行业的应用前景十分广阔，能够显著提升法律服务的效率和质量，其潜力主要体现在以下几个方面。

（一）进一步提高效率

AI技术能够快速处理大量法律文本，生成法律文书，分析案件数据，从而显著提高法律服务效率。例如，DeepSeek可以在短时间内分析海量案例，为案件提供精准的法律建议。通过自然语言处理技术，DeepSeek可以自动提取法律文本中的关键信息，生成摘要和报告，减少法律从业者的工作量。

（二）持续提升质量

通过智能分析和推荐，AI技术能够减少人为错误，持续提高法律服务的质量。例如，DeepSeek可以自动识别法律文本中的逻辑错误和术语误用，确保法律文书的准确性和专业性。通过机器学习技术，DeepSeek可以分析大量的历史案例，提取法律规则和判例，提供准确的法律建议。

（三）增强决策支持

AI技术能够为法律从业者提供数据支持和决策建议，帮助他们更好地应对复杂案件。例如，DeepSeek可以通过分析历史案例和法律条文，为案件提供最优的解决方案。通过数据挖掘技术，DeepSeek可以发现案件中的潜在风险和机会，为法律从业者提供决策依据。

二、AI赋能下法律服务的发展趋势

随着AI技术的飞速发展，其在法律服务行业的应用逐渐深入并广泛化。未来，AI将在多个方面赋能法律服务，推动行业变革与创新。

（一）技术融合与深化应用

未来，AI技术将与法律服务深度融合，生成式AI、自然语言处理、计算机视觉等技术将被广泛应用于法律研究、合同审查、案例分析等工作中。例如，AI能通过自然语言处理技术快速检索类似案例和相关法律法规，并且能高效地处理图像数据，为律师提供更加全面的案件背景信息。

（二）法律服务的智能化与个性化

AI技术将推动法律服务的智能化与个性化发展，AI驱动的法律工具能够根据客户的具体需求提供定制化的法律建议。例如，AI法律聊天机器人和虚拟助手可以24小时在线，快速响应客户的常见问题，并提供个性化的法律建议。这种智能化和个性化的服务将显著提升客户满意度，并为法律服务提供商带来更多的业务机会。

（三）法律服务市场变革

AI技术的引入将改变法律服务市场的竞争格局。一方面，部分基础性、重复性的法律工作将被AI工具高效完成，可能导致部分律师面临被替代的风险；另一方面，AI技术也将催生新的法律服务需求和市场机会，律师需要不断提升自身的专业能力和服务水平，以适应市场的变化。

（四）法规适应性与合规性提升

随着AI技术在法律行业的广泛应用，相关法律法规和监管政策也将不断完善。这将有助于提升AI技术在法律行业应用的合规性，确保技术的合法性和安全性。法律从业者需要密切关注法规的变化，确保自己应用的技术符合相关要求。

（五）跨学科融合与人才培养

未来的法律从业者需要具备跨学科的知识和技能，包括法律、计算机科学、数据科学等。因此，法学教育将更加注重跨学科融合和人才培养的多元化发展。同时，律师也需要不断提升自身的科技素养和AI技术应用能力。

（六）司法应用与法庭审判的智能化

在司法领域，AI技术将被用于辅助法官进行案件审理、判决预测等。例如，智能法庭系统可以自动整理证据、生成判决书草案。AI语音识别技术可以自动记录庭审内容，减少人工记录的工作量。这些技术的应用将提高司法效率，减少人为错误，同时也有助于提升司法的透明度和公正性。

（七）法律服务的普惠化

AI技术有望改善法律服务的普及性，降低与人工劳动密集型任务相关的成本。通过AI工具，更多个人及小型企业能够享受到高质量的法律服务。例如，AI法律聊天机器人可以为用户提供廉价、便捷的法律建议，甚至能引导用户完成法律程序和起草文件。这将使法律服务更加普及，让更多人能够获得所需要的法律帮助。

三、AI技术如何应对未来法律服务的挑战

AI技术在未来将进一步赋能法律服务，同时也将面临诸多挑战，包括技术更新迭代、数据安全与隐私保护、法律从业者的技术适应能力等方面。为了应对这些挑战，可以采取以下策略。

（一）持续技术创新

法律服务提供商需要不断关注和引入最新的AI技术，以保持竞争力。例如，通过引入深度学习技术，提升法律分析的准确性和效率。为了持续技术创新，法律服务提供商需要建立技术研发团队，并与高校和科研机构合作，开展前沿技术研究。

（二）加强数据安全管理

随着法律服务中数据量的增加，如何确保数据安全和隐私保护成为重要问题。法律服务提供商需要采取严格的数据安全措施，确保数据的保密性和完整性。例如，通过加密技术和访问控制机制，保护数据安全。为了加强数据安全管理，法律服务提供商需要建立数据安全管理体系，并通过定期进行安全审计和漏洞扫描，确保数据安全措施的有效性。

（三）不断提升从业者的技术能力

法律从业者需要不断提升自己的技术能力，以适应AI技术的应用。法律机构可以通过培训和教育，帮助从业者掌握AI工具的使用方法。为了提升从业者的技术能力，法律服务提供商需要建立培训体系，并通过在线课程和实践项目，提高从业者的数字素养。

四、如何保持AI工具的专业边界

在法律服务中应用AI工具，需要保持适当的专业边界，以确保法律服务的质量和公正性。要想保持AI工具的专业边界，应做好以下几项工作。

（一）明确责任归属

在使用AI工具时，需要明确责任归属，确保法律从业者对最终的法律建议和决策负责。AI工具应被视为辅助工具，而非决策主体。为了明确责任归属，法律服务提供商需要明确法律规范和技术规范，确保AI工具的使用符合法律规定。

（二）加强伦理审查

法律服务提供商需要对AI工具的应用进行伦理审查，确保其符合法律和道德标准。例如，AI工具不应用于歧视性或不公正的决策中。为了加强伦理审查，法律服务提供商可以建立伦理审查委员会，并通过建立及实行伦理审查标准，确保AI工具的使用符合伦理要求。

（三）建立监督机制

在使用AI工具时，应建立应用监督机制，确保其在法律服务中的使用符合规定。例如，通过定期审计和评估，确保AI工具的使用不会对法律服务的质量和公正性产生负面影响。为了建立监督机制，法律服务提供商需要明确法律法规和技术规范，确保AI工具的使用受到有效监管。

（四）确保AI工具的可解释性与透明度

AI工具的决策过程和决策结果必须是可解释的和透明的，这对于确保法律服务的质量和公正性至关重要。法律从业者需要能够理解AI工具的建议，并对其作出合理判断。为了提高AI工具的透明度，需要采用可解释性人工智能（explainable artificial intelligence，XAI）技术。XAI技术可以帮助AI模型生成易于理解的解释。例如，通过可视化技术展示决策过程，或者通过自然语言生成技术解释决策依据。DeepSeek可以通过生成详细的分析报告，解释其是如何从海量案例中提取关键信息并得出结论的。

（五）持续的法律和技术教育

法律从业者需要不断更新法律知识和技术知识，以适应AI工具的快速发展。通过持续教育，可以帮助法律从业者更好地理解和应用AI工具，同时也能帮助他们识别和应对AI工具可能带来的风险。

法律教育机构需要更新课程内容，应涉及AI技术和法律的交叉领域，具体包括AI工具的使用方法、AI技术对法律实践的影响等。例如，法律教育机构可以开设专门课程，教授学生如何使用AI工具进行案件分析和法律研究。

另外，法律从业者和技术开发者需要加强合作，共同开发和应用AI工具。这种跨学科合作可以帮助法律从业者更好地理解AI技术的潜力和局限性，同时也能帮助技术开发者更好地理解法律服务的需求。例如，法律机构可以与科技公司合作，共同开发定制化的AI解决方案，以满足特定的法律服务需求。

五、结论

随着AI技术的快速发展，AI工具在法律服务中的应用前景十分广阔。为了确保法律服务的质量和公正性，法律服务提供商需要采取一系列措施来保持AI工具的安全、准确及专业边界。通过相关措施，法律服务提供商可以更好地利用AI工具的优势，同时避免其可能带来的风险。这不仅有助于提高法律服务的效率和质量，还能增强公众对法律服务的信任。未来，法律服务行业将继续面临新的挑战和机遇。法律从业者和技术开发者需要共同努力，推动AI技术与法律服务深度融合，从而为社会提供更优质、更高效的法律服务。

后 记

在探索与坚守中书写未来

当本书最后一个章节的修订工作完成时，上海已经有了初夏的气息。回望这段创作历程，我们既经历了技术探索的兴奋，也品味了知识沉淀的厚重，更深刻体会到法律与人工智能这场对话背后的深远意义。

写作这本书的过程，充满了挑战与惊喜。从最初构思的萌芽到如今成书的呈现，每一步都凝聚着团队成员的心血与智慧。我们试图以全面而清晰的视角，从技术原理、实际应用到风险应对等多个维度，为读者呈现一个法律与人工智能技术相融合的领域。然而，这个过程并非一帆风顺。技术的复杂性与法律实务的多样性，让我们在内容的整合与表达上遇到了诸多难题。但正是这些挑战，促使我们不断思考、反复推敲，力求使每一个观点都经得起推敲，每一个案例都具有启发性。

写作这本书让我们更加深刻地认识到，法律与人工智能技术的融合并非一蹴而就，而是一个持续探索的过程。随着人工智能技术的不断进步，法律行业也将面临更多的机遇与挑战。我们希望这本书为法律从业者提供一个起点，激发更多人参与到这场变革中来，共同探索人工智能技术在法律领域应用的无限可能。

此外，我们也深刻体会到"技术向善"的重要性。人工智能作为一种强大的工具，其在法律领域的应用既带来了效率的提升，也引发了诸多伦理与法律问题。在写作过程中，我们始终关注如何在拥抱技术的同时，坚守法律人的专业价值与道德底线。这不仅是对技术的思考，更是对法律职业责任的深刻反思。我们希望通过这本书，引导法律从业者在技术创新的浪潮中，保持清醒的头脑，坚守正义的初心。

谨以本书献给所有在科技浪潮中坚守法律精神的同行者。当您翻开书页时，看到的不仅是人工智能技术的应用指南，更是一群法律人对专业价值的执着求索。我们期待这些文字能激发更多关于人工智能技术与法律关系的思考，也欢迎读者将实践中的新发现反馈给我们——因为这场智识之旅，才刚刚开始。

创作团队

2025年5月12日